古典文獻研究輯刊

二四編

潘美月・杜潔祥 主編

第 7 冊

先唐雜傳地記輯校
——雜傳輯校甲編
（第二冊）

王琳主編　魏代富、王琳輯校

國家圖書館出版品預行編目資料

先唐雜傳地記輯校——雜傳輯校甲編（第二冊）／王琳主編

魏代富、王琳輯校 -- 初版 -- 新北市：花木蘭文化出版社，

2017〔民 106〕

目 2+206 面；19×26 公分

（古典文獻研究輯刊 二四編：第 7 冊）

ISBN 978-986-404-993-6（精裝）

1. 藝文志 2. 唐代

011.08　　　　　　　　　　　　　　　　106001863

ISBN-978-986-404-993-6

9 789864 049936

古典文獻研究輯刊

二四編　第七冊　　　　　　ISBN：978-986-404-993-6

先唐雜傳地記輯校——雜傳輯校甲編（第二冊）

編 校 者　王琳主編　　魏代富、王琳輯校

主　　編　潘美月　杜潔祥

總 編 輯　杜潔祥

副總編輯　楊嘉樂

編　　輯　許郁翎、王筑　美術編輯　陳逸婷

企劃出版　北京大學文化資源研究中心

出　　版　花木蘭文化出版社

社　　長　高小娟

聯絡地址　235 新北市中和區中安街七二號十三樓

　　　　　電話：02-2923-1455／傳真：02-2923-1452

網　　址　http://www.huamulan.tw 信箱 hml 810518@gmail.com

印　　刷　普羅文化出版廣告事業

初　　版　2017 年 3 月

全書字數　514870 字

定　　價　二四編 32 冊（精裝）新台幣 62,000 元

先唐雜傳地記輯校

——雜傳輯校甲編

（第二冊）

王琳主編　魏代富、王琳輯校

目
次

第二冊

《會稽典錄》 晉虞預撰 …………………………… 189

《襄陽耆舊傳》 晉習鑿齒撰 …………………………… 236

《冀州記》 晉荀綽撰 …………………………… 289

《兗州記》 晉荀綽撰 …………………………… 292

《楚國先賢傳》 晉張方撰 …………………………… 293

《荊州先賢傳》 晉高範撰 …………………………… 305

《陳留志》 晉江敞撰 …………………………… 308

《武陵先賢傳》 …………………………… 314

《徐州先賢傳》 …………………………… 315

《徐州先賢贊》 宋劉義慶撰 …………………………… 316

《長沙耆舊傳》 晉劉彧撰 …………………………… 317

《妬記》 宋虞通之撰 …………………………… 322

《武昌先賢傳》 宋郭緣生撰 …………………………… 327

《廣陵列士傳》 華隔撰 …………………………… 328

《零陵先賢傳》 …………………………… 329

《濟北先賢傳》 …………………………… 335

《南海先賢傳》 …………………………… 336

《青州先賢傳》 …………………………… 336

《先賢傳》 …………………………… 337

《巴耆舊傳》 …………………………… 338

《北海耆舊傳》 …………………………… 339

《廬江七賢傳》 ······································ 339

《會稽後賢傳》　鍾離岫撰 ···················· 342

《會稽先賢像贊》 ································· 344

《揚雄家牒》 ·· 345

《魏武家傳》　漢曹操撰 ························ 347

《玄晏春秋》　晉皇甫謐撰 ···················· 347

《裴氏家記》　晉傅暢撰 ······················· 352

《曹氏家傳》　晉曹毗撰 ······················· 353

《范氏家傳》　晉范汪撰 ······················· 353

《裴氏家傳》　宋裴松之撰 ···················· 354

《荀氏家傳》　宋荀伯子撰 ···················· 355

《崔氏家傳》　北魏崔鴻撰 ···················· 365

《何氏家傳》　何榮祖撰 ······················· 367

《殷氏世傳》　殷敬撰 ··························· 368

《虞氏家記》　虞覽撰 ··························· 372

《褚氏家傳》 ·· 373

《桓氏家傳》 ·· 374

《江氏家傳》 ·· 375

《江偉家傳》 ·· 377

《孔融家傳》（孔氏家傳） ················· 377

《李氏家傳》 ·· 379

《李膺家錄》 ·· 379

《邵氏家傳》 ·· 380

《陶氏家傳》 ·· 383

《袁氏家傳》 ·· 385

《祖氏家傳》 ·· 386

《竇氏家傳》 ·· 386

《王氏世家》 ·· 387

《王朗家傳》 ·· 388

《顧愷之家傳》 ····································· 388

《謝車騎家傳》 ····································· 389

《華嶠譜敘》 ·· 389

《孔氏世錄》 ·· 392

《袁氏世紀》 ·· 392

《陸氏世頌》 ·· 393

《會稽典錄》 晉虞預撰

　　《會稽典錄》,晉虞預撰。虞預,字叔寧。徵士喜之弟也。本名茂,犯明穆皇后母諱,故改焉。太守庾琛命爲主簿,太守紀瞻到,預復爲主簿,轉功曹史。察孝廉,不行。安東從事中郎諸葛恢、參軍庾亮等薦預,召爲丞相行參軍兼記室。遭母憂,服竟,除佐著作郎。轉琅邪國常侍,遷秘書丞、著作郎。從平王含,賜爵西鄉侯。蘇峻作亂,預先假歸家,太守王舒請爲諮議參軍。峻平,進爵平康縣侯,遷散騎侍郎,著作如故。除散騎常侍,仍領著作。以年老歸,卒於家。著《晉書》四十餘卷、《會稽典錄》二十篇、《諸虞傳》十二篇、詩賦碑誄論難數十篇。《晉書》有傳。

　　是書,《隋書・經籍志》作二十四卷,兩《唐志》同。《宋史・藝文志》不見著錄,魯迅云:「宋人撰述,時見稱引,又非出於轉錄,疑民間尚有其書,後遂堙昧。」按:周氏說近是。《宋史》雖未著錄,然《職官分紀》尚有新條目出,《職官分紀》作者孫逢吉乃南宋人,則足證南宋時是書尚存也。或歷宋元戰火,是書遂亡也。

　　後世輯此書者,首爲陶宗儀輯本,宛委山堂本《說郛》卷五十九輯錄一卷,收錄十人,未注出處。其次爲清王澍輯本,其《漢唐地理書鈔目錄》收之,惜乎未見刊刻本。又有黃奭《漢學堂叢書》輯本,今審其文,與《說郛》同,當是襲自《說郛》也。勞格《讀書雜識》卷六錄有陳囂事,皆輯自《會稽典錄》,下注出處。其後王仁俊《玉函山房輯佚書續編》錄勞氏所輯外,又別據《蒙求集注》中輯錄盛吉一條。以上諸家之書,皆失之寡少也。其後魯迅輯是書,收入《會稽郡故事雜集》中,分上下兩卷,存疑一卷。上下兩卷之次序,首爲會稽人物,略依其人物時代爲序,首爲男子,凡七十條;續之以烈女,凡二條;續之以山川,凡三條;續之以散句,凡兩條。存疑錄四人。詳注出處,內有校注,合諸書所引乃成其文。諸家輯本,以此爲最備。

計倪

　　越王近侵於強吳,遠愧於諸侯,乃脅諸臣而欲與之盟:「吾欲伐吳,奈何而有功?」群臣未對。王曰:「夫主憂臣辱,主辱臣死,何大夫而見而難使者

〔一〕？」計倪官卑年少，其居在後，舉手而起曰：「殆哉！非大夫易見難使，是大夫不能也〔二〕。」王曰：「何謂也？」倪曰：「夫官位財弊〔三〕，王之所輕；使死者，士之所重也。王愛所輕，責士所重也。王豈難哉？」（《太平御覽》卷四百六十九。原云出《會稽典略》。事又見《越絕書外傳·計倪》。按：《史記·貨殖列傳》裴駰曰：「《范子》曰：計然者，葵丘濮上人，姓辛氏，字文子。其先晉國亡公子也，嘗南遊於越，范蠡師事之。」三國劉劭《皇覽》、《太平御覽》卷四百〇四引太史公《素王妙論》並云濮上人。濮上在今河南商丘民權縣，則計倪非會稽人也，此文似當在范蠡事中，今姑別爲一條。）

〔校記〕

〔一〕而，《越絕書》作「易」，是也，後文「易見難使」正承此來。蓋「易」字上闕，與「而」字形似，因訛。

〔二〕大夫，《越絕書》作「大王」，是也。

〔三〕弊，《越絕書》作「幣」，是也。

范蠡

范蠡，字少伯〔一〕，越之上將軍也〔二〕。本是楚宛三戶人〔三〕，佯狂〔四〕，倜儻負俗〔五〕。文種爲宛令，遣吏謁奉〔六〕。吏還曰〔七〕：「范蠡本國狂人，生有此病。」〔八〕種笑曰〔九〕：「吾聞士有賢俊之姿〔一〇〕，必有佯狂之譏〔一一〕。內懷獨見之明〔一二〕，外有不知之毀。此固非二三子之所知也〔一三〕。」駕車而往〔一四〕。蠡避之，後知種之必來謁，〔一五〕謂兄嫂曰〔一六〕：「今日有客，願假衣冠。」有頃種至，〔一七〕抵掌而談。旁人觀者〔一八〕，聳聽之矣〔一九〕。（《史記·越王勾踐世家》正義。又見《北堂書鈔》卷三十四、卷九十八、《太平御覽》卷四百七十四。《御覽》云出《會稽典略》。）

〔校記〕

〔一〕此句，《北堂書鈔》卷三十四無。

〔二〕此句，《北堂書鈔》卷三十四、卷九十八無。

〔三〕是，《北堂書鈔》卷三十四、卷九十八、《太平御覽》無。「人」下，《北堂書鈔》卷九十八有「也」字。

〔四〕「佯」上，《北堂書鈔》卷三十四、《太平御覽》有「被髮」二字。此句，《北堂書鈔》卷九十八無。

〔五〕此句，《北堂書鈔》卷三十四、卷九十八無。

〔六〕此句之上，《北堂書鈔》卷九十八有「遊三戶之里，下車謁蠡。蠡不爲禮，種還館」十六字；此句之下，《北堂書鈔》卷九十八有「蠡嘿而不言」五字。「遣」上，《北堂書鈔》卷九十八有「復」字。謁奉，《北堂書鈔》卷九十八、《太平御覽》作「奉謁」。

〔七〕曰，《太平御覽》作「白」。

〔八〕以上三句，《北堂書鈔》卷九十八作「使謁還，白狀」。又自「倜儻負俗」至此，《北堂書鈔》卷三十四無。

〔九〕「種」上，《北堂書鈔》卷三十四有「文」字。

〔一〇〕聞士，《北堂書鈔》卷三十四無。賢俊，《北堂書鈔》卷三十四、《太平御覽》作「賢聖」。

〔一一〕譏，《太平御覽》作「議」。

〔一二〕懷，《太平御覽》作「有」。

〔一三〕「之」上，《太平御覽》衍一「知」字。又自「種笑曰」以下至此，《北堂書鈔》卷九十八無。

〔一四〕「駕」上，《北堂書鈔》卷九十八有「種」字。又《北堂書鈔》卷三十四引至此止。

〔一五〕以上兩句，《太平御覽》作「蠡知種之必來」。

〔一六〕嫂，《太平御覽》作「婏」，「婏」爲「嫂」之異體字。

〔一七〕自「蠡避之」至此，《北堂書鈔》卷九十八無。

〔一八〕人，《北堂書鈔》卷九十八無。

〔一九〕之矣，《北堂書鈔》卷九十八、《太平御覽》無。

　　吳王使王孫雄謂范蠡曰：「子先人有言曰：『無助天爲虐，助天虐者不祥。』今吾稻蟹無遺種，子將助天爲虐，不忘其不祥乎〔一〕？」（《太平御覽》卷四百九十二。事又見《國語·越語下》。）

　　〔校記〕

　　〔一〕忘，《越語下》作「忌」，爲上。

宋昌

　　昌，宋義孫也。（《史記·孝文本紀》索隱。）

鄭吉

　　鄭吉既破車師，降日逐，威震西域。日逐并護車以北道〔一〕，故號都護。之置〔二〕，自吉始焉。上嘉其效，乃下詔曰：「都護西域騎都尉鄭吉，撫循外蠻，宣明威信，功效茂著，其封吉爲安遠侯。」（《太平御覽》卷二百。事又見《漢書·鄭吉傳》。）

　　〔校記〕

　　〔一〕日逐，《漢書》作「逐」，是也，此當涉上「降日逐」而衍誤。

　　〔二〕「之」上，《漢書》復有「都護」二字，爲上。蓋「都護」下本有重文符號，作「都=護=」，後「=」脫之也。

陳囂

陳囂與民紀伯爲隣,伯夜竊藩囂地自益〔一〕。囂見之,伺伯去後,密枝其藩一丈〔二〕,以地益伯〔三〕。伯覺之,慚惶〔四〕,既還所侵,又却一丈。〔五〕太守周府君高囂德義,刻石旌表其閭,號曰義里。(《太平御覽》卷一百五十七。又見《太平御覽》卷四百九十一、《事文類聚》續集卷七、《事類備要》別集卷十二。按:《三國志‧吳書‧虞翻傳》注引《會稽典錄》虞翻語有「太中大夫山陰陳囂,漁則化盜,居則讓鄰,感侵退藩,遂成義里」之句,此事乃「居則讓鄰」、「退藩」。所以稱義里者,乃兩事,非一事也。其「漁則化盜」、「感侵」事見《白氏六帖》卷二十九,其文曰:「後漢陳囂少時捕魚,有盜者。囂於草中以魚遺之,盜慚,不受魚。」此事似亦當在《會稽典錄》中。)

〔校記〕

〔一〕竊,《事類備要》誤作「切」。藩,《太平御覽》卷四百九十一作「蕃」,下同,不俱校。按:「蕃」、「藩」二字通,此讀作「藩」。

〔二〕枝,《太平御覽》卷四百九十一、《事文類聚》、《事類備要》作「拔」,是也。「枝」乃「拔」之形訛。

〔三〕地,《太平御覽》卷四百九十一無。

〔四〕惶,《太平御覽》卷四百九十一、《事類備要》作「懼」。

〔五〕《太平御覽》卷四百九十一引至此止。

陳囂,字子公,山陰人也。同縣車嫗,年八十餘,無子,慕囂仁義,欲求寄命。囂以車嫗有財產,未敢便許,乃諮於長者,長者僉曰:「其宜〔一〕。」囂遂迎嫗,朝夕定省,如其所親,出家財以供餚膳,嫗以壽終。囂殯斂畢,皆勉其奴,令守嫗墓,財物付與嫗內外宗族,衣國不入殯者〔二〕,以置椁中,制服三月。由是著名,流稱上國矣。(《太平御覽》卷四百一十九。)

〔校記〕

〔一〕其,疑當作「甚」。

〔二〕國,疑當作「服」。「國」、「服」古音並屬職部。

陳囂,山陰人。宗正劉向、黃門侍郎揚雄,薦囂德義,可屬薄俗。孝成皇帝特以公車徵,囂時已年七十,每朝請,上常待以師傅之禮。(《太平御覽》卷四百七十四。事又見《北堂書鈔》卷五十六引謝承《後漢書》。)

孟英

孟英,字公房,上虞人,爲郡掾史〔一〕。王憑坐罪,未應死。太守下縣殺憑,憑家詣闕稱冤。詔書下州撿栲,英出定文書,悉着英名,楚毒慘至,辭

色不變。言太守病，不關眾事。英以多至日入占病，因竊印以封文書，下縣殺憑，非太守意也。繫歷冬夏，骨皆消爛，遂不食而死。（《太平御覽》卷四百二十一。按：《論衡‧齊世》篇云：「會稽孟章父英，為郡決曹掾。郡將搉殺非辜，事至覆考。英引罪自予，卒代將死。章後復為郡功曹，從役攻賊，兵卒北敗，為賊所射，以身代將，卒死不去。」《三國志‧吳書‧虞翻傳》注引《會稽典錄》：「決曹掾上虞孟英，三世死義。」《後漢書‧孟嘗傳》：「孟嘗，字伯周，會稽上虞人也。其先三世為郡吏，並伏節死難。」所謂三世者，孟英、孟章為二世，餘一人則未知。孟嘗即其後也。）

〔校記〕

〔一〕掾史，《論衡》、《三國志》注引《會稽典錄》並作「決曹掾」，為上。《後漢書‧王霸傳》注引《漢舊儀》：「決曹，主罪法事。」正合此也。且掾、史為兩職，當誤。疑「決」誤作「史」，復脫「曹」字，後人因移「掾」後也。

嚴遵

嚴遵〔一〕，字子陵，與世祖俱受業長安〔二〕。建武六年〔三〕，下詔徵遵〔四〕，設樂陽明殿，命宴會。〔五〕暮留宿〔六〕，遵以足荷上〔七〕。其夜，客星犯天子宿。〔八〕明旦〔九〕，太史以聞〔一〇〕，上曰〔一一〕：「此無異也〔一二〕。昨夜與嚴子陵共臥耳〔一三〕。」（《藝文類聚》卷一。又見《北堂書鈔》卷一百五十、《太平御覽》卷九十、四百九十八、《玉海》卷一百五十九。又《北堂書鈔》卷十一引《典略》「子陵俱臥耳」五字，亦出此。《御覽》卷九十亦引此，然與此文多不同，今別為一條。事又見《後漢書‧嚴光傳》。）

〔校記〕

〔一〕此句，《太平御覽》卷四百九十八作「嚴光，一名遵」。

〔二〕此句，《玉海》無。自篇首至此，《太平御覽》卷九十作「上在長安中，與餘姚嚴遵俱共受學結好」。

〔三〕此句，《北堂書鈔》無，《太平御覽》卷九十作「建元元年」，《玉海》作「建武五年」。按：建元乃漢武帝劉徹年號，作「建武」是，五年、六年則難知孰是。

〔四〕下，《北堂書鈔》、《玉海》無。徵，《玉海》作「召」。

〔五〕以上兩句，《北堂書鈔》無。

〔六〕暮，《北堂書鈔》作「夜」。

〔七〕此句，《北堂書鈔》、《玉海》無。

〔八〕《北堂書鈔》、《玉海》引至此止。又自「字子陵」以下至此，《太平御覽》卷四百九十八作「帝引入，論故舊，累日因共臥，光以足加帝腹上」；自「下詔徵遵」以下至此，《太平御覽》卷九十作「徵遵拜為諫議大夫。共上宿，遵以足加帝上。其夜，客

星犯帝座」。按：據《後漢書·嚴光傳》、皇甫謐《高士傳》，其徵爲諫議大夫在共臥之後，與《御覽》九十不同。

〔九〕且，《太平御覽》卷四百九十八無。此句，《太平御覽》卷九十無。

〔一〇〕此句，《太平御覽》卷四百九十八作「太史奏客星犯帝坐甚急」。

〔一一〕上，《太平御覽》卷四百九十八作「帝」。

〔一二〕此句，《太平御覽》卷九十、卷四百九十八無。

〔一三〕此句，《太平御覽》卷九十作「昨與嚴子陵臥也」，卷九十八作「朕故人嚴子陵共臥耳」。

光武嘗出南郊，嚴遵曳長裾，持鹿扇，住立不動，天子下車，揖而別。（《太平御覽》卷四百七十四。）

盛吉

盛吉少爲郡幹佐學，明《春秋》。王莽誅，更始署新太守劉君代前太守許君，不肯去郡，劉君因攻殺之，郡中撓亂。吉謂友人柳琓曰：「君道滅，王綱絕矣。不去，禍將及。」因解冠挂府門，與琓俱去。（《職官分紀》卷四十二。）

盛吉，字君達，山陰人。司徒虞延辟西曹掾。時隴西太守鄧融以贓罪徵詣廷尉，前後考驗，歷歲不服。明帝下三府，遣精能掾屬，更就彈劾。吉到詔獄，但勑主者供湯沐飲食，不去問事。明日復往，解融桎梏，安徐以情責：「君若無贓，強見誣枉。宜具列辭，當相伸理。如審有罪，不得誣罔國家。」融感吉意，即移辭首服。（《太平御覽》卷六百四十三。）

盛吉，字君達，山陰人〔一〕，拜廷尉〔二〕。吉性多仁恩〔三〕，務在哀矜〔四〕。每至冬月〔五〕，罪當斷〔六〕，夜省刑狀〔七〕。其妻執燭〔八〕，吉手持丹筆〔九〕，夫妻相向垂泣〔一〇〕。所當平決。若無繼嗣，吉令其妻妾得入經營，使有遺類。〔一一〕視事十二年〔一二〕，天下稱其有恩〔一三〕。（《太平御覽》卷四百一十九。又見《北堂書鈔》卷三十九、卷五十三、《初學記》卷十二、《藝文類聚》卷四十九、《太平御覽》卷二十七、卷二百三十一、卷四百一十九、卷六百四十二、卷八百七十、《事類賦》卷五、《施注蘇詩》卷二十九、《演繁露》卷十四、《橋山四六》卷三、《文房四寶》卷一、《蒙求集注》卷下、《事類備要》後集卷三十四〔兩引〕。按：《初學記》、《太平御覽》卷二百三十一、六百四十二引與此略異，今別爲一條。事又見《初學記》卷二十引謝承《後漢書》。）

〔校記〕

〔一〕此句，《北堂書鈔》卷三十九、卷五十三、《蒙求集注》無。以上兩句，《藝文類聚》、
　　　《太平御覽》卷二十七、卷二百三十一、卷八百七十、《事類賦》、《施注蘇詩》、《演
　　　繁露》、《橘山四六》、《文房四寶》、《事類備要》〔兩引〕無。

〔二〕拜，《太平御覽》卷二十七、《事類賦》、《施注蘇詩》、《演繁露》、《事類備要》〔兩引〕
　　　作「為」。

〔三〕吉，《橘山四六》無。多仁，《北堂書鈔》卷五十三乙。恩，《太平御覽》卷八百七十
　　　作「恕」。

〔四〕哀，《太平御覽》卷八百七十作「寬」。以上兩句，《北堂書鈔》卷三十九、《太平御
　　　覽》卷二十七、《事類賦》、《施注蘇詩》、《演繁露》、《文房四寶》無，《橘山四六》、
　　　《事類備要》首引節作「性多哀矜」。又《北堂書鈔》卷五十三引至此止。

〔五〕每，《北堂書鈔》卷三十九無。至，《橘山四六》、《文房四寶》、《蒙求集注》無。至
　　　多，《演繁露》乙。月，《太平御覽》卷二百三十七作「日」，《施注蘇詩》作「節」，
　　　《演繁露》、《事類備要》首引無。

〔六〕罪，《施注蘇詩》作「獄」。「當」上，《北堂書鈔》有「因」字，《藝文類聚》、《太平
　　　御覽》卷二十七、卷二百三十一、卷八百七十、《事類賦》、《施注蘇詩》、《橘山四六》、
　　　《文房四寶》、《蒙求集注》、《事類備要》首引有「囚」字。按：此當據補，《書鈔》
　　　「因」字即「囚」之形訛。此句，《演繁露》作「斷囚」。

〔七〕狀，《橘山四六》作「獄」。此句，《藝文類聚》、《太平御覽》卷二十七、卷二百三十
　　　一、卷八百七十、《事類賦》、《施注蘇詩》、《演繁露》、《文房四寶》、《蒙求集注》無。

〔八〕其，《文房四寶》無。其妻，《施注蘇詩》作「妻夜」。此句，《演繁露》無。

〔九〕吉，《演繁露》無。手，《太平御覽》卷二十七、《事類賦》、《施注蘇詩》、《演繁露》、《文
　　　房四寶》、《蒙求集注》無。持，《藝文類聚》無。「丹」下，《蒙求集注》有「青」字。

〔一〇〕夫妻，《太平御覽》卷二十七、《事類賦》、《施注蘇詩》、《演繁露》、《文房四寶》、
　　　《蒙求集注》無。向，《太平御覽》卷八百七十、《橘山四六》作「對」。相向，《演
　　　繁露》無。相向垂泣，《施注蘇詩》作「垂泣相向」。又《北堂書鈔》卷三十九、
　　　《藝文類聚》、《太平御覽》卷二十七、卷二百三十一、卷八百七十、《事類賦》、
　　　《施注蘇詩》、《演繁露》、《橘山四六》、《蒙求集注》引至此止。《文房四寶》此
　　　句下尚有「吉字君達」四字。

〔一一〕自「性多哀憐」至此，《事類備要》次引無。

〔一二〕十二，《事類備要》作「二十」。自「夫妻相向」至此，《事類備要》首引節作「垂
　　　淚視事二十年」。按：據下《初學記》、《御覽》卷二百三十一所引，則當作「十
　　　二」為是。

〔一三〕「恩」下，《事類備要》兩引有「無冤」二字。

　　盛吉，字君達〔一〕。為廷尉〔二〕，性多哀憐〔三〕，其妻謂吉曰〔四〕：「君為
天下執法，不可使一人濫罪，〔五〕殃及子孫。」其囚無胤嗣者〔六〕，令其妻妾

得入，使有遺類。視事十二年，天下稱有恩恩〔七〕。(《太平御覽》卷二百三十一。又見《初學記》卷十二、《太平御覽》卷六百四十二。)

〔校記〕

〔一〕此句，《太平御覽》卷六百四十二無。

〔二〕爲，《太平御覽》卷六百四十二作「拜」。

〔三〕此句，《太平御覽》卷六百四十二作「吉性多仁恩」。

〔四〕其，《太平御覽》卷六百四十二無。「謂」上，《太平御覽》卷六百四十二有「常」字。此句之上，《太平御覽》卷六百四十二尚有「務在哀矜。每至冬月，罪囚當斷，夜省刑狀，其妻執燭，吉持筆，夫妻相向垂泣」二十九字，即上條之文也。

〔五〕《太平御覽》卷六百四十二引至此止。

〔六〕胤，《初學記》作「後」。

〔七〕《初學記》僅有一「恩」字。

盛吉，字君達，歷司徒職方，拜侍御史，一月而遷中丞。(《北堂書鈔》卷六十二。)

任光

光字景昇〔一〕，鄮縣人〔二〕，爲主簿〔三〕。時海賊作孽，縣令朱嘉將吏出戰於海渚〔四〕，嘉爲賊所射傷〔五〕。賊突嘉前。光往以身障蔽〔六〕，嘉遂獲免。光力戰死，〔七〕嘉還邑〔八〕，出俸厚葬之。(《乾道四明圖經》。又見《寶慶四明志》。)

〔校記〕

〔一〕「光」上，《寶慶四明志》有「任」字。

〔二〕縣，《寶慶四明志》無。

〔三〕「爲」下，《寶慶四明志》有「縣」字。

〔四〕「縣」、「於海渚」四字，《寶慶四明志》無。「吏」下，《寶慶四明志》有「人」字。

〔五〕嘉，《寶慶四明志》無。

〔六〕往，《寶慶四明志》無。

〔七〕以上兩句，《寶慶四明志》作「力戰死，嘉獲免」。

〔八〕嘉，《寶慶四明志》無。

梁宏

梁宏，句章人也。太守尹興召署主簿，是時楚王英謀反，妄疏天下牧守，謀發，興在疏中。徵詣廷尉，宏與門下掾陸續等，傳考詔獄，掠毒備至，辭氣益壯。(《太平御覽》卷六百四十九。按：《後漢書·陸續傳》云陸續：「爲郡門下掾。是時，楚王英謀反，陰疏天下善士。及楚事覺，顯宗得其錄，有尹興名，乃徵興

詣廷尉獄。續與主簿梁宏、功曹史駟勳及掾史五百餘人詣洛陽，詔獄就考。諸吏不堪痛楚，死者大半。唯續、宏、勳掠考五毒，肌肉消爛，終無異辭。」又《三國志·吳書·虞翻傳》注引《會稽典錄》：「主簿句章梁宏、功曹史餘姚駟勳、主簿句章鄭雲皆敦終始之義。」皆此事也。）

梁宏嘗爲句章主簿，與鄭雲俱敦終始之義。（《乾道四明圖經》卷二。）

鄭雲

鄭雲，會稽句章人也。與梁宏皆爲主簿，俱敦終始之義，〔一〕州里稱之。一云：雲字仲興，學《韓詩》、《公羊春秋》，爲主簿。後以劉雋事，獄死。郡以狀聞，旌表門閭。（《乾道四明圖經》卷五。又見《寶慶四明志》卷八。）

〔校記〕

〔一〕以上數句，《寶慶四明志》作「鄭雲、梁宏，皆句章人，俱爲主簿，篤終始之義」。

鍾離意

郡署鍾離意，北部督郵。烏程男子孫常，常弟烈，分居各得田半頃。烈死，歲飢，常稍以米粟給烈妻子，輒追計直作券，沒取其田。烈兒長大，訟常。掾史議皆曰：「烈孫兒遭餓，賴常升合，長大成人，而更爭訟，非順孫也。」意獨曰：「常身爲遺父，當撫孤弱，是人道正義。稍以升合券取其田，懷挾姦路，貪利忘義。烈妻子雖以田與常，困迫之至，非私義也。請常田俾烈妻子。」於是眾議無以奪意之理。（《太平御覽》卷六百三十九。事又見《通典》卷一百六十八。）

鍾離意爲堂邑令〔一〕。縣民房廣爲父報仇，繫獄，其母病死，廣聞之，號泣獄〔二〕。意爲之悽惻〔三〕，出廣，見之曰：「今欲出若，歸家殯斂。有義則還，無義則已。」丞掾諫以爲不可。意曰〔四〕：「不還之罪，令自受之。」廣臨殯畢，即自獄〔五〕。以狀表上，詔減死一等。（《太平御覽》卷六百四十三。又見《初學記》卷二十。事又見《後漢書·鍾離意傳》。）

〔校記〕

〔一〕堂，《初學記》作「棠」。

〔二〕「獄」下，《初學記》有「中」字，爲上。

〔三〕之，《初學記》無。惻，《初學記》作「愴」。

〔四〕自「今欲出若」至此，《初學記》無。

〔五〕「獄」上，《初學記》有「還」字，爲上。「獄」下，《初學記》有「也」字。又《初學記》引至此止。

鍾離意爲尚書僕射，時匈奴有降者，詔賜縑三百疋。尚書郎暨酆誤以三千疋賜之，上大怒，鞭酆殿下，重痛將死。意直排闥入，諫曰：「陛下德被四表，恩及夷狄，是以左袵之徒，稽首來服。愚聞刑疑從輕，賞疑從重。今陛下以酆賞誤，發雷霆之威，海內謂陛下貴微財而賤士命也。」（《太平御覽》卷六百四十九。事又見《東觀漢記》卷十七、《後漢書·鍾離意傳》、《藝文類聚》卷四十八、《初學記》卷十一引《鍾離意別傳》。）

董昆

董昆，字文通，餘姚人也。少遊學，師事穎川荀季卿，受《春秋》，治律令，明達法理，又才能撥煩。縣長潘松，署功曹史。刺史盧孟行部〔一〕，垂念冤結。松以孟明察於法令，轉署昆爲獄史。孟到，昆斷正刑法，甚得其平。孟問昆：「本學律令，所師爲誰？」昆對：「事荀季卿。」孟曰：「史與刺史同師。」孟又問昆：「從何職爲獄史？」松具以實對。孟歎曰：「刺史學律，猶不及昆。」召之署文學。（《太平御覽》卷六百三十八。又《職官分紀》卷四十二引《會稽縣錄》：「董昆，字文通，能撥煩，縣長潘侯署功曹史。」當即《會稽典錄》之誤。）

〔校記〕
〔一〕盧，魯迅注云：「當作『虞』。」按：《御覽》卷六百四十三引《會稽典錄》高豐事有刺史虞孟，周氏蓋據此斷之。

董昆〔一〕，字文通，餘姚人也。〔二〕遷廷尉卿〔三〕，持法清峻，〔四〕不發私書。（《太平御覽》卷二百三十一。又見《北堂書鈔》卷五十三。《書鈔》云出《會稽典略》。）

〔校記〕
〔一〕董，《北堂書鈔》誤作「黃」。
〔二〕以上兩句，《北堂書鈔》無。
〔三〕卿，《北堂書鈔》無。
〔四〕《北堂書鈔》引至此止。

高豐

高豐，字文林，爲鄮縣獄吏〔一〕。刺史虞孟行部，到旬日。鄮縣僻，敕鄮長將囚徒就所在錄見。林被文書，閉獄下簾，不肯送徒。自詣諫曰：「明使君乘法駕騑驂，銜命理冤，當縣縣乃至。今乃遙召囚徒，欲省更煩。盍普天之下，莫非王土，率土之濱，莫非王臣。鄮獄非漢地乎？囚徒終不出縣。特望朱軒，迴輪向鄮。」孟遂到鄮。（《太平御覽》卷六百四十三。）

〔校記〕
〔一〕鄮，疑當爲「鄧」之形訛。鄮縣有三，無在會稽郡者，漢鄧縣屬南陽郡。以下諸「鄮」字同。

鄭弘

　　鄭弘爲縣靈文嗇夫〔一〕，太守第五倫見弘，問民得失〔二〕，深異之〔三〕。召署督郵，〔四〕有弟用兄錢者〔五〕，爲嫂所責〔六〕，末還〔七〕。嫂詣弘訟之〔八〕。弘賣牛車爲叔還錢〔九〕。兄聞之，慚愧〔一〇〕，自繫於獄中〔一一〕，逐其婦〔一二〕，齎錢還弘〔一三〕，弘不受〔一四〕。（《職官分紀》卷四十二。事又見《北堂書鈔》卷七十九、《太平御覽》卷四百〇三、卷四百九十一、卷六百九十一。）

〔校記〕
〔一〕此句，《北堂書鈔》作「鄭弘爲縣宰又鄉嗇夫」，《太平御覽》卷四百〇三作「鄭弘爲靈文鄉嗇夫」，卷四百九十一作「鄭弘守陽美郡鄉」，卷六百九十一作「鄭弘爲縣嗇夫」。按：《後漢書》作「少爲鄉嗇夫」，注引謝承《後漢書》曰：「爲靈文鄉嗇夫，愛人如子。」崔豹《古今注》下曰：「漢鄭弘爲靈帝文鄉嗇夫」。《史記・外戚世家》云：「追尊薄父爲靈文侯，會稽郡置園邑三百家。」據《漢書・地理志》，靈文園在會稽山陰縣，鄭弘爲山陰人，即爲此地鄉嗇夫。此句當爲「鄭弘爲縣靈文鄉嗇夫」，此處脫「鄉」字。《書鈔》「宰又」爲「靈文」之誤；《御覽》卷四百九十一則衍誤太甚；《古今注》「靈」下衍「帝」字。
〔二〕「民」下，《北堂書鈔》有「之」字。
〔三〕「之」下，《北堂書鈔》有「也」字。又《北堂書鈔》引至此止。
〔四〕以上四句，《太平御覽》卷四百〇三、卷四百九十一、卷六百九十一無。
〔五〕「有」上，《太平御覽》卷四百〇三、卷四百九十一、卷六百九十一有「民」字。用，《太平御覽》卷六百九十一誤作「斥」。
〔六〕此句，《太平御覽》卷四百〇三、卷六百九十一無。
〔七〕「還」下，《太平御覽》卷四百〇三、卷四百九十一、卷六百九十一有「之」字。
〔八〕嫂，《太平御覽》卷四百九十一、卷六百九十一作「嫂」，「嫂」爲「嫂」之異體字。「詣」上，《太平御覽》卷六百九十一衍「領」字。訟，《太平御覽》卷四百〇三作「訴」。訟之，《太平御覽》卷四百九十一、卷六百九十一無。
〔九〕此句，《太平御覽》卷四百〇三作「弘賣中單爲叔還錢」，卷四百九十一作「弘爲叔還錢」，卷六百九十一作「賣中單爲叔還錢」。按：《太平御覽》卷四百〇三「中單」下有注曰：「即今之汗衫也。」《御覽》卷八百三十五引《後漢書》作「巾車」（今《後漢書》無此文）。「巾」、「中」形近，「單」、「車」形近，未詳孰是。
〔一〇〕愧，《太平御覽》卷六百九十一無。
〔一一〕中，《太平御覽》卷四百九十一無。此句，《太平御覽》卷四百〇三、卷六百九十一無。

〔一二〕此句，《太平御覽》卷四百〇三作「遣其婢」，卷四百九十一作「遂遣其婦」，卷六百九十一作「遣婦」。

〔一三〕賫，《太平御覽》卷四百〇三作「索」。按：作「賫」爲上，「索」蓋「賫」之形訛也。弘，《太平御覽》卷四百九十一誤作「引」。

〔一四〕弘，《太平御覽》卷六百九十一無。「受」下，《太平御覽》卷四百九十一有「也」字。

鄭弘，字巨卿。爲郡督郵，上計史。時計掾勾章任尙，居素溫富，乘鮮車，駕肥馬。弘恒在後。尙輒罵，弘無慍容。弘、尙在京師遊學，還郡，俱見府君。府君所問，弘無不對，而尙不知。出又問弘：「掾行道數相折辱，何以不答？」弘謝曰：「過奉顯使，無光國之美。馬羸行遲，面恐失期賀，以相催促，自是其宜。愚聞兩虎俱鬥，大者必傷，小者必死，兩爲無益，故不敢答。」府君歎曰：「此謂長者，太守所不能也。」（《太平御覽》卷四百〇三。）

鄭弘爲鄒令，魯國當春〔一〕，霜隕殺物〔二〕，鄒縣獨無霜也〔三〕。（《北堂書鈔》卷七十八。又見《職官分紀》卷四十二。事又見《東觀漢記》卷十八。）

〔校記〕

〔一〕此句，《職官分紀》無。

〔二〕此句，《職官分紀》作「殞霜殺穀」。

〔三〕此句，《職官分紀》作「鄒獨無災」。

鄭弘爲鄒令，永平十五年，蝗發泰山，郡國被害，過鄒不集。郡以狀上，詔書以爲不然：「自朕治京師，尙不能攘蝗，鄒令何人，而令消弭？」遣案驗之。（《藝文類聚》卷一百。事又見《後漢書·鄭弘傳》注引謝承《後漢書》。）

鄭弘遷臨淮太守〔一〕，郡人徐憲在喪致哀〔二〕，白鳩巢戶側。弘舉爲孝廉〔三〕，朝廷稱爲白鳩郎〔四〕。（《藝文類聚》卷九十二。又見《太平御覽》卷九百二十一、《海錄碎事》卷八下、《事類備要》別集卷十一。事又見《搜神記》卷十一。）

〔校記〕

〔一〕此句，《海錄碎事》無。

〔二〕人，《太平御覽》、《事類備要》作「民」。按：作「人」者，避唐太宗諱而改也。郡人，《海錄碎事》無。

〔三〕此句，《海錄碎事》作「臨淮太守鄭宏舉爲孝廉」，「宏」爲避弘曆諱改。

〔四〕爲，《太平御覽》、《事類備要》無。

鄭弘拜尙書郎〔一〕。舊典：「科滿〔二〕，補縣長，令史爲丞尉。」弘奏以爲：「臺職位尊而賞薄，人無樂者。諸使郎補縣令〔三〕，令史爲長。」上從其議，自此爲始。（《藝文類聚》卷四十八。又見《太平御覽》卷二百一十二。事又見《後漢書・鄭弘傳》、《太平御覽》卷二百一十五引謝承《後漢書》、《職官分紀》卷八引《東觀漢記》。）

〔校記〕

〔一〕郎，《太平御覽》無。按：《後漢書》作「爲尙書」，謝承《後漢書》、《東觀漢記》作「爲僕射」，以《後漢書》論之，「郎」字似不當有。

〔二〕滿，《太平御覽》作「郎」。按：《後漢書》作「尙書郎限滿」，謝承《後漢書》作「尙書郎舊典秩滿」，此文「科」當作「秩」；《御覽》則有脫誤也。

〔三〕令，《太平御覽》無。

鄭弘常出，一書生羸服，知必異人，留車與語，果是京師都講祭酒。弘下車賓禮，請以還家。（《職官分紀》卷二十一。）

趙曄

趙曄，字長君，山陰人也。少爲縣吏，奉檄迎督郵，曄甚恥之。由是委吏，到犍爲。詣博士杜撫受《韓詩》。撫嘉其精力，盡以其道授之。積二十年，不還。家人爲之發喪制服。至撫卒，曄經營葬之，然後歸家。（《太平御覽》卷五百五十六。事又見《後漢書・趙曄傳》。）

謝夷吾

謝夷吾爲郡功曹吏，太守第五倫妻車馬入府，無所關啓。夷吾鞭功曹佐吏門闌，卒牽車馬出之。收其人從，倫爲解之。良久乃已。（《太平御覽》卷六百四十九。）

謝夷吾，字堯卿，山陰人也〔一〕。爲荊州刺史，行部到南魯縣〔二〕，遇孝章皇帝巡狩，幸魯陽。上未常見刺史班秩〔三〕，有詔勅夷吾入，傳錄見囚徒〔四〕，誡長吏勿廢舊儀。上林西廂南面〔五〕，夷吾處東〔六〕，分帷以其中。夷吾省錄囚徒。〔七〕有亭長姦部民者〔八〕，縣言和姦。上意以爲吏姦民〔九〕，何得言和。且觀刺夫決〔一〇〕，當云何。〔一一〕頃〔一二〕，夷吾呵之曰：「亭長，詔書朱幘之吏〔一三〕，職在禁姦。今爲惡之端，何得言和！」切讓三老孝悌，免長罪。〔一四〕其所決正，一縣三百餘事，與上合。章帝歎曰〔一五〕：「使諸州刺史盡如此者〔一六〕，朕不憂天下〔一七〕！」特遷鉅鹿太守〔一八〕。臨發，陛見，賜車

馬劍帶，勅之曰：「鉅鹿劇郡，舊爲難治。以君有撥煩之才，故特授任，無毀前勞〔一九〕。」（《太平御覽》卷六百三十九。又見《太平御覽》卷二百五十八。事又見《後漢書·謝夷吾傳》注引謝承《後漢書》。）

〔校記〕

〔一〕也，《太平御覽》卷二百五十八無。

〔二〕此句，《太平御覽》卷二百五十八無。南魯縣，謝承《後漢書》作「南陽縣」。按：《通典》卷一百六十八亦有此事，作「南陽縣」，是也。其時，無南魯縣。

〔三〕此句，《太平御覽》卷二百五十八無。

〔四〕徒，《太平御覽》卷二百五十八無。

〔五〕林，謝承《後漢書》作「臨」，是也。作「林」者，音訛也，當據正。

〔六〕「東」下，謝承《後漢書》、《通典》並有「廂」字，當據補。若無「廂」字，則有歧義。或爲西廂東面，或爲東廂也。

〔七〕以上五句，《太平御覽》卷二百五十八無。

〔八〕姦，《太平御覽》卷二百五十八作「奸」，「奸」、「姦」並「奸」之異體字。下同，不俱校。

〔九〕姦，《太平御覽》卷二百五十八作「劫」。按：《通典》亦作「劫」，爲上。此蓋言長吏以勢脅迫。作「姦」者，「姦」、「劫」聲母同，又涉上「姦」字而訛也。

〔一〇〕夫，當爲「史」之形訛。

〔一一〕以上兩句，《太平御覽》卷二百五十八無。

〔一二〕頃，《太平御覽》卷二百五十八作「須臾」。

〔一三〕詔書，《太平御覽》卷二百五十八無。

〔一四〕以上兩句，《太平御覽》卷二百五十八作「切讓長吏治亭長罪」。按：《通典》作「切讓三老孝悌，免長束之宮，理亭長罪」，爲上，或當據補。

〔一五〕章，《太平御覽》卷二百五十八無。

〔一六〕盡，《太平御覽》卷二百五十八作「悉」。

〔一七〕「下」下，《太平御覽》卷二百五十八有「矣」字。

〔一八〕特，《太平御覽》卷二百五十八無。

〔一九〕勞，《太平御覽》卷二百五十八作「功」。

謝夷吾轉下邳令，預自剋死日。如期，果卒。勅其子曰：「漢末嘗亂，有發掘露骸之禍。使縣棺下葬，墓不起墳。」（《太平御覽》卷五百五十六。事又見《後漢書·謝夷吾傳》。按：「如期果卒」四字，依其行文，當在句末也。若不如此，則「勅其子」上當有「臨卒」一類語。）

王充

王充，字仲任。爲兒童，遊戲不好狎侮。父誦奇之，十歲，教書數。（《太平御覽》卷三百八十五。）

王充年漸七十〔一〕，乃作養生之書，凡十六篇，養氣自守，閉明塞聰，愛精自輔〔二〕，服藥道引〔三〕，庶幾獲道。（《太平御覽》卷七百二十。又見《養生類纂》卷二。事又見《論衡・自紀》、《後漢書・王充傳》。）

〔校記〕

〔一〕王，《養生類纂》無。

〔二〕輔，《養生類纂》作「補」。按：《論衡》作「愛精自保，適輔服藥引導」，雖文句不同，然可證作「輔」字是。

〔三〕道，《養生類纂》作「導」，「道」讀作「導」。

董黯

董孝治〔一〕，句章人〔二〕。家貧採薪，供養得甘果，奔走以獻母。母甚肥悅。〔三〕隣人家富〔四〕，有子不孝，母甚瘦〔五〕。不孝子疾孝治母肥〔六〕，常苦辱之〔七〕。孝治不報〔八〕。及母終，負土成墳，鳥獸助其悲號〔九〕。喪竟殺不孝子〔一〇〕，置冢前以祭〔一一〕。詣獄自繫。會赦得免〔一二〕。（《太平御覽》卷三百七十八。又見《藝文類聚》卷三十三、《太平御覽》卷四百八十二。按：《攻媿集》卷五十五載《慈溪縣董孝子廟記》載此事，較此爲詳。前云「以傳記、圖經參考之」，其末云：「晉虞預《會稽典錄》亦載其事，但言會赦免而不言爲郎。」未詳其所云傳記、圖經爲何書也。）

〔校記〕

〔一〕此句，《藝文類聚》作「董黯」，《太平御覽》卷四百八十二作「董黯，字孝治」。

〔二〕此句，《藝文類聚》、《太平御覽》卷四百八十二無。

〔三〕以上三句，《藝文類聚》、《太平御覽》卷四百八十二節作「供養母甚肥悅」。

〔四〕鄰，《太平御覽》卷四百八十二誤作「憐」。

〔五〕「瘦」下，《藝文類聚》有「小」字。

〔六〕孝治，《藝文類聚》、《太平御覽》卷四百八十二作「黯」。

〔七〕辱，《藝文類聚》、《太平御覽》卷四百八十二無。

〔八〕孝治，《藝文類聚》、《太平御覽》卷四百八十二作「黯」。

〔九〕此句，《藝文類聚》、《太平御覽》卷四百八十二無。

〔一〇〕喪，《藝文類聚》、《太平御覽》卷四百八十二無。

〔一一〕冢，《藝文類聚》作「塚」，「塚」爲「冢」之異體字。又《太平御覽》卷四百八十二引至此止。

〔一二〕得，《藝文類聚》無。

黃昌

黃昌爲蜀郡太守，密捕得盜帥一人，悉使疏諸縣強盜，密往捕錄。其諸

小盜，皆原其死，讑作棧道，以代民役。由是道不拾遺，獄至連年，無有重囚。（《太平御覽》卷六百四十三。事又見《後漢書·黃昌傳》。）

黃昌爲蜀郡太守。初，昌爲州書佐。婦寧於家〔一〕，遇賊，遂流轉入蜀爲民妻。其子犯法，乃詣昌。昌疑不類蜀人〔二〕，因問所由。對曰：「妾本會稽餘姚戴次公女，州書佐黃昌妻。嘗歸家，爲賊所略，遂至於此。」昌驚呼前，謂曰：「何以識黃昌？」「左足心有黑子〔三〕，常言當爲二千石。」乃出足示之。相持悲泣，還爲夫妻。（《太平御覽》卷三百七十二。事又見《後漢書·黃昌傳》。）

〔校記〕

〔一〕「寧」上，《後漢書》有「歸」字，爲上。頗疑「婦」、「歸」形近，後世遂脫其一也。

〔二〕「不」上，《後漢書》有「母」字，爲上。其下對者乃其妻，若無「母」字，則對者當爲妻之子。

〔三〕「左」上，《後漢書》有「對曰昌」三字，爲上。

王修

修〔一〕，句章人也〔二〕。漢安二年爲鄞縣令〔三〕。嘗因軍人殺歷陽太守伊曜〔四〕，修誓衆，奔入賊營，取曜屍葬之。咸服其義〔五〕。仕至從事〔六〕。（《乾道四明圖經》卷五。又見《寶慶四明志》卷八、卷十二。）

〔校記〕

〔一〕修，《寶慶四明志》卷八、卷十二作「王脩」，「脩」爲「修」之異體字。下「修」字同，不俱校。

〔二〕此句，《寶慶四明志》卷八、卷十二無。

〔三〕此句，《寶慶四明志》卷八作「仕順帝時，爲揚州從事」，卷十二作「後漢順帝漢安二年鄞令」。按：鄞縣、鄮縣俱屬會稽，未詳孰是。又《寶慶四明志》卷十二引至此止。

〔四〕此句，《寶慶四明志》卷八作「軍變，殺歷陽太守伊曜」。

〔五〕咸，《寶慶四明志》卷八作「人」。

〔六〕此句，《寶慶四明志》卷八無。按：此因前已經有「仕順帝時，爲揚州從事」，兩書引文不同也。

修，句章人，爲揚州從事，委身授命，垂聲來世。（《乾道四明圖經》卷五。按：此又見《三國志·吳書·虞翻傳》注引《會稽典錄》虞翻贊：「句章王脩委身授命，垂聲來世。」未知即出此文而有變引，抑或是本在王修事中，今別爲一條。）

張濟

張濟，字季南，爲中山相。是時大將軍梁冀常有書與濟，屬舉孝廉。濟知冀必有私焉，還書不發，由是見怨。（《職官分紀》卷三十二。）

淳于翼

淳于翼，字叔通，除洛陽市長。桓帝即位，有大蛇見德陽殿上。翼占曰：「以蛇有鱗，甲兵之應也。」（《開元占經》卷一百二十。事又見《搜神記》卷六。）

楊喬

楊矯爲右丞〔一〕，詣南宮，取急案條閣舊事，於複道中逢太常羊柔不避車又下〔二〕。矯糾奏柔，以爲：「知丞郎應行〔三〕，威儀有序，九列外官，而公干犯，請廷尉治柔罪。」詔勿治，以三月俸贖罪。（《太平御覽》卷六百五十一。）

〔校記〕
〔一〕矯，《東觀漢記》、《後漢書》、《三國志・吳書・虞翻傳》注引《會稽典錄》、《文選注》引應劭《漢官儀》等並作「喬」。
〔二〕羊，魯迅輯本據《通典》改作「辛」。按：《文選・丘遲〈與陳伯之書〉》注、《九家集注杜詩・冬日洛城北謁玄元皇帝廟》趙注引《漢官儀》並作「羊」。其人未聞，今仍其舊。又此文當有訛誤，魯迅輯本無「又下」二字，疑此文當作「於複道中逢太常羊柔，（柔）不避車，又（不）下」，如此則句方通。
〔三〕應，《文選・丘遲〈與陳伯之書〉》注、《九家集注杜詩・冬日洛城北謁玄元皇帝廟》趙注引《漢官儀》並作「雁」，二字形近，未詳孰是。

楊高上諫曰〔一〕：「臣聞之：曾子扣舷易水，魚聞入淵，鳥驚參天。」（《北堂書鈔》卷一百三十七。）

〔校記〕
〔一〕據上注，「高」當作「喬」。

孟嘗

孟嘗，仕郡戶曹史。上虞有寡婦雙，養姑至孝，姑卒病亡。其女言縣，以雙煞其母，縣不理斷，結竟言郡。郡報治罪。嘗諫以爲：「此婦素名孝謹，此必見誣。」固諫不聽，遂抱其獄文書，哭於府門。後郡遭大旱三年，上虞尤甚。太守殷丹下車訪問，嘗具陳：「雙不當死。誅姑之女，改葬孝婦。」丹如其言，天應雨注。（《太平御覽》卷六百四十五。事又見《後漢書・孟嘗傳》。）

魏朗

　　魏朗，字少英，上虞人。少爲縣吏，兄爲鄉人所殺。朗白日操刀，報讎於縣中。遂亡命到陳國，從博士郤仲信學《春秋》圖緯。又詣太學，受五經，京師長者李膺之徒，爭從之。（《太平御覽》卷四百八十二。事又見《後漢書·魏朗傳》。）

　　魏朗〔一〕，字少英，上虞人〔二〕。從太守行〔三〕，春寢於閤外〔四〕。感時志激，中夜長歎。府君朝問：「昨歎息者誰〔五〕？」主簿曰：「書佐魏朗也。」府君由是知朗有凌雲之志。〔六〕轉功曹佐〔七〕。正旦，與掾史上朝。時功曹吏顧翁〔八〕，披裘以加朝服〔九〕。朗以裘非臣服，非翁不敬，勅卒撤去〔一〇〕。翁恚而不聽，以手歐卒。朗右手鳴鼓，左手撤裘以聞。〔一一〕府君曰〔一二〕：「朗當朝正色，有不撓之節。」遂退翁，以朗代之。朗辭病不就〔一三〕。（《太平御覽》卷二百六十四。又見《北堂書鈔》卷三十七。《職官分紀》卷四十一亦載此事，未云出處，然上條乃引《會稽典錄》魏滕事，當即同書，因取以校之。又《書鈔》卷七十七僅引「當朝正色，魏朗代之」八字。）

〔校記〕

〔一〕朗，《北堂書鈔》卷三十七、《職官分紀》作「朗」。下同，不俱校。

〔二〕此句，《職官分紀》無。

〔三〕太，《職官分紀》作「郡」。

〔四〕閤，《職官分紀》作「闔」。按：「閤」有兩義，作閨中小門解時，爲「閣」之異體字；作閉合解時，爲「闔」之異體字，然「閣」不能書作「闔」也。此處「闔」乃音訛。

〔五〕者，《職官分紀》無。

〔六〕自「從太守行春」至此，《北堂書鈔》卷三十七無。

〔七〕「佐」上，《北堂書鈔》卷三十七、《職官分紀》有「書」字。又《職官分紀》引至此止。

〔八〕顧翁，《北堂書鈔》卷三十七作「吳翁」。下「翁」字，《書鈔》俱作「翁」，不俱校。

〔九〕披，《北堂書鈔》卷三十七作「被」，「被」讀作「披」。

〔一〇〕勅，《北堂書鈔》卷三十七作「敕」，「勅」爲「敕」之異體字。卒，《北堂書鈔》卷三十七誤作「辛」。撤，《北堂書鈔》卷三十七作「徹」，二字通。

〔一一〕自「翁恚而不聽」至此，《北堂書鈔》卷三十七無。

〔一二〕曰，《北堂書鈔》卷三十七作「嘉朗」。

〔一三〕此句，《北堂書鈔》卷三十七無。

魏朗，字少英，會稽人。靈帝即位，竇武陳蕃等欲誅宦。謀泄，反爲所害。朗以黨被徵，乃慷慨曰：「丈夫與陳仲舉、李元禮俱死，得非乘龍上天乎？」於丹陽牛渚自殺。海內列名八俊。（《太平御覽》卷四百三十。事又見《後漢書·魏朗傳》。）

陳修

陳脩〔一〕，字奉遷〔二〕。少爲郡幹，受《韓詩》、《穀梁春秋》。〔三〕家貧爲吏〔四〕，常出檐上下〔五〕，恒食乾糒〔六〕。每至正臘〔七〕，僵臥不起〔八〕。同僚請〔九〕，不肯往〔一〇〕。其志操如此。（《太平御覽》卷三百九十三。又見《北堂書鈔》卷三十八〔兩引〕、卷一百四十七、卷一百五十五、《藝文類聚》卷五、《太平御覽》卷三十三。）

〔校記〕

〔一〕脩，《北堂書鈔》卷三十八首引作「循」，《北堂書鈔》卷一百五十五、《藝文類聚》作「修」。按：「脩」爲「修」之異體字。「循」爲「脩」之形訛，「脩」、「循」形近，古多互訛。

〔二〕遷，《北堂書鈔》卷三十八首引作「道」，蓋「遷」之形訛。此句，《北堂書鈔》卷三十八次引、卷一百四十七、《藝文類聚》無。此句之下，《北堂書鈔》卷三十八首引、卷一百五十五、《藝文類聚》有「烏傷人」三字，《太平御覽》卷三十三作「烏陽人」，「陽」乃「傷」之誤也。

〔三〕以上兩句，它書無。

〔四〕爲吏，《北堂書鈔》卷一百五十五無。此句，《北堂書鈔》卷三十八次引誤作「爲刺史」。

〔五〕常，《北堂書鈔》卷三十八首引無。出，《北堂書鈔》卷三十八、《藝文類聚》、《太平御覽》卷三十三作「步」。檐，《藝文類聚》、《太平御覽》卷三十三作「擔」。按：作「步擔」是也，謂自擔負之也。此句，《北堂書鈔》卷三十八次引、卷一百四十七無。又《北堂書鈔》卷三十八首引引至此止。

〔六〕糒，《北堂書鈔》卷三十八次引作「糧」。「糒」下，《北堂書鈔》卷一百四十七有「奉糗」二字。此句，《北堂書鈔》卷一百五十五無。又《北堂書鈔》卷一百四十七引至此止。

〔七〕至，《北堂書鈔》卷一百五十五無。臘，《北堂書鈔》卷三十八次引、《藝文類聚》、《太平御覽》卷三十三作「臘」，「臘」爲「臘」之異體字。

〔八〕臥，《藝文類聚》誤作「仆」。

〔九〕此句，《北堂書鈔》卷三十八次引作「同寮飲食虔請」，《北堂書鈔》卷一百五十五、《太平御覽》卷三十三作「同僚以飲食請」，《藝文類聚》作「同僚飲食請」。「寮」、「僚」通。

〔一〇〕不，《北堂書鈔》卷一百五十五作「莫」。肯，《北堂書鈔》卷三十八首引、《太平御覽》卷三十三無。又《北堂書鈔》卷一百五十五引至此止。

陳脩遷豫章太守，計月受俸，受米不受錢也。〔一〕（《北堂書鈔》卷七十五。又見《北堂書鈔》卷三十八。）

〔校記〕

〔一〕以上兩句，《北堂書鈔》卷三十八作「受俸米不不受錢」。

陳脩，字奉遷〔一〕，烏傷人也〔二〕。爲豫章太守〔三〕。脩性清潔，履約恭儉，〔四〕十日一炊，不然官燭〔五〕。（《太平御覽》卷八百七十。又見《太平御覽》卷四百三十一。）

〔校記〕

〔一〕遷，《太平御覽》卷四百三十一誤作「先」，音訛也。

〔二〕此句，《太平御覽》卷四百三十一無。

〔三〕「爲」上，《太平御覽》卷四百三十一有「遷」字。

〔四〕以上兩句，《太平御覽》卷四百三十一作「性清潔恭儉」。

〔五〕然，《太平御覽》卷四百三十一作「燃」，然，古「燃」字。

陳脩爲豫章太守〔一〕，十日一炊〔二〕，不燃官薪〔三〕。廳事席薦，編絕不改。〔四〕布被覆形〔五〕，簞瓢蔬食。（《北堂書鈔》卷三十二。又見《北堂書鈔》卷七十五。）

〔校記〕

〔一〕爲，《北堂書鈔》卷七十五作「遷」。

〔二〕「十」上，《北堂書鈔》卷七十五有「計」字。

〔三〕薪，《北堂書鈔》卷七十五作「燭」。

〔四〕以上兩句，《北堂書鈔》卷七十五無。

〔五〕形，《北堂書鈔》卷七十五作「身」。又《北堂書鈔》卷七十五引至此止。

隆脩〔一〕，字奉遷。爲豫章太守，廳事薦編絕不改〔二〕。以郡風俗不整，常卷坐蓆。唯徐稺、李贄數詣問〔三〕，乃待以殊禮。（《太平御覽》卷七百〇九。）

〔校記〕

〔一〕隆，乃「陳」之形訛。

〔二〕據《書鈔》三十二，「薦」上，蓋脫「蓆」字。

〔三〕李贄未聞，疑當是李膺，徐稺、李膺，皆當時名士。

沈勳

沈勳身自耕耘，以供衣食。人有盜穫其禾，勳見而避之。明日，更收拾，送致其家〔一〕。盜者愧懼，齋還〔二〕，不受。（《太平御覽》卷八百三十九。又見《太平御覽》卷四百九十一。）

〔校記〕
〔一〕家,《太平御覽》卷四百九十一脫。
〔二〕齋,《太平御覽》卷四百九十一作「齎」,是也。「齋」蓋「齎」之誤。

周規

　　周規,餘姚人〔一〕。爲臨湘令〔二〕,長沙太守丹陽徐祝二月行縣〔三〕,以草穢〔四〕,敕縣除道路〔五〕。規以防農作時〔六〕,損夫力〔七〕,拒而不聽〔八〕。徐以責督郵〔九〕,規遂棄官而去〔一○〕。(《北堂書鈔》卷三十七。又見《北堂書鈔》卷三十二、《職官分紀》卷四十二。事又見《太平御覽》卷二百六十六引華嶠《後漢書》。)

〔校記〕
〔一〕此句,《北堂書鈔》卷三十二、《職官分紀》無。
〔二〕臨,《北堂書鈔》卷三十二脫。
〔三〕祝,《職官分紀》作「杭」。按:華嶠《後漢書》作「程徐」,《後漢書·桓帝紀》、《度尚傳》並有長沙太守抗徐,《桓帝紀》注引謝承《後漢書》云:「抗徐,字伯徐,丹陽人。少爲郡佐史,有膽智策略。三府表徐有將率之任,特遷長沙太守。」《度尚傳》云:「徐字伯徐,丹陽人。」《元和姓纂》卷五:「後漢有杭徐,太山都尉杭徐代居丹陽。」則作「杭徐」爲上。「程」、「祝」蓋皆「杭」之形訛也。此句,《北堂書鈔》卷三十二作「二月太守行眇」。「眇」即「縣」之形訛,縣,或書作「馭」(見齊《石永興造象記》),因誤作「眇」。
〔四〕此句,《北堂書鈔》卷三十二作「以草道穢」,《職官分紀》作「以道穢」。
〔五〕敕,《職官分紀》誤作「勒」。
〔六〕防,《職官分紀》作「方」,二字通。作時,《北堂書鈔》卷三十二無。
〔七〕此句,《北堂書鈔》卷三十二作「借損夫力」,《職官分紀》作「惜損一夫」。《書鈔》之「借」即「惜」之形訛。據此,「損」上或當補「惜」字,四字成句,文義爲順。
〔八〕此句,《職官分紀》作「拒不肯除」。
〔九〕此句,《北堂書鈔》、《職官分紀》無。
〔一○〕規,《北堂書鈔》、《職官分紀》無。

　　周規,字公圖,太守唐鳳命爲功曹。鳳,中常侍衡之從兄。恃中官,專行貪暴。規諫曰:「明府以負薪之才,受剖符之任,所謂力弱載重,不惟顛蹶。方今聖治在上,不容紕政。明府以教人之職,行桀紂之暴〔一〕。」鳳怒,縛規,棰於閤內。鳳後果以檻車徵〔二〕。(《太平御覽》卷四百九十二。)

〔校記〕
〔一〕此句之後似有脫文,周規語至此,有未盡之感。下文言「鳳後果」云云,言鳳終被懲罰,而此中無應對之文。
〔二〕此句當有脫誤,此言唐鳳終爲周規說中,不得善果,然文中無體現。

周昕

昕字大明。少游京師，師事太傅陳蕃，博覽群書，明於風角，善推災異。辟太尉府，舉高第，稍遷丹楊太守。曹公起義兵，昕前後遣兵萬餘人，助公征伐。袁術之在淮南也，昕惡其淫虐，絕不與通。(《三國志·吳書·孫靜傳》注。)

周喁

初，曹公興義兵，遣人要喁。喁即收合兵眾，得二千人，從公征伐，以爲軍師。後與堅爭豫州，屢戰失利。會次兄九江太守昂爲袁術所攻，喁往助之，軍敗，還鄉里，爲許貢所害。(《三國志·吳書·孫堅傳》注。)

駱俊

駱俊，字孝遠〔一〕，烏傷人〔二〕。孝靈皇帝擢拜陳相〔三〕。汝南葛陂，盜賊並起。陳與接境〔四〕，四面受敵。俊屬吏民〔五〕，爲之保鄣。出倉見穀，以贍貧民〔六〕，隣郡士庶咸往歸之。身捐俸祿，給其衣食。民有產子，常勑主者厚致米肉。生男女者，輒以駱爲名。(《太平御覽》卷二百四十八。又見《北堂書鈔》卷三十五、卷三十九、《太平御覽》卷四百七十七。《書鈔》卷三十九云出《會稽錄》。《書鈔》卷三十五僅引「汝南有賊起，生男名駱」九字，文義不暢，中當有脫文，今不取校。事又見《後漢書·陳敬王羡傳》注引謝承《後漢書》。)

〔校記〕

〔一〕孝遠，《太平御覽》卷四百七十七乙。按：謝承《後漢書》亦作「孝遠」。

〔二〕此句，《太平御覽》卷四百七十七無。

〔三〕孝，《太平御覽》卷四百七十七無。

〔四〕陳，《太平御覽》卷四百七十七無。

〔五〕「屬」上，《太平御覽》卷四百七十七有「整」字。民，《太平御覽》卷四百七十七作「人」，避唐太宗李世民諱也。

〔六〕民，《北堂書鈔》卷三十五、《太平御覽》卷四百七十七作「乏」。「乏」下，《北堂書鈔》卷三十五有「者」字。又《北堂書鈔》卷三十五、《太平御覽》卷四百七十七引至此止。

陳宮

上見天下郡郎〔一〕，制曰：「文左武右〔二〕。」陳宮乃正中立〔三〕。上問：「此何郡郎？不從行詔〔四〕。」對曰〔五〕：「有文有武，未知所如〔六〕。」又問：「何施？」答曰：「文爲顏氏《春秋》，武爲孫吳《兵法》。」上擢拜大夫。(《北堂書鈔》卷五十六。又《職官分紀》卷八引此條在盛憲條下，原未注出處，引書當同，今取以參校。)

〔校記〕

〔一〕此句之上，《職官分紀》有「陳宮既到東都」六字。「上」上，《職官分紀》有「遇」
　　字。郡，《職官分紀》無。

〔二〕此句，《職官分紀》作「有文者左，有武者右」。

〔三〕此句，《職官分紀》作「宮乃正居中立」。

〔四〕此句，《職官分紀》作「而不從行位」。

〔五〕「對」上，《職官分紀》有「宮從容」三字。

〔六〕如，《職官分紀》作「立」。又《職官分紀》引至此止。

虞國

　　虞固〔一〕，字季鴻〔二〕，少有孝行。為日南太守〔三〕，常有雙鴈止宿廳事
上〔四〕。每出行縣〔五〕，輒飛逐車〔六〕。卒官〔七〕，鴈遂哀鳴〔八〕，還至餘姚〔九〕，
住墓前〔一〇〕，歷二年乃去〔一一〕。（《太平御覽》卷九百一十七。又見《藝文類聚》
卷九十一、《太平御覽》卷四百一十一、《事類賦》卷十九、《九家集注杜詩・戲作寄
上漢中王二首》。事又見《北堂書鈔》卷七十五引謝承《後漢書》。）

〔校記〕

〔一〕固，《藝文類聚》、《太平御覽》卷四百一十一作「國」，《九家集注杜詩》作「同」。
　　按：謝承《後漢書》作虞國，《水經注・沔水注》云：「日南太守虞國舊宅，號曰西
　　虞。」又《白氏六帖》卷二十七載此事，未云出處，亦作虞國。又《寰宇記》卷九
　　十八引《郡國志》：「鄳縣有陳國冢，一名鶴栖墓。昔國為日南太守，死有雙鶴隨柩，
　　而歸會稽，栖於墓上，三年然後去。」陳、虞同姓，陳國即虞國也。又《書鈔》卷
　　七十五引謝承《後漢書》：「虞因遷日南太守，廣宣德化，勤修政教，寬刑宥罰，囹
　　圄空虛，盜賊弭息。」又《寰宇記》卷一百七十一云：「會稽虞歆為日南太守，即翻
　　之父也。身死歸鄉，有隻鴈隨棺至會稽，棲於墓，三年乃去。」又作虞歆。諸書所
　　云不同，未詳孰是。既多作虞國，今從之。

〔二〕此句，《藝文類聚》、《太平御覽》卷四百一十一、《九家集注杜詩》無。鴻，《白氏六
　　帖》作「卿」。

〔三〕「為」上，《太平御覽》卷四百一十一有「後」字。

〔四〕雙，《事類賦》無。「止」、「上」二字，《太平御覽》卷四百一十一無。止宿，《藝文
　　類聚》、《九家集注杜詩》乙。事，《藝文類聚》、《九家集注杜詩》無。又《九家集注
　　杜詩》引至此止。

〔五〕出，《事類賦》無。

〔六〕此句，《太平御覽》卷四百一十一作「飛逐其車」，《事類賦》作「飛逐焉」。

〔七〕「卒」上，《藝文類聚》、《太平御覽》卷四百一十一有「既」字，《事類賦》有「及」
　　字。「官」上，《藝文類聚》、《太平御覽》卷四百一十一有「於」字。

〔八〕此句，《藝文類聚》作「鴈逐喪」，《太平御覽》卷四百一十一作「逐喪」，《事類賦》作「鴈隨喪」。按：《白氏六帖》作「去郡，乃逐還鄉」云云，此當言虞國既卒，發喪還鄉，雙鴈隨喪而至餘姚。以此言之，「哀」當即「喪」之形訛，又衍「鳴」字也。

〔九〕還，《事類賦》無。

〔一〇〕住，《太平御覽》卷四百一十一作「於」，《事類賦》無。

〔一一〕二，《藝文類聚》、《太平御覽》卷四百一十一作「三」。

虞歆

虞歆，字文肅，歷郡守，節操高厲。魏曹植爲東阿王，東阿先有三十碑銘，多非實，植皆毀除之。以歆碑不虛，獨全焉。（《北堂書鈔》卷一百〇二。）

盛憲

憲字孝章，器量雅偉。舉孝廉，補尚書郎，稍遷吳郡太守。以疾去官。孫策平定吳會，誅其英豪。憲素有高名，策深忌之。初憲與少府孔融善，融憂其不免禍，乃與曹公書曰：「歲月不居，時節如流。五十之年，忽焉已至。公爲始滿，融又過二。海內知識，零落殆盡。惟會稽盛孝章尚存。其人困於孫氏，妻孥湮沒，單子獨立，孤危愁苦。若使憂能傷人，此子不得復永年矣。《春秋傳》曰：『諸侯有相滅亡者，桓公不能救，則桓公恥之。』今孝章實丈夫之雄也。天下譚士，依以揚聲，而身不免於幽執，命不期於旦夕，是吾祖不當復論損益之友，而朱穆所以絕交也。公誠能馳一介之使，加咫尺之書，則孝章可致，友道可弘也。今之少年，喜謗前輩，或能譏乎孝章；孝章要爲有天下大名，九牧之民所共稱歎。燕君市駿馬之骨，非欲以騁道里，乃當以招絕足也。惟公匡復漢室，宗社將絕，又能正之。正之之術，實須得賢。珠玉無脛而自至者，以人好之也，況賢者之有足乎？昭王築臺以尊郭隗，隗雖小才而逢大遇，竟能發明主之至心，故樂毅自魏往，劇辛自趙往，鄒衍自齊往。嚮使郭隗倒懸而王不解，臨溺而王不拯，則士亦將高翔遠引，莫有北首燕路者矣。凡所稱引，自公所知。而有云者，欲公崇篤斯義也。因表不悉。」由是徵爲騎都尉。制命未至，果爲權所害。子匡，奔魏，位至征東司馬。（《三國志·吳書·孫韶傳》注。又見《文選·陳琳〈檄吳將校部曲文〉》注、《紹定吳郡志》卷十、《施注蘇詩·次韻子由柳湖感物》、《次前韻再送周正孺》、《次韻林子中見寄》。孔融之文又見《文選·孔融〈論盛孝章書〉》、《孔北海集·與曹操論盛孝章書》。按：《文選》注僅引「憲字孝章」四字，《吳郡志》、《施注蘇詩》皆節引，文過簡略，今

附於下。又《書敘指南》七引「咫尺之書」、「因表不悉」，卷十一引「憂能傷人」等，並出此文。）

附：《紹定吳郡志》卷十：盛憲器量雄偉，遷吳郡太守，以病去官。孫策定吳會，忌憲高名。孔融憂憲不免，與曹公書。徵爲騎都尉，制命未至，爲權所害。

《施注蘇詩・次韻子由柳湖感物》：孔融與曹公書：「今之少年，喜謗前輩，或能譏評孝章。」

《施注蘇詩・次前韻再送周正孺》：孔融與曹公書云：「珠玉無脛而自至者，以人好之也，況賢者之有足乎？」

《施注蘇詩・次韻林子中見寄》：盛憲，字孝章。素有高名，孫策深忌之。孔融憂其不免禍，乃與曹公書，勸招致之。曰：「孝章要爲有天下大名，九牧之人所共稱歎。」

盛憲，字孝章〔一〕。嘗出〔二〕，逢一童〔三〕，容貌非常，憲怪而問之〔四〕。是魯國孔融，融時年十餘歲〔五〕，憲下車執融手〔六〕，載以歸舍〔七〕，與融談〔八〕，知其不凡〔九〕，便結爲兄弟〔一〇〕。因昇堂見親〔一一〕，憲自爲壽以賀母〔一二〕。母曰：「何賀〔一三〕？」憲曰〔一四〕：「母昔有憲，憲今有弟，〔一五〕家國所賴，以是賀耳〔一六〕。」融果以英才煒艷冠世。（《太平御覽》卷五百四十三。又見《北堂書鈔》卷八十五、《太平御覽》卷四百〇九、卷四百四十四、《類要》卷二十二、《職官分紀》卷八。又《記纂淵海》卷一百四十八引有此事，下出處脫文，作四空格，當亦即《會稽典錄》，今並取以校之。）

〔校記〕

〔一〕此句，《職官分紀》無。

〔二〕此句上，《太平御覽》卷四百〇九有「初爲臺郎」四字，《職官分紀》有「爲臺郎」三字。嘗，《類要》作「常」，二字通。「出」下，《太平御覽》卷四百〇九有「遊」字，卷四百四十四有「行」字。

〔三〕「童」下，《太平御覽》卷四百〇九、《職官分紀》有「子」字。自篇首至此，《記纂淵海》節作「盛憲常逢一童」。

〔四〕怪，《太平御覽》卷四百〇九、《類要》、《記纂淵海》作「怪」，「怪」爲「怪」之異體字。

〔五〕融，《太平御覽》卷四百〇九、《記纂淵海》無。時，《太平御覽》卷四百〇九無。餘歲，《記纂淵海》乙。

〔六〕車，《記纂淵海》無。融，《太平御覽》卷四百四十四無。

〔七〕以，《記纂淵海》無。以上三句，《職官分紀》無。

〔八〕談，《記纂淵海》作「議」。「談」下，《太平御覽》卷四百〇九、卷四百四十四有「宴」字。此句，《職官分紀》作「談接」。

〔九〕此句，《太平御覽》卷四百〇九無。

〔一〇〕便，《太平御覽》卷四百〇九無。自「嘗出」以下至此，《北堂書鈔》節作「與孔融結爲兄弟」。又《職官分紀》引至此止。

〔一一〕因，《北堂書鈔》、《太平御覽》卷四百四十四無。昇，《北堂書鈔》、《太平御覽》卷四百〇九、卷四百四十四、《記纂淵海》作「升」，「昇」爲「升」之異體字。見親，《太平御覽》卷四百〇九作「拜」。又《太平御覽》卷四百四十四、《記纂淵海》引至此止。

〔一二〕「母」上，《北堂書鈔》有「其」字。此句，《太平御覽》卷四百〇九無。

〔一三〕何，《太平御覽》卷四百〇九誤作「可」。

〔一四〕曰，《太平御覽》卷四百〇九無。

〔一五〕《太平御覽》卷四百〇九引至此止。

〔一六〕耳，《北堂書鈔》作「也」。又《北堂書鈔》引至此止。

盛憲，字孝章。有天下大名，孫策欲誅之。孔文舉與曹公書，意欲曹公致書救之。書未至，而已誅矣。初憲爲臺郎，路逢童子，容貌非常。憲怪而問之，曰魯國孔融。憲異之，乃載歸，結爲兄弟。(《施注蘇詩·桄榔杖寄張文潛一首時初聞黃魯直遷黔南范淳父九疑也》。按：此文乃合上兩處爲之，今別爲一條。)

戴就

薛安爲楊州從事。戴就，字景成，會稽上虞人，爲倉曹掾，受贓穢。刺史歐陽操遣安檢治〔一〕，栲覆取實。安乃收就，栲訊五毒。乃以針刺就手十指甲，使令爬土；又燒鐵令赤〔二〕，使挾之肘腋，內燋爛肉墮地。就乃取而食之，終無款伏。安乃覆就於缸下，而燒馬糞於缸兩頭熏之。火滅，謂就已死。發缸視之，乃張目謂其主者曰：「公何不益糞添火，而使絕之，何也？」主者乃報安。安大驚，遂引就共坐談論，乃解其事耳。(《太平御覽》卷六百四十九。按：此原云出《後漢書》，其下注云「又見《會稽典錄》」。事見《後漢書·戴就傳》。)

〔校記〕

〔一〕操，《後漢書》作「參」。《嘉泰會稽志》卷十四、《通志》卷一百六十八錄此事，亦作「參」。古書二字多互易，或以爲形訛，或以爲聲借。

〔二〕鐵，《後漢書》作「鋘」，注云：「鋘從吳，《詩》云：『不吳不敖。』」則字本作「鋘」。李賢既特注之，則《後漢書》此字本不作「鐵」。此當是「鋘」誤作「鈇」，後人遂改爲「鐵」也。

吳範

　　吳範與鄱陽太守魏騰少相友善。騰嘗有罪，吳主怒甚，敢有諫者死。範謂騰曰：「與汝皆死。」騰曰：「死無益，何死為？」範曰：「安能慮此，坐觀汝耶？」乃髡頭自縛詣閣下，使鈴下以聞。鈴下不敢，曰：「必死，不可。」範曰：「汝有子？」曰：「有。」「使汝為吳範死，汝子屬我。」鈴下曰：「諾。」乃排閣入。吳主大怒，欲投以戟，逡巡走出。範因突入，叩頭流血，言與涕并。良久，吳主意釋，乃免騰。（《太平御覽》卷六百四十九。事又見《三國志·吳書·吳範傳》。）

魏騰

　　騰字周林。祖父河內太守朗，字少英，列在八俊。騰性剛直，行不苟合。雖遭困偪，終不迴撓。初亦迕策，幾殆，賴太妃救得免。語見《妃嬪傳》。歷歷山、鄱陽、山陰三縣令，鄱陽太守。（《三國志·吳書·吳範傳》注。文中「語見《妃嬪傳》」五字，乃裴氏所補。）

　　策功曹魏騰以意見遣〔一〕，將殺之。大夫憂恐，計無所出。〔二〕夫人乃倚大井而謂策曰〔三〕：「汝新造江南，其事未集。方當優賢禮士〔四〕，捨過錄功〔五〕。魏功曹在公盡規，汝今日殺之〔六〕，則明日人皆叛汝〔七〕。吾不忍見禍之及〔八〕，當先投此井中耳〔九〕。」策大驚，遽釋騰〔一〇〕。（《三國志·吳書·吳夫人傳》注。又見《太平御覽》卷二百六十四、《事類賦》卷八、《職官分紀》卷四十一。按：《三國志》注下原有「夫人智略權譎，類皆如此」十字，當裴注補，非正文也，今不錄。）

〔校記〕

〔一〕「策」上，《太平御覽》、《事類賦》、《職官分紀》有「孫」字。騰，《太平御覽》作「勝」，《事類賦》作「騰」，《職官分紀》作「縢」。下「騰」字同，不俱校。按：上《吳範傳》注作「縢」，「縢」讀作「黛」，「騰」、「勝」皆「縢」之形訛也。「騰」、「縢」音同形近，則未審孰是。「意」上，《太平御覽》、《事類賦》、《職官分紀》有「忤」字。遣，《事類賦》作「譴」。見遣，《職官分紀》無。

〔二〕以上兩句，《太平御覽》、《事類賦》、《職官分紀》無。

〔三〕夫人，《太平御覽》作「吳太夫人」，《事類賦》作「夫人吳氏」，《職官分紀》作「吳夫人」。謂，《太平御覽》、《職官分紀》作「語」。

〔四〕禮，《職官分紀》無。

〔五〕此句，《職官分紀》作「棄過立功」。以上兩句，《事類賦》無。

〔六〕汝，《職官分紀》無。

〔七〕此句，《太平御覽》、《事類賦》作「則人明日叛汝」，《職官分紀》作「則人明日殺汝」。
　　按：此作「叛」是，《職官分紀》作「殺」者，「殺」、「叛」形近，又涉上「殺」字
　　而訛也。
〔八〕之，《太平御覽》無。「及」下，《職官分紀》有「此」字。
〔九〕耳，《事類賦》無。
〔一〇〕遽，《職官分紀》誤作「逐」，形訛也。

賀景、賀達

景爲滅賊校尉，御眾嚴而有恩。兵器精飾，爲當時冠絕。早卒。達頗任氣，多所犯迕，故雖有征戰之勞，而爵位不至。然輕財貴義，膽烈過人。子質，位至虎牙將軍。景子邵，別有傳。（《三國志・吳書・賀齊傳》注。）

討建安賊洪明於蓋竹。（《竹譜注》。按：原曰「《典錄・賀齊傳》云」云云。此文頗可疑，諸書引文，無如此云者。魯迅輯本既有之，今並錄之。）

陳業

陳業有特操。沛國桓儼，當世英俊，避地會稽，聞業高節，欲與相見，終不獲。後儼浮海，南入交州，臨去，遺書與業曰：「不因行李，以繫陰山白樓。〔一〕曰從容養高，動靜履直。季世多艱，爰適樂土。聞高風，飢渴語言。知乃深隱，邈然終時。求仁斯得，勤而無憾〔二〕。齊蹤古賢，何其優哉！」（《藝文類聚》卷三十一。事又見《水經注・漸江水》、《太平御覽》卷一百九十四引孔瞱《會稽記》。）

〔校記〕
〔一〕「南入交州」以下，《水經注》作「臨去，遺書與業，不因行李，繫白樓亭柱而去」，《會稽記》作「留書繫白樓亭柱而別」，則「不因行李」云云，當是桓儼之動作，非其遺書，文中「曰」字不當有，下文「曰」字當作「曰」。桓儼遺書，皆四言成句也。
〔二〕「聞」上，梅鼎祚《東漢文紀》引《類聚》有「側」字，此四言成句，當據補。

虞翻

翻說晶曰：「討逆明府，不竟天年。今攝事統眾，宜在孝廉。翻已與一郡吏士，嬰城固守。必欲出一旦之命，爲孝廉除害，惟執事圖之。」於是晶退。（《三國志・吳書・虞翻傳》注。）

虞汜

汜字世洪，生南海。年十六，父卒，還鄉里。孫綝廢幼主，迎立琅邪王休。休未至，綝欲入宮，圖爲不軌，召百官會議，皆惶怖失色，徒唯唯而已。汜對曰：「明公爲國伊周，處將相之位，擅廢立之威。將上安宗廟，下惠百姓，

大小踊躍，自以伊霍復見。今迎王未至，而欲入宮，如是羣下搖蕩，眾聽疑惑，非所以永終忠孝，揚名後世也。」綝不懌，竟立休。休初即位，氾與賀邵、王蕃、薛瑩俱爲散騎中常侍。以討扶嚴功，拜交州刺史、冠軍將軍、餘姚侯，尋卒。（《三國志·吳書·虞翻傳》注。）

虞忠

忠字世方，翻第五子。貞固幹事，好識人物。造吳郡陸機於童齓之年，稱上虞魏遷於無名之初。終皆遠致，爲著聞之士。交同縣王岐於孤宦之族，仕進先至宜都太守，忠乃代之。晉征吳，忠與夷道監陸晏、晏弟中夏督景堅守不下。城潰，被害。忠子譚，字思奧。（《三國志·吳書·虞翻傳》注。）

虞聳

聳字世龍，翻第六子也。清虛無欲，進退以禮。在吳，歷清官。入晉，除河間相。王素聞聳名，厚敬禮之。聳抽引人物，務在幽隱孤陋之中。時王岐難聳，以高士所達，必合秀異。聳書與族子察曰：「世之取士，曾不招未齒於丘園，索良才於總猥。所譽依已成，所毀依已敗。此吾所以歎息也。」聳疾俗喪祭無度，弟昺卒，祭以少牢，酒飯而已。當時族黨並遵行之。（《三國志·吳書·虞翻傳》注。）

虞昺

昺字世文，翻第八子也。少有倜儻之志，仕吳黃門郎，以捷對見異。超拜尚書侍中。晉軍來伐，遣昺持節都督武昌已上諸軍事。昺先上還節蓋印綬，然後歸順。在濟陰，抑彊扶弱，甚著威風。（《三國志·吳書·虞翻傳》注。）

丁覽、徐陵

覽字孝連。八歲而孤，家又單微，清身立行，用意不苟。推財從弟，以義讓稱。仕郡至功曹，守始平長。爲人精微絜淨，門無雜賓。孫權深貴待之，未及擢用，會病卒，甚見痛惜。殊其門戶。覽子固，字子賤，本名密，避滕密改作固。固在襁褓中，闞澤見而異之，曰：「此兒後必致公輔。」固少喪父，獨與母居。家貧守約，色養致敬，族弟孤弱，與同寒溫。翻與固同僚書曰：「丁子賤塞淵好德，堂構克舉。野無遺薪，斯之爲懿，其美優矣。令德之後，惟此君嘉耳。」歷顯位。孫休時，固爲左御史大夫。孫皓即位，遷司徒。皓悖虐，固與陸凱、孟宗同心憂國，年七十六卒。子彌，字欽遠，仕晉，至梁州

刺史。孫潭，光祿大夫。徐陵，字元大，歷三縣長，所在著稱，遷零陵太守。時朝廷俟以列卿之位，故翻書曰：「元大受上卿之遇，叔向在晉，未若於今。」其見重如此。陵卒，僮客土田或見侵奪。駱統爲陵家訟之，求與丁覽、卜清等爲比。權許焉。陵子平，字伯先，童齔知名，翻甚愛之，屢稱歎焉。諸葛恪爲丹楊太守，討山越，以平威重思慮，可與效力，請平爲丞。稍遷武昌左部督，傾心接物，士卒皆爲盡力。初，平爲恪從事，意甚薄，及恪輔政，待平益疏。恪被害，子建亡走，爲平部曲所得。平使遣去，別爲佗軍所獲。平兩婦歸宗，敬奉情過乎厚。其行義敦篤，皆此類也。（《三國志·吳書·虞翻傳》注。按：魯迅輯本分此爲兩條，其中「子彌，字欽遠，仕晉，至梁州刺史。孫潭，光祿大夫」一句不入正文，蓋以丁譚與虞預同時也。然丁譚與孔愉同時，其年長虞預約二十歲，《會稽典錄》未必未收其人也。今並錄之。又《九家集注杜詩·贈特進汝陽王二十二韻》引《會稽典錄》「丁覽門無雜賓」六字，即出此，今不別出校。）

闞澤

闞澤，字德潤，山陰人也。初，呂壹姦罪發聞，有司窮治，奏以大辟。或以爲宜加焚烈，用彰其惡。吳王以問澤，澤曰：「盛明之世，不宜有此刑。」遂從之。（《太平御覽》卷六百三十六。事又見《三國志·吳書·闞澤傳》。）

卓恕

卓恕，字公行，上虞人〔一〕。恕爲人篤信，言不宿諾。〔二〕與人期約，雖遭暴風疾雨，雷電冰雪〔三〕，無不必至〔四〕。嘗從建業還家〔五〕，辭太傅諸葛恪。恪問：「何當復來？」恕對曰〔六〕：「某日當復親覲。」至是日，恪欲爲主人，停不飲食，以須恕至。〔七〕時賓客會者皆以爲會稽、建業相去千餘里〔八〕，道阻江湖，風波難必〔九〕，豈得如期。須臾，恕至，一座盡驚。（《太平御覽》卷四百三十。又見《太平御覽》卷四百〇九。）

〔校記〕

〔一〕「人」下，《太平御覽》卷四百〇九有「也」字。

〔二〕以上兩句，《太平御覽》卷四百〇九無。

〔三〕此句，《太平御覽》卷四百〇九無。

〔四〕必至，《太平御覽》卷四百〇九作「至者」。

〔五〕還家，《太平御覽》卷四百〇九無。

〔六〕對，《太平御覽》卷四百〇九作「答」。

〔七〕以上三句，《太平御覽》卷四百〇九作「恪停食，侯恕至」。

〔八〕會，《太平御覽》卷四百○九脫。

〔九〕此句，《太平御覽》卷四百○九無。

謝承

承字偉平，博學洽聞，嘗所知見，終身不忘。子崇，揚威將軍。崇弟勖，吳郡太守。並知名。（《三國志‧吳書‧謝夫人傳》注。）

謝承遷吳郡督郵，歲穰，嘉禾六穗，生於部屬。（《初學記》卷二十七。又見《編珠》卷四。）

虞俊

餘姚虞俊歎曰：「張惠恕才多智少，華而不實，怨之所聚，有覆家之禍。吾見其兆矣。」諸葛亮聞俊憂溫，意未之信。及溫放黜，亮乃歎俊之有先見。亮初聞溫敗，未知其故，思之數日，曰：「吾已得之矣，其人於清濁太明，善惡太分。」（《三國志‧吳書‧張溫傳》注。）

邵員

邵員，字德方，餘姚人。與同縣虞俊鄰居，員先不知俊十餘年。俊至吳，與張溫、朱據等會，清談干雲，溫等敬服。於是吳中盛爲俊談。員聞而愧曰：「吾與仲明遊居此屋，曾不能甄其英秀，播其風烈，而令他邦稱我之傑。」（《太平御覽》卷四百九十一。）

謝淵

謝淵，字休德，山陰人。其先鉅鹿太守夷吾之後也。世漸微替，仕進不繼。至淵兄弟，一時俱興。兄咨，字休度。少以質行自立，幹局見稱。官至海昌都尉。淵起於衰末，兄弟脩德，貧無感容，歷位建威將軍。（《太平御覽》卷五百一十六。）

謝淵，字休德。少修德操，躬秉耒耜，既無感容，又不易慮，由是知名。舉孝廉，〔一〕稍遷至建武將軍〔二〕。雖在戎旅，猶垂意人物。〔三〕駱統子名秀，被門庭之謗，眾論狐疑，莫能證明。淵聞之歎息曰：「公緒早夭，同盟所哀。聞其子志行明辯，而被闇昧之謗〔四〕，望諸夫子，烈然高斷，而各懷遲疑，非所望也。」秀卒見明，無復瑕玷，終爲顯士，淵之力也。（《三國志‧吳書‧陸遜傳》注。又見《北堂書鈔》卷六十五、《書敘指南》卷十八。按：此與上文本在一處，然節引不同，爲便於省覽，今析爲兩條。）

〔校記〕

〔一〕自「少修德操」至此，《北堂書鈔》無。

〔二〕「稍」、「至」二字，《北堂書鈔》無。按：建武，上《御覽》所引作「建威」。

〔三〕《北堂書鈔》引至此止。

〔四〕《書敘指南》僅引此一句，無「而」字。

朱育

孫亮時，有山陰朱育，少好奇字，凡所特達，依體象類，造作異字千名以上。仕郡門下書佐。太守濮陽興正旦宴，見掾吏，言次，問：「太守昔聞朱潁川問士於鄭召公，韓吳郡問士於劉聖博，王景興問士於虞仲翔，嘗見鄭、劉二答，而未覩仲翔對也。欽聞國賢，思覩盛美有日矣。書佐寧識之乎？」育對曰：「往過習之。昔初平末年，王府君以淵妙之才，超遷臨郡，思賢嘉善，樂采名俊，問功曹虞翻曰：『聞玉出崑山〔一〕，珠生南海，遠方異域，各生珍寶。且曾聞士人歎美貴邦，舊多英俊，徒以遠於京畿，含香未越耳。功曹雅好博古，寧識其人邪？』翻對曰：『夫會稽上應牽牛之宿，下當少陽之位。東漸巨海，西通五湖，南暢無垠，北渚浙江。南山攸居，實爲州鎮。昔禹會羣臣，因以命之。山有金木鳥獸之殷，水有魚鹽珠蚌之饒。海嶽精液，善生俊異。是以忠臣繼踵〔二〕，孝子連閭，下及賢女，靡不育焉。』王府君笑曰：『地勢然矣。士女之名，可悉聞乎？』翻對曰：『不敢及遠，略言其近者耳。往者孝子句章董黯，盡心色養，喪致其哀，單身林野，鳥獸歸懷。怨親之辱，白日報讎。海內聞名，昭然光著。太中大夫山陰陳囂，漁則化盜，居則讓鄰，感侵退藩，遂成義里。攝養車嫗，行足厲俗。自揚子雲等上書薦之，粲然傳世。太尉山陰鄭公，清亮質直，不畏彊禦。魯相山陰鍾離意，稟殊特之姿，孝家忠朝。宰縣相國，所在遺惠。故取養有君子之譽〔三〕，魯國有丹書之信。及陳宮、費齊，皆上契天心，功德治狀，記在漢籍。有道山陰趙曄，徵士上虞王充，各洪才淵懿，學究道源，著書垂藻，駱驛百篇〔四〕，釋經傳之宿疑，解當世之槃結〔五〕。或上窮陰陽之奧祕，下擴人情之歸極。交阯刺史上虞綦毋俊〔六〕，拔濟一郡，讓爵土之封。決曹掾上虞孟英，三世死義。主簿句章梁宏，功曹史餘姚駟勳，主簿句章鄭雲，皆敦終始之義，引罪免居〔七〕。門下督盜賊餘姚伍隆，鄮主簿任光，章安小吏黃他，身當白刃，濟君於難。揚州從事句章王脩，委身授命，垂聲來世。河內太守上虞魏少英〔八〕，遭世屯蹇，忘家憂國，列在八俊，爲世英彥。尚書烏傷楊喬，桓帝妻以公主，辭疾不納。近故

太尉上虞朱公，天姿聰亮，欽明神武，策無失謨，征無遺慮。是以天下義兵，思以爲首。上虞女子曹娥，父溺江流，投水而死，立石碑紀，炳然著顯。』王府君曰：『是既然矣。穎川有巢、許之逸軌，吳有太伯之三讓。貴郡雖士人紛紜，於此足矣。』翻對曰：『故先言其近者耳。若乃引上世之事，及抗節之士，亦有其人。昔越王翳讓位，逃於巫山之穴，越人薰而出之，斯非太伯之儔邪？且太伯外來之君，非其地人也。若以外來言之，則大禹亦巡於此而葬之矣〔九〕。鄞大里黃公〔一〇〕，絜己暴秦之世〔一一〕，高祖即阼，不能一致。惠帝恭讓，出則濟難。徵士餘姚嚴遵，王莽數聘，抗節不行。光武中興，然後俯就。矯手不拜，志陵雲日〔一二〕。皆著於傳籍，較然彰明。豈如巢、許，流俗遺譚，不見經傳者哉？』王府君笑曰：『善哉，話言也！賢矣，非君不著。太守未之前聞也。』」濮陽府君曰：「御史所云，既聞其人，亞斯已下，書佐寧識之乎？」育曰：「瞻仰景行，敢不識之。近者太守上虞陳業，絜身清行，志懷霜雪。貞亮之信，同操柳下。遭漢中微，委官棄祿，遁跡黝歙，以求其志，高邈妙蹤，天下所聞，故桓文遺之尺牘之書〔一三〕，比竟三高。其聰明大略，忠直謇諤，則侍御史餘姚虞翻，偏將軍烏傷駱統。其淵懿純德，則太子少傅山陰闞澤，學通行茂，作帝師儒。其雄姿武毅，立功當世，則後將軍賀齊，勳成績著。其探極祕術，言合神明，則太史令上虞吳範。其文章之士，立言粲盛，則御史中丞句章任奕〔一四〕，鄱陽太守章安虞翔，各馳文檄，曄若春榮。處士鄮盧敘，弟犯公憲，自殺乞代。吳寧斯敦，山陰祁庚，上虞樊正，咸代父死罪。其女則松陽柳朱〔一五〕，永寧瞿素，或一醮守節，喪身不顧；或遭寇劫賊，死不虧行。皆近世之事，尚在耳目。」府君曰：「皆海內之英也。吾聞秦始皇二十五年，以吳越地爲會稽郡，治吳。漢封諸侯王，以何年復爲郡而分治於此？」育對曰：「劉賈爲荊王，賈爲英布所殺。又以劉濞爲吳王。景帝四年，濞反誅，乃復爲郡，治於吳。元鼎五年，除東越，因以其地爲治〔一六〕，并屬於此，而立東部都尉〔一七〕。後徙章安。陽朔元年，又徙治鄞。或有寇害，復徙句章。到永建四年，劉府君上書，浙江之北，以爲吳郡。會稽還治山陰。自永建四年，歲在己巳，以至今年，積百二十九歲。」府君稱善。是歲，吳之太平三年，歲在丁丑。育後仕朝，常在臺閣。爲東觀令，遙拜清河太守，加位侍中。推刺占射，文藝多通。（《三國志·吳書·虞翻傳》注。按：諸書徵引，惟《會稽掇英總集》卷二十、《嘉泰會稽志》卷二十全錄此文，題曰《朱育對》。餘書所引，皆節引也。今爲便於校注，僅以《會稽掇英總集》、《嘉泰會稽志》

出校；餘書所引，則析分之。王應麟《姓氏急就篇》引「永寧女瞿素」、「祁庚」、「餘姚駟勳」、「上虞慕母俊」、「斯敦」等，單取其名，今不單列。又《紹定吳郡志》卷一云：「陽羨周嘉上書，以縣遠赴會難求得分置，遂以浙江西爲吳郡，領縣十三；以東爲會稽郡，會稽還治山陰。按：《會稽典錄》以爲是年歲在己巳，劉府君上書也。」《乾道四明圖經》卷二云：「黃公廟在縣東，近海昌國縣交界，即四皓之黃公也。見《會稽典錄》。」兩書並用此文，然非文本之舊，今不取。）

〔校記〕

〔一〕崑，《會稽掇英總集》作「崏」，《嘉泰會稽志》作「昆」，三字通。

〔二〕繼，《會稽掇英總集》作「係」。

〔三〕薯，《會稽掇英總集》作「謩」。按：「薯」即「謩」字，下文亦出此字，即書作「謩」。

〔四〕駱驛，《會稽掇英總集》作「絡驛」，《嘉泰會稽志》作「絡繹」，並通。

〔五〕槃，《會稽掇英總集》作「磐」。

〔六〕阯，《會稽掇英總集》作「趾」。「虞」下，《會稽掇英總集》、《嘉泰會稽志》有「縣」字。

〔七〕罪，《嘉泰會稽志》作「逐」。

〔八〕魏，《嘉泰會稽志》脫。

〔九〕於，《嘉泰會稽志》無。

〔一〇〕鄞，《嘉泰會稽志》誤作「勤」，形訛也。

〔一一〕絜，《會稽掇英總集》、《嘉泰會稽志》作「潔」，二字通。下同，不俱校。

〔一二〕陵，《嘉泰會稽志》作「凌」。

〔一三〕桓，《會稽掇英總集》誤作「相」。按：桓文即桓儼也。

〔一四〕弈，《嘉泰會稽志》作「爽」。按：任弈事見《御覽》三八二引《會稽錄》，汲古閣本《三國志》亦作「爽」，其人未聞，未詳孰是。

〔一五〕柳，《嘉泰會稽志》脫。

〔一六〕地，《嘉泰會稽志》誤作「他」。

〔一七〕立，《會稽掇英總集》誤作「江」。

育少好奇字，凡所特達，皆依體象類，造作異字，千名以上。育後仕朝，常在臺閣。爲東觀令，遙拜清河太守，加位侍中。推刺占射，文藝多通。（《書小史》卷四。）

山陰朱育仕郡門下書佐，太守濮陽興問以人士。育曰：「近者太守上虞陳業，絜身清行，志懷霜雪。正亮之信〔一〕，同操柳下。遭漢中微，委官棄祿，遁跡黟歙，以求其志。高邈妙蹤，天下所聞。故欽宗廟諱文遺之尺牘之書〔二〕。此竟三高〔三〕。」（《淳熙新安志》卷十。）

〔校記〕

〔一〕正，《三國志》注引作「貞」。《易・乾》「元亨利貞」疏：「貞，正也。」二字並通。

〔二〕此句，《三國志》注作「故桓文遺之尺牘之書」。「欽宗廟諱」者，謂避宋欽宗趙桓諱也。

〔三〕此，據《三國志》注，當作「比」。

孫亮時，山陰朱育少好奇字，仕郡門下書佐。太守濮陽興正旦宴，見掾吏，問：「昔王景興問士於虞仲翔，而未覩仲翔對也，書佐寧識之乎？」育對云云，府君稱善。（《會稽三賦》注。）

虞翻對王景興曰：「山有金木鳥獸之殷，水有魚鹽珠蚌之饒。」（《會稽三賦》注。）

會稽太守王景興問士於虞翻。翻對曰：「鄞大里黃公，潔己暴秦之世，高祖即祚，不能一致。惠帝恭讓，出則濟難。徵士餘姚嚴遵，王莽數聘，抗節不行。光武中興，然後俯就，矯首不拜，志凌雲日。皆著於傳籍，較然彰明。」（《寶慶會稽續志》卷七。又《乾道四明圖經》卷七引「人材則有黃公，潔己暴秦之世」一句。）

任弈，句章人，文章之士也，嘗爲御史中丞。（《乾道四明圖經》卷二。又《寶慶四明志》云：「任奕，句章人，爲御史中丞。朱育稱其爲文章之士，立言桀盛。今有《任子》十卷。見《藝林》，出《會稽典錄》及王阮所修《昌國志》。」皆取此文而變其句也。）

文章之士，則鄱陽太守虞翻也〔一〕。（《方輿勝覽》卷十八。）

〔校記〕

〔一〕翻，據《三國志》注，當作「翔」。

鄞縣虞敘處士〔一〕，厚友于之義。弟犯公憲，乃乞代焉。（《乾道四明圖經》卷二。）

〔校記〕

〔一〕虞敘，《三國志》注作「鄧盧敘」，當據正。

魏徵

魏徵〔一〕，字孔章〔二〕，仕郡爲功曹史〔三〕。府君貴其名重〔四〕，徵每拜謁，常跪而待之。（《太平御覽》卷二百六十四。又見《北堂書鈔》卷七十七。又《職官分紀》卷四十一引此事，未云出處，其上兩條爲魏滕、魏朗事，魏滕事云出《會稽

典錄》，此文蓋亦出之，因據以參校。按：魏徽其人未詳，《法書要錄》卷一魏宋人物載有一魏徽，其人置於辛曠、諸葛瞻之間，若爲一人，則當是三國時人。）

〔校記〕

〔一〕徽，《職官分紀》作「徵」，下同，不俱校。

〔二〕此句，《北堂書鈔》、《職官分紀》無。

〔三〕史，《北堂書鈔》無，《職官分紀》誤作「吏」。

〔四〕重，《北堂書鈔》無。又《北堂書鈔》引至此止。

鍾離牧

牧父緒，樓船都尉。兄駰，〔一〕上計吏〔二〕。少與同郡謝贊、吳郡顧譚齊名。牧童亂時，號爲遲訥。駰常謂人曰〔三〕：「牧必勝我，不可輕也。」時人皆以爲不然。（《三國志・吳書・鍾離牧傳》注。又見《太平御覽》卷五百一十六。）

〔校記〕

〔一〕自篇首至此，《太平御覽》作「鍾牧，字子幹。牧兄駰」。

〔二〕上，《太平御覽》無。

〔三〕駰，《太平御覽》無。常，《太平御覽》作「嘗」。

高涼賊率仍弩等破略百姓，殘害吏民。牧越界撲討，旬日降服。又揭陽縣賊率曾夏等眾數千人，歷十餘年，以侯爵、雜繪千匹下書購募，絕不可得。牧遣使慰譬，登皆首服，自改爲良民。始興太守羊衙與太常滕胤書曰〔一〕：「鍾離子幹，吾昔知之不熟，定見其在南海〔二〕，威恩部伍〔三〕，智勇分明。加操行清純〔四〕，有古人之風。」〔五〕其見貴如此。在郡四年，以疾去職。（《三國志・吳書・鍾離牧傳》注。又見《職官分紀》卷四十一。）

〔校記〕

〔一〕《職官分紀》自此句引起。

〔二〕定，《職官分紀》無。

〔三〕威恩，《職官分紀》乙。

〔四〕「加」下，《職官分紀》有「以」字。

〔五〕《職官分紀》引至此止。

牧之在濡須，深以進取可圖，而不敢陳其策。與侍中東觀令朱育宴，慨然歎息。育謂牧恨於策爵未副，因謂牧曰：「朝廷諸君，以際會坐取高官。亭侯功無與比，不肯在人下，見顧者猶以於邑，況於侯也。」牧笑而答曰：「卿之所言，未獲我心也。馬援有言：『人當功多而賞薄。』吾功不足錄，而見寵已過當，豈以爲恨？國家不深相知，而見害朝人，是以默默不敢有

所陳。若其不然，當建進取之計，以報所受之恩，不徒自守而已。憤歎以此也。」育復曰：「國家已自知侯。以侯之才，無爲不成。愚謂自可陳所懷。」牧曰：「武安君謂秦王云：『非成業難，得賢難；非得賢難，用之難；非用之難，任之難。』武安君欲爲秦王并兼六國，恐授事而不見任，故先陳此言。秦王既許而不能，卒隕將成之業，賜劍杜郵。今國家知吾，不如秦王之知武安；而害吾者，有過范睢。大皇帝時，陸丞相討鄱陽，以二千人授吾。潘太常討武陵，吾又有三千人。而朝廷下議，棄吾於彼，使江渚諸督，不復發兵相繼。蒙國威靈自濟，今日何爲常。向使吾不料時度宜，苟有所陳，至見委以事，不足兵勢，終有敗績之患，何無不成之有？」（《三國志‧吳書‧鍾離牧傳》注。）

牧次子盛，亦履恭讓，爲尚書郎。弟徇，領兵爲將，拜偏將軍，戍西陵。與監軍使者唐盛論地形勢，謂宜城、信陵爲建平援，若不先城，敵將先入。盛以施績、留平智略名將，屢經於彼，無云當城之者，不然徇計。後半年，晉果遣將脩信陵城。晉軍平吳，徇領水軍督，臨陳戰死。（《三國志‧吳書‧鍾離牧傳》注。）

朱育謂鍾離曰：「大皇帝以神武之姿，欲得五千騎，乃可有圖。今騎無從出，而懷進取之志，將何計？」收曰〔一〕：「大皇以中國多騎〔二〕，欲得騎以當之〔三〕。吳神鋒弩射三四里〔四〕，洞三四馬〔五〕，騎敢近之乎？」（《太平御覽》卷三百。又見《藝文類聚》卷六十、《太平御覽》卷三百四十八。又《玉海》卷一百五十引「鍾離牧謂朱育曰：吳神鋒弓射三里」十四字，乃節引，今不取校。）

〔校記〕

〔一〕《藝文類聚》、《太平御覽》卷三百四十八自此句引起，作「鍾離牧謂朱育曰」。本文「收」字，乃「牧」之形訛也。

〔二〕「皇」下，《藝文類聚》、《太平御覽》卷三百四十八有「帝」字，是也，當據補。

〔三〕得騎，《太平御覽》卷三百四十八無。以，《藝文類聚》作「而」。

〔四〕「吳」上，《藝文類聚》、《太平御覽》卷三百四十八有「然」字。四，《藝文類聚》、《太平御覽》卷三百四十八無。

〔五〕「洞」上，《藝文類聚》、《太平御覽》卷三百四十八有「貫」字。

賀邵

賀邵〔一〕，善容止〔二〕，正其衣冠〔三〕，尊其瞻視〔四〕，動靜有常。〔五〕與人交，久益敬之。〔六〕至於官府〔七〕，左右莫見其跣〔八〕。坐常着韡〔九〕，

希見其足。(《太平御覽》卷三百八十九。又見《北堂書鈔》卷一百三十六、《藝文類
聚》卷七十、《太平御覽》卷四百〇九、卷六百九十七。)

〔校記〕

〔一〕邵,《北堂書鈔》、《藝文類聚》、《太平御覽》卷四百〇九、卷六百九十七作作「劭」。
　　　按：其人,《三國志·吳書》有傳,《志》作「邵」。「邵」下,《太平御覽》卷四百〇
　　　九有「字興伯,山陰人也」七字。

〔二〕善,《北堂書鈔》、《藝文類聚》、《太平御覽》卷四百〇九、卷六百九十七作「美」,
　　　「善」蓋即「美」之形訛。「美」上,《北堂書鈔》、《藝文類聚》、《太平御覽》卷
　　　四百〇九、卷六百九十七有「爲人」二字。容止,《太平御覽》卷四百〇九作「姿
　　　容」。

〔三〕此句,《北堂書鈔》、《藝文類聚》、《太平御覽》卷四百〇九無。

〔四〕尊其,《藝文類聚》無。此句,《北堂書鈔》、《太平御覽》卷四百〇九無。

〔五〕以上三句,《太平御覽》卷六百九十七無。

〔六〕益,《太平御覽》卷四百〇九作「而」。以上兩句,《北堂書鈔》無。又《太平御覽》
　　　卷四百〇九引至此止。

〔七〕至,《北堂書鈔》、《太平御覽》卷六百九十七無。於,《北堂書鈔》、《藝文類聚》、《太
　　　平御覽》卷六百九十七作「在」。按：「於」疑即「在」之訛,在,俗書或作「扗」;
　　　於,俗書或作「扵」,形近而誤也。

〔八〕跣,《北堂書鈔》、《藝文類聚》作「洗沐」。此句,《太平御覽》卷六百九十七無。

〔九〕坐,《太平御覽》卷六百九十七無。

朱朗

朱朗,字恭明。父爲道士,淫祀不法,遊在諸縣,爲烏傷長陳頵所殺。朗
陰圖報怨,而未有便。會頵以病亡,朗乃刺殺頵子。事發,亡命奔魏。魏聞其
孝勇,擢以爲將。(《太平御覽》卷四百八十二。)

唐庠

唐庠,字漢序。三國鼎跱,年興金革,士以弓馬爲務,家以蹴鞠爲學。
於是名儒洪筆,絕而不續。(《太平御覽》卷七百五十四。按：此節引也,文勢未盡,
其後蓋論唐庠興繼儒學之事。)

夏方

夏方,字文昌〔一〕。家遭癘〔二〕,父母伯叔一時死,凡十三喪。方年十四,
晝則負土哀號,暮則扶棺哭泣〔三〕。比葬,年十七,烏鳥集聚,猛獸乳其側。
(《太平御覽》卷九百一十。又見《藝文類聚》卷九十。事又見《晉書·夏方傳》。)

〔校記〕

〔一〕昌，《藝文類聚》作「正」。按：《晉書》、《嘉泰會稽志》卷十四、《冊府元龜》卷七
　　　百五十七等並作「正」，則作「正」爲上。「正」字俗書或作「�」（見《龍龕手鑒》、
　　　《字彙補》），與「昌」字形似。

〔二〕「癘」上，《藝文類聚》有「疾」字。

〔三〕暮則，《藝文類聚》作「墓側」。按：「晝則」、「暮則」相對成文，《晉書》作「夜則
　　　號哭，晝則負土」，文亦相對，則作「暮則」是也。

夏香

夏香，字曼卿，永興人也。爲農夫。香挺然特立，明果獨斷。年十五，縣長葛君出臨虛星，會客飲宴。時郡遭大旱，香進諫曰：「昔殷湯遭旱，以六事自責，而雨澤應澍。成王悔過，偃禾復起。自古先聖畏懼天異，必思變復以濟民命。今始罹天災，縣界獨甚。未聞明達崇殷周之德，臨祭獨歡。百姓枯瘁，神祇有靈，必不享也。百姓不足，君孰與足？宜當還寺。」長即罷會，身捐俸祿，以贍饑民。（《藝文類聚》卷四百〇三。）

夏香，有盜刈其稻者〔一〕，香助爲收之〔二〕。盜者慙，送以還香，香不受。（《太平御覽》卷八百三十九。又見《藝文類聚》卷八十五、《事類備要》別集卷五十七。按：《事類備要》引云出《會稽典》，脫「錄」字。）

〔校記〕

〔一〕其，《藝文類聚》、《事類備要》無。

〔二〕爲，《藝文類聚》、《事類備要》無。

夏香，字曼卿，永興人〔一〕。門側有大井，傍設水瓮〔二〕，里中兒童各競飲牛，爭水共鬥。香預爲汲水〔三〕，多置器瓮〔四〕，由是無爭。〔五〕專以德化。香至四節，先慶酌二親，退賚酒肴，勞問里中父老，以此爲常。（《太平御覽》卷四百〇三。又見《太平御覽》卷四百九十六。）

〔校記〕

〔一〕此句，《太平御覽》卷四百九十六無。

〔二〕此句，《太平御覽》卷四百九十六作「上有瓦盆」。

〔三〕預，《太平御覽》卷四百九十六作「豫」，二字通。水，《太平御覽》卷四百九十六無。

〔四〕器瓮，《太平御覽》卷四百九十六作「盆器」。

〔五〕《太平御覽》卷四百九十六引至此止。

香歷任邑長，皆有聲績。（《會稽三賦》注。）

徐弘

徐弘，字聖通，爲汝陰令。縣俗剛強，大姓兼併。弘到官，〔一〕誅剪姦桀〔二〕，豪右歛手。商旅路宿，〔三〕道不拾遺。童歌之曰〔四〕：「徐聖通，政無雙〔五〕。平刑罰，姦宄空。」（《太平御覽》卷二百六十八。又見《藝文類聚》卷十九、《樂府詩集》卷八十五、《職官分紀》卷四十二。）

〔校記〕

〔一〕以上三句，《藝文類聚》、《樂府詩集》無。

〔二〕誅，《職官分紀》脫。剪，《藝文類聚》作「鋤」，《樂府詩集》、《職官分紀》作「鉏」，「鉏」、「鋤」古今字。

〔三〕以上兩句，《藝文類聚》、《樂府詩集》無。

〔四〕童，《藝文類聚》、《樂府詩集》作「民」。「歌」上，《樂府詩集》有「乃」字。曰，《樂府詩集》無。

〔五〕此句，《藝文類聚》作「爲汝陰」，誤也。

徐弘，字聖通。爲右扶風都尉，家無餘產，妻子紡績，衣弊履空。鄉人嘉其高操。（《北堂書鈔》卷三十八。）

徐洪遷右扶風都尉，被召。當發，父老攀車以千數。（《職官分紀》卷三十八。按：徐洪，即徐弘。）

陳瑞

陳瑞，字文象，爲縣卒〔一〕。瑞謙恭敬讓〔二〕，行惟敬謹〔三〕。及其居二千石九卿位〔四〕，少年童豎拜者，皆正朝服，與之抗禮。若疾病不能答拜〔五〕，輒拊頻以謝之〔六〕。（《初學記》卷十七。又見《太平御覽》卷四百二十三、《類林雜說》卷四。）

〔校記〕

〔一〕「爲」上，《太平御覽》有「世」字。

〔二〕瑞，《類林雜說》無。

〔三〕敬謹，《類林雜說》乙。此句，《太平御覽》無。

〔四〕居，《類林雜說》作「仕至」。九卿位，《類林雜說》無。

〔五〕拜，《類林雜說》無。

〔六〕「輒」上，《類林雜說》有「則」字。拊，《類林雜說》作「撫」。頻，《太平御覽》、《類林雜說》作「頰」。按：此疑當作「俯頰」，猶稽首也。

皮延

皮延，字叔然，會稽山陰人。養母至孝，居喪有白鳩巢廬側，遂以喪終。（《藝文類聚》卷九十二。又見《太平御覽》卷九百二十一。）

伍賤

餘姚伍賤，字士微。父爲倉監，失去官穀薄領，罪至於死。賤爲執筆，檢校相當。由是見異，號爲神童。（《太平御覽》卷三百八十五。）

張京

張京從戎西州，軍罷還歸，各給車牛。京同里寡母，與三子從軍，子各物故，見京還，不能自致，悲傷歔欷。京以載之，牛羸道死，京入轅引軛，妻子單步。（《太平御覽》卷四百二十一。）

張諛

張諛，字彥承，上虞人也。與同鄉丁孝正相親，葬送過制。諛書難之曰：「吾聞班固善陽孫之省葬，惡始皇之飾終。夫俙以矯世，君子弗爲。若乃據周公之定品，依延州而成事，取中庸以建基，獲美稱於當世，不亦優哉？」（《太平御覽》卷五百五十六。）

虞倫

虞倫，字孝緒，餘姚人也。與駱瑗爲彈冠之友。（《太平御覽》卷四百〇九。）

沈震

沈震，字彥威，烏程人。十歲遭飢荒，忽夜中有人告震曰：「西籬下地中有米五十石，可供養。」且夕即掘之，果獲焉。（《太平御覽》卷四百一十一。按：此條魯迅輯本置《存疑》中，以其浙江以西士女《典錄》未載也。）

李陵

李陵。（《古今同姓名錄》卷下。按：《古今同姓名錄》云「七李陵，一見《會稽典錄》。」）

曹娥

孝女曹娥者，上虞人。父盱，能撫節按歌，婆娑樂神。漢安二年，迎伍君神，泝濤而上，爲水所淹，不得其尸。娥年十四，號慕思盱，乃投瓜於江，

存其父尸，曰：「父在此，瓜當沈。」旬有七日，瓜偶沈。遂自投於江而死。縣長度尚悲憐其義，爲之改葬。命其弟子邯鄲子禮爲之作碑。（《世說新語・捷悟》注。又見《藝文類聚》卷四、《白氏六帖》卷二、《太平御覽》卷三十一、卷四百一十五、《事類賦》卷四、《嘉泰會稽志》卷十、《輿地紀勝》卷十、《歲時廣記》卷二十三、《類林雜說》卷七。《白氏六帖》云出《會稽錄》，《輿地紀勝》云出《興錄》，「興」乃「典」之訛也。按：諸書徵引，文字差距較大，今爲便於省覽，皆附於下。事又見《後漢書・曹娥傳》、《異苑》卷十。）

附：《藝文類聚》卷四：女子曹娥者，會稽上虞人。父能絃歌。漢安帝二年五月五日，於縣江泝濤迎波神，溺死，不得尸骸。娥年十四，乃緣江號哭，晝夜不絕聲，七日，遂投江而死。

《白氏六帖》卷二：曹娥父沒江，其屍不獲。乃沿江號哭，七日不絕聲。乃自投江，三日抱父屍俱出，皆死。家人收葬之。爲立孝女碑，即黃絹之碑也。

《太平御覽》卷三十一：女子曹娥者，會稽上虞人。父能絃歌，爲巫。漢安二年五月五日，於縣江泝濤迎波，沉溺，死不得尸。娥年十四，沿江號哭，晝夜不絕聲，七日，遂投江而死。

《太平御覽》卷四百一十五：孝女曹娥者，上虞人。父盱，能絃歌，爲巫。五月五日，於縣泝江濤迎婆娑神，溺死，不得屍骸。娥年十四歲，乃緣江號哭，晝夜不絕聲。旬有七日，遂投江而死。縣長改葬娥於道傍，爲立碑焉。

《事類賦》卷四：女子曹娥者，會稽上虞人。父能絃歌，爲巫，五月五日，泝濤迎波神，於縣江溺死。娥年十四，沿江號哭，晝夜不絕聲，七日，遂投江而死。數日，抱父屍出。

《嘉泰會稽志》卷十：曹娥，上虞人。父盱，漢安二年，迎伍君神，泝濤而上，爲水所溺。娥年十四，自投江而死。江因娥得名也。

《輿地紀勝》卷十：娥，上虞人。父盱，迎江神，泝濤，爲水溺。娥年十四，投江而死。縣長度尚悲憐而葬之，命邯鄲子作碑。蔡邕來觀，題云：「黃絹幼婦，外孫虀臼。」

《歲時廣記》卷二十三：曹娥投江死，三日後，與父屍俱出。

《類林雜說》卷七：曹娥，會稽上虞人也。父漢桓帝元嘉二年投江而死，不獲其屍。女乃沿江而哭，七日七夜，其聲不絕，亦投江而死。後三日，其女抱父屍俱出。家人乃收葬之。郡人爲立碑於江上。

　　上虞長度尚弟子邯鄲淳〔一〕，字子禮，時甫弱冠而有異才〔二〕。尚先使魏朗作《曹娥碑》，文成未出〔三〕，會朗見尚〔四〕，尚與之飲宴〔五〕，而子禮方至督酒。尚問朗碑文成未〔六〕？朗辭不才。因試使子禮爲之〔七〕，操筆而成〔八〕，無所點定〔九〕。朗嗟歎不暇〔一○〕，遂毀其草〔一一〕。其後蔡邕又題八字曰〔一二〕：「黃絹幼婦，外孫齏臼。」〔一三〕（《後漢書・曹娥傳》注。又見《類要》卷一、卷二十一、卷二十二、卷三十一、《古今姓氏書辯證》卷八、《輿地紀勝》卷十、《文選補遺・邯鄲淳〈曹娥碑〉》注。今審《文選補遺》所引，與《後漢書》注隻字不差，或即襲取之也。事又見《異苑》卷十、《世說新語・捷悟》。）

　〔校記〕

　〔一〕上虞，《古今姓氏書辯證》無。此句，《類要》卷一僅「邯鄲淳」三字，《輿地紀勝》
　　　　僅「邯鄲」二字。

　〔二〕「時甫」、「而」三字，《類要》卷一、《古今姓氏書辯證》、《輿地紀勝》無。

　〔三〕此句，《類要》卷二十二、卷三十一作「文未成」。

　〔四〕會，《類要》卷二十二作「魏」。

　〔五〕尚，《類要》卷二十一、卷二十二無。

　〔六〕尚，《類要》卷二十一無。成未，《類要》卷二十一作「成與未成」。

　〔七〕使，《類要》卷三十一脫。

　〔八〕操，《類要》卷三十一誤作「自」。

　〔九〕點，《類要》卷二十一作「改」。

　〔一○〕「朗」下，《類要》卷二十一有「乃」字。嗟，《類要》卷三十一作「羨」。

　〔一一〕草，《類要》卷二十一、卷三十一作「章」。按：當作「草」爲上，《類要》卷二
　　　　十一小標題作「惟思毀草」，亦足證當作「草」字，「章」蓋即「草」之形訛。
　　　　又自「尚先使魏朗」以下至此，《類要》卷一作「作《曹娥碑》，方在飲宴，操
　　　　筆而成，無所點定。魏朗先作，即見，遊毀」，「遊」或即「遂」之誤，「毀」下
　　　　有脫字；《古今姓氏書辯證》作「作《曹娥碑》，無所點定」；《輿地紀勝》作「作
　　　　《曹娥碑》，方在宴飲，操筆而成，無所點定。魏良先作，既是遂毀其文」，「良」
　　　　乃「朗」之誤，「是」當爲「見」之形訛。

　〔一二〕此句，《類要》卷一作「具在蔡邕題八字云」，「具在」當爲「其后」之形訛；《類
　　　　要》卷二十一作「迨其後蔡邕又乃題八字曰」，《古今姓氏書辯證》作「蔡邕題八
　　　　字曰」，《輿地紀勝》作「蔡邕題曰」。

　〔一三〕此文之下，《類要》卷二十一尚有「如是云惟思毀草也」八字。

孟淑

　　孟淑，上虞人也。父質，中郎將。淑年十七，當出適，聘禮既至，爲盜所劫。淑祖父操刃對戰，不敵見害。淑思慕哀慟，憔悴毀形，以致盜由己，

乃喟爾歎曰：「微淑之身，禍誠不生。以身害祖，苟活何顏？」於是遂自經而死。（《太平御覽》卷四百四十一。）

彭山

彭祖所隱居之城。（《會稽三賦》注。原云出《典錄》。）

驃騎山

漢世祖時〔一〕，張意爲驃騎將軍，〔二〕其子齊芳歷中書郎〔三〕，嘗隱於此〔四〕，故以爲名〔五〕。（《寶慶四明志》卷十六。又見《輿地紀勝》卷十一、《延祐四明志》卷七。）

〔校記〕

〔一〕世祖，《延祐四明志》無。

〔二〕以上兩句，《輿地紀勝》作「張意，漢世祖時爲驃騎將軍」。

〔三〕其，《輿地紀勝》無。芳，《輿地紀勝》作「方」。

〔四〕嘗，《輿地紀勝》作「曾」。「隱」下，《輿地紀勝》有「於」字。

〔五〕此句，《輿地紀勝》作「因名」，《延祐四明志》無。

漢世祖時〔一〕，張意爲驃騎將軍，後隱於山，遂立廟以祀之。（《寶慶四明志》卷十七。又見《延祐四明志》卷十五。）

〔校記〕

〔一〕時，《延祐四明志》無。

蘭芎山

葛仙公憑白桐几〔一〕，學數十年〔二〕，白日登仙，几化爲白虎，三腳兩頭，往往人見之。（《太平御覽》卷七百一十。又見《事類賦》卷十四。又《太平寰宇記》卷九十六引《會稽錄》曰：「昔葛元隱於蘭芎山，後於此仙去，所隱几化爲生鹿而去。」「虎」、「鹿」形近，未知別是一書或是即此歧傳也。）

〔校記〕

〔一〕公，《事類賦》作「翁」。

〔二〕此句，《事類賦》作「學道數年」。

吞舟之魚

吞舟之魚，不啖蝦蟹〔一〕；熊虎之爪，不剝狸鼠。（《蟹譜》卷上。又見《蟹略》卷二。）

〔校記〕

〔一〕鰕，《蟹略》作「蝦」，二字通。又《蟹略》引至此止。

江東五雋

江東五雋。(《史通‧採撰》。按：《史通》云：「江東五雋，始自《會稽典錄》；潁川八龍，出於《荀氏家傳》。」)

存疑

陳囂

陳囂，字君期，京師諺語曰：「關東說《詩》陳君期。」(《北堂書鈔》卷一百。魯迅將此置存疑中，曰：「陳囂字子公，已見上卷。又朱育述虞翻對王朗問亦不云治《詩》，疑有誤。」按：魯迅說是也，據上《御覽》卷四百七十四引《會稽典錄》，字子公之陳囂年七十餘，方應漢成帝徵召，其人則西漢末人物也。字君期之陳囂，又見於《東觀漢記》卷二十一、《北堂書鈔》卷九十六引謝承《後漢書》，《東觀漢記》記東漢事跡，卷二十一論儒學人物，其人略以時間爲序，而陳囂置於最末，則是東漢晚期人也。且云「關東」，亦非會稽之謂也。蓋漢時有兩陳囂，因誤耳。)

沈豐

沈豐，字聖通，會稽烏程人。永平中，爲郡主簿，遷零陵太守。爲政慎刑重法，罪人詞訟，初不歷獄，嫌疑不決，一斷於口。鞭朴不舉，市無刑戮。僚友有過，亦不暴揚；有善，必述曰：「太守所不及也。」在官七年。建初間，有紫芝、甘露之瑞，論者以爲皆豐治化之應也。(《百越先賢志》卷二。原注云：「據《會稽典錄》、《楚紀》參修。」魯迅曰：「永建以前吳會雖未分，而浙江以西士女《典錄》不載，虞翻、朱育對亦不及之，歐氏蓋本《謝承書》及《東觀記》。見《藝文類聚》卷九十八、《太平御覽》卷十二，又二百六十引非出《典錄》。」明時《典錄》已佚，歐氏似不得見之。今從其說，姑置於此。)

賀純

賀純，字仲眞，會稽人。先慶氏也，少即博極羣藝，十辟公府，三舉賢良，不至。後徵拜議郎侍中，時避安帝父諱，改姓爲賀。數陳災異，上便宜數十事，多見省納。遷江夏太守。徐州牧齊，中書令邵，皆其後也。(《百越先賢志》卷三。原注云：「據《會稽典錄》、《元和姓纂》參修。」魯迅曰：「《姓纂》云

後漢慶儀爲汝陰令慶普之後也，曾孫純避漢安帝父諱，始改賀氏。孫齊，吳大將軍，齊孫中書令劭。《典錄》未見他書徵引，唯范書《李固傳》之引《謝承書》與《先賢志》餘語多同，疑即歐氏所本。」今從其說。）

張立

張立之爲人剛毅，志意慷慨，太祖嘗抑之曰：「爾不念詩書、慕聖道，而好乘汗馬擊劍，此一夫之用，何足貴也？」謂左右曰：「丈夫一爲衛、霍，將十万，馳沙漠，驅戎狄，立功建號耳。何能作博士耶？」（《太平御覽》卷二百七十六。按：《三國志·魏書·任城威王彰傳》、《金樓子·說蕃》並作曹彰事。《藝文類聚》卷四十五、《太平御覽》卷一百五十一引此條，亦云出《三國志》。曹彰，字子文。「張」蓋「彰」之音訛，「立」則「文」之形訛，又有脫字也。此條當非《會稽典錄》之文，未知何以致誤。）

孟康

太字時出按行，常預敕吏卒行，各持鐮，自刈馬草，不止亭傳，露宿樹下，將從不過十餘人也。（《北堂書鈔》卷三十八。按：原注云「《魏志》、《會稽典錄》曰」云云，《三國志·魏書·杜畿傳》注引，云出《魏略》。康，字公休，涿郡安平人，非會稽人也。此條之上，即引《魏書》引《會稽典錄》陳修事，疑原注作「《魏志》《典略》曰」，「典略」誤作「典錄」，後人遂又因上改爲《會稽典錄》也。又此首句有誤，「太」或即「公」之形訛，又有脫文也。）

任弈

任弈，字安和，句章人也。爲人貌寢，無威儀。（《太平御覽》卷三百八十二。原云出《會稽錄》。《會稽錄》有《晉中興書》之《會稽錄》，又有唐《乾寧會稽錄》，敘董昌叛亂事。諸書引《會稽錄》，惟敘董昌事者可明知非《會稽典錄》之文，餘則難卒定其實。今將其皆置存疑中。）

丁固

丁固夢松生腹上，有解之者曰：「『松』字十八公也。」後十八年，果爲三公。（《施注蘇詩·和張耒高麗松扇》。按：此文原云出《會稽錄》，疑當即《會稽典錄》也，今姑置此。《藝文類聚》卷八十八、《初學記》卷十一、《太平御覽》卷三百七十一、卷九百五十三等並云出張勃《吳錄》。）

孔榆

孔榆見大龜，乃買而放之。中流，龜乃左顧者數四。及榆封侯，鑄印，印龜回首者三，似所放。（《增修埤雅廣要》卷三十三。按：原云出《會稽錄》。事又見《搜神記》卷二十、《世說新語‧方正》注引《孔愉別傳》、《晉書‧孔愉傳》。孔愉與虞預同時，不得在其書中也。《太平御覽》卷二百引此，云出《晉中興書》，據《北堂書鈔》所引，有《晉中興書‧會稽錄》、《晉中興書‧會稽賀錄》、《晉中興書‧會稽孔錄》、《晉中興書‧會稽虞錄》、《晉中興書‧會稽王錄》，此當即《晉中興書‧會稽孔錄》之文也。《書鈔》卷六十九引《會稽孔錄》「愉字敬康」云云，正可證是書錄孔愉也。《淵鑒類函》卷六十八引此文，已云出《會稽典錄》，謬甚也。）

夏方

夏方，字文正，爲常山王相魯王傅，朝朔徒步，未嘗登車。（《職官分紀》卷三十二。按：此條在上文張濟之事下，原未注出處，然夏方本會稽人，難遽定其是否。今姑置此。）

麻胡鬼

會稽有鬼號麻胡，好食小兒腦，遂以恐小兒。（《事物紀原》卷十。原云出《會稽錄》。）

射的山

仙人常射如此，使白鶴取箭，北有石帆壁立。（《太平廣記》卷三百九十七。原云出《會稽錄》。）

石橋

秦始皇作石橋，欲過海觀日出處。有神人驅石下海，石去不速，神輒鞭之流血。（《施注蘇詩‧西新橋》。原云出《會稽錄》。按：此又見《述異記》、《殷芸小說》、《獨異志》、《初學記》卷五引《三齊略記》、卷七引《齊地記》。此乃齊地之事，必非《會稽典錄》之文也。）

《襄陽耆舊傳》　　晉習鑿齒撰

《襄陽耆舊傳》，晉習鑿齒撰。習鑿齒，字彥威，襄陽人也。鑿齒少有志氣，博學洽聞，以文筆著稱。荆州刺史桓溫辟爲從事，轉西曹主簿，累遷別駕，因罪溫，出爲滎陽太守。鑿齒既罷郡歸，是時溫覦覬非望，鑿齒著《漢晉春秋》以裁正之。襄鄧反正，朝廷欲徵鑿齒，使典國史，會卒，不果。《晉書》有傳。

是書，《隋書·經籍志》題《襄陽耆舊記》，五卷。兩《唐志》題《襄陽耆舊傳》，《宋史·藝文志》題《襄陽耆舊記》，並雲五卷。《崇文總目》作三卷，或所見本有亡佚也。《三國志》注等或作《襄陽記》。涵芬樓本《說郛》卷五十八上亦錄有《襄陽耆舊傳》一卷，其所錄人物，多有齊梁間人，則是書後人乃有所補佚也。清任兆麟曰「余家藏有《襄陽耆舊記》一冊，亦習氏所著，明神宗時郡齋刊本。」任氏乃加校勘，刊入《心齋十種》之中。是書爲三卷，皆錄人物，未知即《崇文總目》所載三卷本否。《郡齋讀書志》云是書：「前載襄漢人物，中載山川、城邑，後載牧守。」《心齋》本僅餘人物，其後吳慶燾在《心齋》本基礎上，蒐羅典籍，爲之補苴罅漏，復據《讀書志》所云部列分次，題《襄陽耆舊記》，五卷，卷一、二爲人物，卷三爲山川，卷四爲城邑，卷五爲牧守，凡錄人物四十六人，山川、城邑二十八處，爲目前所見之最善之本。然是本之闕亦多矣，其文多有妄補，且有遺漏。今重輯是書，不主任本、吳本。先廣爲搜集諸書徵引，其次未見諸書徵引而獨見於《心齋》本者，其次見於《說郛》、吳本者，皆羅列之。又《心齋》本多有與諸書徵引不同者，乃附各條目下。其體例仍遵吳本，又在此之外增《存疑》一卷，凡非習《傳》者皆錄於此。是書今人舒焚有校注，題《襄陽耆舊記校注》，荆楚書社，1986 年版。以吳本爲底本，稽考諸書，校注甚詳，用功甚勤。其序文論版本流傳亦甚詳細，可參之。

卷一·人物

周

宋玉

　　宋玉者，楚之鄢人也。故宜城有宋玉塚。始事屈原，原既放逐，求事楚友景差。景差懼其勝已，言之於王，王以爲小臣。玉讓其友。友曰：「夫薑桂因地而生，不因地而辛；美女因媒而嫁，不因媒而親。言子而得官者，我也；官而不得意者，子也。」玉曰：「若東郭狻者，天下之狡兔也，日行九百里，而卒不免韓盧之口，然在獵者耳。夫遙見而指蹤，雖韓盧必不及狡兔也。若躡跡而放，雖東郭狻必不免也。今子之言我於王，爲遙指蹤而不屬耶？躡跡而縱泄耶？」友謝之，復言於王。（任兆麟本《襄陽耆舊記》。事又見《韓詩外傳》卷七、《新序·雜事》第五。《説苑·善説》載孟嘗君與其客語與此相類。）

　　襄王與宋玉遊於雲夢之臺〔一〕，望朝雲之館〔二〕，其上有雲氣〔三〕，變化無窮〔四〕。王曰〔五〕：「何氣也〔六〕？」玉曰〔七〕：「昔者先王遊於高唐〔八〕，怠而晝寢〔九〕，夢見一婦人〔一〇〕，曖乎若雲，皎乎若星〔一一〕。將行未止〔一二〕，如浮忽停〔一三〕。詳而觀之〔一四〕，西施之形。王悦而問之〔一五〕。曰〔一六〕：『我夏帝之季女也〔一七〕，名曰瑤姬〔一八〕，未行而亡〔一九〕，封乎巫山之臺〔二〇〕，精魂爲草〔二一〕，摘而爲芝〔二二〕。媚而服焉〔二三〕，則與夢期〔二四〕。所謂巫山之女，高唐之姬〔二五〕。聞君遊於高唐，願薦寢席〔二六〕。』王因幸之〔二七〕。既而言之曰：『妾處之羭，尚莫可言之。今遇君之靈，幸妾之搴，將撫君苗裔，藩乎江漢之間。』王謝之。辭去，曰：『妾在巫山之陽，高丘之岨，且爲朝雲，暮爲行雨。朝朝暮暮，陽臺之下。』王朝視之，如言。乃爲立館，號曰朝雲。」王曰：「願子賦之，以爲楚志。」（《渚宮舊事》卷三。又見《文選·宋玉〈高唐賦〉》注、《北户錄》卷三、《太平御覽》卷三百八十一、卷三百九十九、《海錄碎事》卷九上、卷十三下、《類説》卷二、《紺珠集》卷九。《御覽》云出《襄陽耆舊記》。事又見《文選·宋玉〈高唐賦〉》。按：《文選·宋玉〈高唐賦〉》注、《海錄碎事》卷十三下與此文字不類，或引用時自敍，今別爲一則。）

　　〔校記〕

　　〔一〕楚，《太平御覽》卷三百九十九無。臺，《太平御覽》卷三百九十九作「野」。此句，《海錄碎事》卷九上、《類説》、《紺珠集》作「楚襄王遊雲夢」。

　　〔二〕館，《太平御覽》卷三百八十一作「餘」，形訛也。又此句上，《太平御覽》卷三百九十九有「將使宋玉賦高唐之事」九字。

〔三〕其，《太平御覽》卷三百八十一、卷三百九十九無。

〔四〕此句上，《太平御覽》卷三百九十九有「崒乎直上，忽而改容，須臾之間」十二字。

〔五〕此句，《太平御覽》卷三百九十九作「王問宋玉曰」。

〔六〕「何」上，《太平御覽》卷三百九十九有「此」字。又自「變化無窮」至此，《太平御覽》卷三百八十一無。

〔七〕「玉」上，《太平御覽》卷三百八十一有「宋」字。玉，《太平御覽》卷三百九十九作「對」。

〔八〕「者」、「於」二字，《太平御覽》卷三百八十一無。

〔九〕寢，《太平御覽》卷三百九十九作「寐」。又自「望朝雲之館」至此，《海錄碎事》卷九上、《類說》、《紺珠集》無。

〔一〇〕見，《太平御覽》卷三百八十一、卷三百九十九、《海錄碎事》卷九上、《類說》、《紺珠集》無。

〔一一〕皎，《太平御覽》卷三百八十一作「皦」，卷三百九十九作「煥」，並通。

〔一二〕止，《太平御覽》卷三百八十一、卷三百九十九作「至」。

〔一三〕忽，《太平御覽》卷三百八十一、卷三百九十九作「如」。停，《太平御覽》卷三百八十一作「傾」。

〔一四〕觀，《太平御覽》卷三百九十九作「視」。

〔一五〕之，《太平御覽》卷三百九十九作「焉」。又以上三句，《太平御覽》卷三百八十一無。又自篇首至此，《北戶錄》節作「襄王夢一婦人」。自「曖乎若雲」至此，《海錄碎事》卷九上、《紺珠集》作「名曰瑤姬」，《類說》作「名瑤姬」。

〔一六〕「曰」上，《太平御覽》卷三百八十一有「對」字。曰，《紺珠集》無。

〔一七〕夏，《太平御覽》卷三百八十一、卷三百九十九無。之，《太平御覽》卷三百八十一無。也，《太平御覽》卷三百八十一、《類說》無。

〔一八〕曰，《北戶錄》無。此句，《海錄碎事》卷九上、《類說》、《紺珠集》無。按：《海錄碎事》諸書因前已出相同文字，故此略之也。

〔一九〕亡，《北戶錄》作「死」，《太平御覽》卷三百八十一作「喪」。此句，《海錄碎事》卷九上、《類說》、《紺珠集》無。

〔二〇〕乎，《太平御覽》卷三百八十一無，《海錄碎事》卷九上、《類說》、《紺珠集》作「于」。「臺」上，《海錄碎事》卷九上、《類說》、《紺珠集》有「陽」字。

〔二一〕爲，《北戶錄》、《太平御覽》卷三百九十九作「依」。

〔二二〕此句，《北戶錄》作「實爲莖芝」，《太平御覽》卷三百八十一作「實爲靈芝」，卷三百九十九作「寔爲莖之」。按：「寔」爲「實」之異體字。「之」當爲「芝」之脫。以上兩句，《海錄碎事》卷九上、《類說》、《紺珠集》作「精魂爲芝」。又《太平御覽》卷三百八十一引至此止。

〔二三〕焉，《類說》作「之」。

〔二四〕「期」下，《海錄碎事》卷九下有「也」字。又此句下，《北戶錄》有「其家在宜城縣」六字。《北戶錄》、《海錄碎事》卷九上、《類說》、《紺珠集》引至此止。

〔二五〕姬，《太平御覽》卷三百九十九誤作「藉」。

〔二六〕寢，《太平御覽》卷三百九十九作「枕」。

〔二七〕「因」下，《太平御覽》卷三百九十九有「而」字。又《太平御覽》卷三百九十九
　　　　引至此止。

　　赤帝女曰姚姬〔一〕，未行而卒，葬於巫山之陽，故曰巫山之女。〔二〕楚懷
王遊於高唐，晝寢，夢見與神遇，自稱是巫山之女。王因幸之，遂爲置觀於
巫山之南，號爲朝雲。後至襄王時，復游高唐。（《文選·宋玉〈高唐賦〉》注。
又見《海錄碎事》卷十三下。）

〔校記〕

〔一〕曰，《海錄碎事》卷十三下無。

〔二〕《海錄碎事》卷十三下引至此止。

　　宋玉識音而善文，襄王好樂而愛賦，既美其才〔一〕，而憎其似屈原也，
乃謂之曰：「子盍從楚之俗，使楚人貴子之德乎〔二〕？」對曰〔三〕：「昔楚有
善歌者〔四〕，王其聞與〔五〕？始而曰《下里》、《巴人》〔六〕，國中唱而和之者
數萬人〔七〕。中而曰《陽阿》、《採菱》〔八〕，國中唱而和之者數百人〔九〕。既
而曰《陽春》、《白雪》〔一○〕，《朝日》、《魚麗》〔一一〕，含商吐角，絕節赴曲，
〔一二〕國中唱而和之者不過數人〔一三〕。蓋其曲彌高，其和彌寡。〔一四〕」（《藝
文類聚》卷四十三。又見《北堂書鈔》卷一百○六、《初學記》卷十五、《太平御覽》
卷五百七十二、《事類賦》卷十一、《海錄碎事》卷十六。《初學記》云出《襄陽耆舊
記》。事又見《新序·雜事一》、《文選·宋玉〈對楚王問〉》。又《白氏六帖》卷十八
引《襄陽記》：「昔有善歌者，含商吐角之音。」《初學記》卷十五云：「古歌曲有《陽
陵》、《白露》、《朝日》、《魚麗》、《白水》、《白雲》、《江南》、《陽春》、《淮南》、《駕
辨》、《淥水》、《陽阿》、《採菱》、《下里》、《巴人》。並見《襄陽耆舊傳》及梁元帝《纂
要》。」並出此也。）

〔校記〕

〔一〕美，《事類賦》作「愛」。

〔二〕楚，《事類賦》無。

〔三〕自篇首至此，《北堂書鈔》節作「宋玉對楚王曰」，《海錄碎事》作「宋玉對楚襄王曰」。

〔四〕《初學記》自此句引起。楚，《初學記》無。

〔五〕與，《太平御覽》、《事類賦》作「歟」，二字通。此句，《北堂書鈔》無。

〔六〕里，《太平御覽》作「俚」。

〔七〕唱，《事類賦》作「屬」。按：《襄陽耆舊傳》載錄此事，多與《文選》所載不同，而
　　　《事類賦》所載，則多近《文選》，蓋有人據《文選》改之也。之，《北堂書鈔》無。

〔八〕採菱，《事類賦》作「蕩露」。

〔九〕唱，《事類賦》作「屬」。之，《北堂書鈔》無。又《北堂書鈔》引至此止。自「昔楚有善歌者」至此，《海錄碎事》無。自「王其聞與」至此，《初學記》無。

〔一〇〕既而曰，《海錄碎事》無。曰，《初學記》作「歌」。《陽春》、《白雪》，《初學記》作「《陽陵》、《白露》」，《海錄碎事》作「《陽菱》、《白露》」。按：《新序》、《文選》皆作「《陽春》、《白雪》」，此文與兩書固不當同，若同，後人斷無率意改之之理。今《御覽》、《事類賦》作此者，當即後人據《文選》改之也。

〔一一〕魚，《初學記》誤作「焦」，形訛也。麗，《太平御覽》、《事類賦》作「離」。

〔一二〕《初學記》引至此止。

〔一三〕唱，《事類賦》作「屬」。

〔一四〕兩句之「其」字，《海錄碎事》無。

《白露》，歌曲名也。（《北堂書鈔》卷一百〇六。）

《魚離》，曲名也。（《北堂書鈔》卷一百〇六。按：以上兩條似為注文。）

附：任兆麟本《襄陽耆舊記》。

宋玉者，楚之鄢人也。故宜城有宋玉塚。始事屈原，原既放逐，求事楚友景差。景差懼其勝己，言之於王，王以為小臣。玉讓其友。友曰：「夫薑桂因地而生，不因地而辛；美女因媒而嫁，不因媒而親。言子而得官者，我也；官而不得意者，子也。」玉曰：「若東郭㕙者，天下之狡兔也，日行九百里，而卒不免韓盧之口，然在獵者耳。夫遙見而指蹤，雖韓盧必不及狡兔也。若躡跡而放，雖東郭㕙必不免也。今子之言我於王，為遙指蹤而不屬耶？躡跡而縱泄耶？」友謝之，復言於王。玉識音而善文，襄王好樂愛賦，既美其才，而憎之似屈原也。曰：「子盍從俗，使楚人貴子之德乎？」對曰：「昔楚有善歌者，始而曰《下里》、《巴人》，國中屬而和之者數百人。既而曰《陽春》、《白雪》、《朝日》、《魚離》，國中屬而和之者不至十人。含商吐角，絕倫赴曲，國中屬而和之者不至三人矣。其曲彌高，其和彌寡也。」

漢

秦豐

秦豐，黎丘鄉人。黎丘，楚地，故稱楚黎王。黎丘故城在今襄州率道縣北。（《後漢書·光武帝紀》注。原云出《襄陽記》。按：《襄陽記》原文似只引至「黎丘鄉人」止，自「黎丘，楚地」以下乃李賢注語，今並錄之。）

戎號周成王，義稱臨江王。（《後漢書·彭岑傳》注。原云出《襄陽耆舊記》。按：田戎爲西平人，義戎未知。《彭岑傳》「秦豐相趙京舉宜城降，拜爲成漢將軍，與彭共圍豐於黎丘，時田戎擁眾夷」云云，是此事本當在秦豐一事中，今姑置此，不別立一條。）

胡廣

廣父名寵，寵妻生廣，早卒。寵更娶江陵黃氏，生康，字仲始。（《後漢書·胡廣傳》注。原云出《襄陽耆舊記》。）

習融

習融，襄陽人。有德行，不仕。子郁，字文通，爲黃門侍郎，封襄陽公。（任兆麟本《襄陽耆舊記》。）

王逸

王逸，字叔師，南郡宜城人。元初中，舉上計吏爲校書郎，累至侍中。著《楚詞章句》，行於世。其賦、誄、書、論及雜文凡二十一篇，作漢詩百二十三篇。子延壽。（任兆麟本《襄陽耆舊記》。事又見《後漢書·王逸傳》。）

王延壽

王延壽，字文考，作《靈光殿賦》。蔡邕亦造此賦，未成，及見甚奇之，遂輟翰。曾有奇夢，惡之，作《夢賦》以自勵。後溺死。（任兆麟本《襄陽耆舊記》。事又見《後漢書·王逸傳》。）

龐德公

龐公，襄陽人，居沔水上，至老不入襄陽城。躬自耕耔，〔一〕其妻相待如賓〔二〕，休息則整巾端坐〔三〕，以琴書自娛。睹其貌者，肅如也。（《太平御覽》卷八百二十二。又見《初學記》卷十七。）

〔校記〕

〔一〕以上諸句，《初學記》節作「龐公躬耕」。

〔二〕其妻，《初學記》作「妻子」。

〔三〕整，《初學記》作「正」。又《初學記》引至此止。

龐德公，襄陽人也〔一〕，居澗水上〔二〕，至老不入襄陽城〔三〕。鎮南將軍劉表數延之，謂曰：「夫保全一身，孰若其保全天下。」龐公笑曰：「鴻鵠巢於高林之上，暮而得所栖；黿鼉穴於深泉之下，夕而得所宿。夫趣舍行止，亦人之巢穴也，但各得其栖宿而已。天下非所能保也。」（《北堂書鈔》卷一百

五十八。又見《藝文類聚》卷六十三、《九家集注杜詩‧暇日小園散病將種秋菜督勒耕牛兼書觸目》。《北堂書鈔》、《九家集注杜詩》云出《襄陽者舊記》。）

〔校記〕

〔一〕此句，《藝文類聚》、《九家集注杜詩》無。

〔二〕此句，《藝文類聚》、《九家集注杜詩》作「在沔水上」。按：作「沔」是也。

〔三〕至老，《九家集注杜詩》無。又《藝文類聚》、《九家集注杜詩》引至此止。

每釋耕於隴上，妻子耨於前。表詣而問曰：「先生苦居畎畝之間，而不肯當祿，然後世將何以遺子孫乎？」公曰：「時人皆遺之以危，今獨遺之以安。雖所遺不同，亦不爲無所遺也。」表曰：「何謂？」公曰：「昔堯、舜舉海內授其臣，而無所執；愛委其子於草莽，而無矜色。丹朱、商均至愚下，得全首領以沒。禹、湯雖以四海爲貴，遂以國私其親，使桀徙南巢，紂懸首周旗，而族受其禍。夫豈愚於丹朱、商均哉？其勢危故也。周公攝政天下而殺其兄，向使周公兄弟食藜藿之羹，居蓬蒿之下，豈有若是之害哉？」表乃嘆息而去。

（任兆麟本《襄陽者舊記》。）

諸葛孔明爲臥龍，龐士元爲鳳雛，司馬德操爲水鏡，皆龐德公語也。德公，襄陽人，孔明每至其家〔一〕，獨拜牀下。德公初不令止。德操嘗造德公〔二〕，值其渡沔上祀先人墓〔三〕，德操徑入其室〔四〕，呼德公妻子，使速作黍。徐元直向云：「有客當來，就我與龐公譚。」〔五〕其妻子皆羅列〔六〕，拜於堂下〔七〕，奔走供設〔八〕。須臾，德公還，直入相就，不知何者是客也。〔九〕德操年小德公十歲，兄事之，呼作龐公，故世人遂謂龐公是德公名，非也。〔一〇〕德公子山民亦有令名，娶諸葛孔明小姊，爲魏黃門吏部郎，早卒。子渙，字世文，晉太康中爲牂牁太守。統，德公從子也，少未有識者，惟德公重之。年十八，使往見德操。德操與語，既而歎曰：「德公誠知人，此實盛德也。」（《三國志‧蜀書‧龐統傳》注。按：此條多見他書，然皆不如此書之全。今將餘書所引，分類部居，以便參校。僅以《後漢書‧龐公傳》注、《施注蘇詩‧寄題刁景純藏春塢》所引校之。《三國志》注、《後漢書》注、《施注蘇詩》云出《襄陽記》。）

〔校記〕

〔一〕《後漢書》注、《施注蘇詩》自此句引起，作「諸葛孔明每至德公家」。《施注蘇詩》此句上有「龐德公居峴山之南，未嘗入城府」十三字。

〔二〕「德操」上，《後漢書》注、《施注蘇詩》有「司馬」二字。造，《後漢書》注、《施注蘇詩》作「詣」。

〔三〕祀，《後漢書》注無。此句，《施注蘇詩》作「值其上冢」。

〔四〕室，《後漢書》注作「堂」。

〔五〕以上兩句，《後漢書》注、《施注蘇詩》作「當來就我與德公談」。

〔六〕列，《後漢書》注、《施注蘇詩》無。

〔七〕於，《施注蘇詩》無。

〔八〕供，《後漢書》注、《施注蘇詩》作「共」，「共」讀作「供」。

〔九〕《施注蘇詩》引至此止。

〔一〇〕《後漢書》注引至此止。

諸葛孔明爲臥龍，龐元士爲鳳雛〔一〕，司馬德操爲水鏡，皆龐德公語。（《施注蘇詩・次韻答賈耘老》。原云出《襄陽記》。）

〔校記〕

〔一〕元士，當作「士元」。

舊目諸葛孔明爲臥龍，龐士元爲鳳雛。〔一〕（《文選・劉孝標〈廣絕交論〉》注。又見《緯略》卷三。二書云出《襄陽記》。）

〔校記〕

〔一〕以上兩句，《緯略》作「龐統，字士元，人目爲鳳雛」。

諸葛孔明拜龐德公於牀下〔一〕，公殊不令止。（《紺珠集》卷九。又見《北堂書鈔》卷八十五、《類說》卷二。《北堂書鈔》云出《襄陽記》。按：此條單獨論，當屬諸葛亮，然旣出《三國志・龐統傳》注，今置於此。）

〔校記〕

〔一〕諸葛孔明，《北堂書鈔》作「諸葛亮孔明」，《類說》作「諸葛亮」，《書鈔》或衍「亮」字，或衍「孔明」二字。「拜」上，《北堂書鈔》有「再」字。又《北堂書鈔》僅引此一句。

司馬德操嘗造龐德公，值其渡沔上先人墓〔一〕，徑入上堂，呼德公妻子，使速作黍。（《太平御覽》卷八百五十。）

〔校記〕

〔一〕據《三國志》注，「先人」上當脫「祀」字。

龐德公子奐〔一〕，字世文〔二〕，晉太康中爲牂牁太守〔三〕，去官歸鄉里，居荊南白沙鄉，里人宗敬之，〔四〕相語曰〔五〕：「我家池中龍種來〔六〕。」里中化其德〔七〕，少壯皆代老者擔。（《太平御覽》卷四百〇三。又見《白氏六帖》卷十二、《紺珠集》卷九、《類說》卷二、《職官分紀》卷四十九、《錦繡萬花谷》卷二十五、後集卷二十一。《白氏六帖》、《錦繡萬花谷》後集卷二十一云出《襄陽記》，《太平御覽》云出《襄陽耆舊記》。）

〔校記〕

〔一〕公，《職官分紀》誤作「翁」。子奐，《職官分紀》、《錦繡萬花谷》卷二十五無。

〔二〕世文，《白氏六帖》作「世丈」，《職官分紀》、《錦繡萬花谷》卷二十五作「子魚」。
按：《白氏六帖》之「丈」，乃「文」之形訛也。「字子魚」者，「魚」即「奐」之
形訛，「魚」或書作「奐」，與「奐」形近；「子奐」當在「字」上，又脫「世文」
二字。

〔三〕祥，《錦繡萬花谷》後集卷二十一作「牂」，「牂」爲「祥」之異體字。爲牂牁太守，
《職官分紀》無。

〔四〕以上三句，《白氏六帖》作「去官歸鄉，居白少里，鄉人宗敬之」，《職官分紀》作「棄
官，去守鄉，里名南北沙，里人皆敬之」，《錦繡萬花谷》卷二十五作「居南白沙，
里人皆敬之」，後集卷二十一作「去官歸鄉，居白沙里，鄉人宗敬之」。三處皆脫誤
嚴重，《白氏六帖》之「少」乃「沙」之形訛；《職官分紀》之「守」當即「官」之
形訛，「北」當即「白」之音訛，「南」上脫「荊」字；《錦繡萬花谷》卷二十五「南」
上脫「荊」字。

〔五〕相語，《錦繡萬花谷》卷二十五無。又自篇首至此，《紺珠集》作「龐煥去官還鄉，
里中人曰」，《類說》無「中」字。

〔六〕此句，《紺珠集》、《類說》作「我家池裏龍種來歸」，《職官分紀》、《錦繡萬花谷》卷
二十五作「池中龍種來我家」。又《紺珠集》、《類說》、《錦繡萬花谷》卷二十五引至
此止。

〔七〕「德」下，《白氏六帖》、《錦繡萬花谷》後集卷二十一有「讓」字，《職官分紀》有「讓
焉也」三字。又《職官分紀》引至此止。

士元〔一〕，德公之從子也〔二〕，年少未有識者，唯德公重之〔三〕。年十八，
使往見德操〔四〕，與語〔五〕，歎曰〔六〕：「德公誠知人，實盛德也〔七〕。」後劉
備訪世事於德操，德操曰：「俗士豈識時務，此間自有伏龍、鳳雛。」謂諸葛
孔明與士元也。（《世說新語・言語》注。又見《太平御覽》卷五百一十二。二書原
云出《襄陽記》。）

〔校記〕

〔一〕「士」上，《太平御覽》有「龐統字」三字。

〔二〕之，《太平御覽》無。

〔三〕年，《太平御覽》無。

〔四〕「德」上，《太平御覽》有「司馬」二字。

〔五〕語，《太平御覽》作「談」。

〔六〕「歎」上，《太平御覽》有「既而」二字。

〔七〕「實」上，《太平御覽》有「此」字。又《太平御覽》引至此止。

　　龐德公居峴山之南，未嘗入城府，夫妻相敬如賓。子字人亦有令名〔一〕，娶諸葛孔明妹〔二〕，爲魏黃門吏部郎。生渙〔三〕，晉牂牁太守〔四〕。（《古今姓氏書辯證》卷三。又見《後漢書・龐公傳》注。二書並云出《襄陽記》。）

　　〔校記〕

　　〔一〕《後漢書》注自此句引起，作「德公子字山人亦有令名」。按：二書並有脫誤，據《三國志・龐統傳》注，當作「德公子山民，亦有令名」。任本作「僡民」。

　　〔二〕妹，《後漢書》注作「姊」。按：上《三國志・龐統傳》注所引作「小姊」。

　　〔三〕生，《後漢書》注作「子」。

　　〔四〕「晉」下，《後漢書》注有「太康中爲」四字。

　　後遂攜其妻子，登鹿門山，託言採藥，因不知所在。（任兆麟本《襄陽者舊記》。）

附：任兆麟本《襄陽耆舊記》。

　　龐德公，襄陽人，居峴山之南，未嘗入城府。躬耕田里，夫妻相待如賓，琴書自娛，覯其貌者肅如也。荊州牧劉表數延請，不能屈，乃自往候之，謂公曰：「夫保全一身，孰若保全天下乎？」公笑曰：「鴻鵠巢於高林之上，暮而得所棲；龜鼉穴於深泉之下，夕而得所宿。夫趨舍行止，亦人之巢穴也，但各得其棲宿而已。天下非所保也。」每釋耕於隴上，妻子耨於前。表詣而問曰：「先生苦居畎畝之間，而不肯當祿，然後世將何以遺子孫乎？」公曰：「時人皆遺之以危，今獨遺之以安。雖所遺不同，亦不爲無所遺也。」表曰：「何謂？」公曰：「昔堯、舜舉海內授其臣，而無所執；愛委其子於草莽，而無矜色。丹朱、商均至愚下，得全首領以沒。禹、湯雖以四海爲貴，遂以國私其親，使桀徙南巢，紂懸首周旗，而族受其禍。夫豈愚於丹朱、商均哉？其勢危故也。周公攝政天下而殺其兄，向使周公兄弟食藜藿之羹，居蓬蒿之下，豈有若是之害哉？」表乃嘆息而去。諸葛孔明每至公家，獨拜公於牀下，公殊不令止。司馬德操嘗造公，值公渡沔祀先人墓，操逕入堂上，呼德公妻子使作黍。徐元直向言：「有客即來就我與？」公談論，其妻子皆羅列拜於堂下，奔走供設。須臾，德公還，直入相就，不知何者是客也。德操少德公十歲，以兄事之，呼作龐公也。故世人遂謂公是德公名，非也。後遂攜其妻子登鹿門山，託言採藥，因不知所在。《先賢傳》云：「鄉里舊語：目諸葛孔明爲臥龍，龐士元爲鳳雛，司馬德操爲水鏡。皆德公之題也。」其子僡民亦有令名，娶諸葛孔明小姊，爲魏黃門吏部郎，早卒。子煥，字世文，晉太康中

為牂牁太守，去官還鄉里。里人語曰：「我家池裏龍種來歸。」鄉里仰其德讓，少壯皆代老者擔。德公從子統。

龐統

劉備訪世事於司馬德操，德操曰〔一〕：「儒生俗士，豈識時務〔二〕。識時務者，在乎俊傑〔三〕。此間自有伏龍、鳳雛。」備問為誰〔四〕？曰：「諸葛孔明、龐士元也。」〔五〕（《三國志·蜀書·諸葛亮傳》注。又見《太平御覽》卷四百四十四。《三國志》注云出《襄陽記》，《太平御覽》云出《襄陽耆舊記》。）

〔校記〕

〔一〕德，《太平御覽》脫。

〔二〕「務」下，《太平御覽》有「哉」字。

〔三〕以上兩句，《太平御覽》無。

〔四〕為，《太平御覽》無。

〔五〕此句下，《太平御覽》尚有「並用為軍師中郎」七字。

龐統為郡功曹，性好人倫〔一〕，每所稱述，多過其中。〔二〕時人怪問之〔三〕，統曰〔四〕：「方欲興長道業，〔五〕不美其談，即聲名不足慕企，即為善者少。〔六〕今拔十失五，猶得其半，〔七〕而可以崇邁世教，使有志自屬，不亦可乎？」（《文選·任昉〈為范尚書讓吏部封侯第一表〉》注。又見《文選·傅亮〈為宋公修楚元王墓教〉》注、《紺珠集》卷九。《文選》注云出《襄陽耆舊記》。事又見《三國志·龐統傳》。）

〔校記〕

〔一〕此句，《紺珠集》無。

〔二〕以上兩句，《紺珠集》作「所稱多過其實」。

〔三〕此句，《紺珠集》作「或問之」。

〔四〕統，《紺珠集》作「龐」。又《為宋公修楚元王墓教》注自此引起，作「龐統曰」。

〔五〕《為宋公修楚元王墓教》注引至此止。

〔六〕自「方欲」以下至此，《紺珠集》無。

〔七〕以上兩句，《紺珠集》作「拔十得五，猶不減半」。按：《三國志·龐統傳》與《文選》注同。又《紺珠集》引至此止。

吳將周瑜卒，統送喪至吳，吳人多聞其名。陸績、顧劭、全琮皆往，統曰：「陸子可謂駑馬有逸足之力，顧子可謂駑牛能負重致遠也。」初劉備領荊州，統以從事守耒陽令，在縣不治，免官。魯肅與備書曰：「龐士元非百里才也。使共處治中、別駕之任，始當展其驥足耳。」備大器之，以為治中從事。

勸備入益州，備向成都，所向輒中。於涪大會，曰：「今日之會，可爲樂矣。」統曰：「伐人之國而以爲歡，非仁者所爲。」備醉，怒曰：「武王伐紂，前歌後舞，非仁者乎？」進圍雒縣，統帥眾攻城，爲矢所中，卒年三十六。統弟林婦習。（任兆麟本《襄陽耆舊記》。）

附：任兆麟本《襄陽耆舊記》。

龐統，字士元，少未有識者，惟德公重之。年十八，使詣司馬德操。德操與語，自晝達夜，乃嘆息曰：「德公誠知人，此實盛德也，必南州士之冠冕。」由是顯名。後劉備訪世事於德操，曰：「儒生俗士，豈識時務。識時務者，在乎俊傑。此間有臥龍、鳳雛。」備問爲誰？曰：「諸葛孔明、龐士元也。」每稱詠，多過其才，時人怪而問之。統曰：「當今天下大亂，雅道陵遲，善人多而惡人多，方欲興風俗、長道業，若不美其談，則聲名上足慕。今拔十失五，猶得其半。而可以崇長世教，使有志者自勵，不亦可乎？」吳將周瑜卒，統送喪至吳，吳人多聞其名。陸績、顧劭、全琮皆往，統曰：「陸子可謂駑馬有逸足之力，顧子可謂駑牛能負重致遠也。」初劉備領荊州，統以從事守耒陽令，在縣不治，免官。魯肅與備書曰：「龐士元非百里才也。使共處治中、別駕之任，始當展其驥足耳。」備大器之，以爲治中從事。勸備入益州，備向成都，所向輒中。於涪大會，曰：「今日之會，可爲樂矣。」統曰：「伐人之國而以爲歡，非仁者所爲。」備醉，怒曰：「武王伐紂，前歌後舞，非仁者乎？」進圍雒縣，統帥眾攻城，爲矢所中，卒年三十六。統弟林婦習。

龐林婦

林婦，同郡習禎妹。禎事在楊戲《輔臣贊》。曹公之破荊州，林婦與林分隔，守養弱女十有餘年。後林隨黃權降魏，始復集聚。魏文帝聞而賢之，賜牀帳衣服，以顯其義節。〔一〕（《三國志·蜀書·龐統傳》注。又見《北堂書鈔》卷三十。二書云出《襄陽記》。）

〔校記〕
〔一〕《北堂書鈔》僅引以上兩句，節作「賜牀帳以顯節義」。

附：任兆麟本《襄陽耆舊記》。

龐林婦，同郡習禎妹。禎事在楊戲《輔臣贊》。曹操之破荊州，林婦與林分隔，守養弱女十有餘年。後林隨黃權降魏，始復集聚。魏文聞而賢之，賜牀帳衣服，以顯其節義。

司馬徽

司馬徽居荊州，以劉表必有變，思退縮以自全。每與語，但言佳，其妻責以無別。徽曰：「如汝所言，亦復甚佳。」終免於難。（《記纂淵海》卷八十八。原云出《襄陽記》。事又見《世說新語・言語》篇注引《徽別傳》、《類說》卷四十九引《殷芸小說》。按：建安三年，劉表廣設庠序，延請經學之士，司馬徽因客居襄陽，故在是傳中也。）

蔡瑁

蔡瑁，字德珪，襄陽人。性豪自嘉，少爲魏武所親。劉琮之敗，載帝造其家，入瑁私室，呼見其妻子。瑁曰：「德珪故憶往昔，共見梁孟星，孟星不見人時否？聞今在此，那得百目見卿邪？」是時，瑁家在蔡洲上，屋宇甚好，四牆皆以青石結角，婢妾數百人，別業四五十處。漢末諸蔡最盛。蔡諷姊適太尉張溫長女，爲黃承彥妻，小女爲劉景升後婦，瑁之姊也。瓚字茂珪，爲鄢相。琰字文珪，爲巴郡太守，瑁同堂也。永嘉末，其子猶富，宗族甚強，共保於洲上，爲草賊張如所殺，一宗都盡，今無復蔡姓者。瑁劉表時爲江夏、南郡、竟陵太守、鎮南大將軍軍師、魏武從事中郎、司馬長水校尉、漢陽亭侯。魏武雖以故舊待之，而爲時人所賤，責其助劉琮、譖劉琦故也。魏文作《典論》，以瑁成之，曰：「劉表長子曰琦。表始愛之，稱其類己。久之，爲少子琮納後妻蔡氏之姪，遂愛琮而惡琦。瑁又外甥張允並得幸於表，又睦於琮。琮有善雖小必聞，有過雖大必蔽，蔡氏稱美於內，允、瑁誦德於外，愛憎由之而琦益疎，乃出爲江夏太守，監兵於外。瑁、允陰伺其過闕，隨而毀之，美無顯而不掩，闕無微而不露，於是忿怒之色日發，誚讓之書日至，而琮竟爲嗣矣。故曰『容刃生於身疎，積愛出於近習』。豈謂是邪？泄柳、申詳，無人乎穆公之側，不能安其身。君臣則然，父子亦猶是乎？」後表疾病，琦慈孝，瑁、允恐其見表父子相感，更有託後之意，謂曰：「將軍令君撫臨江夏，爲國東藩，其任至重。今釋眾而來，必見譴怒，傷親親之嘆，以增其疾，非孝敬也。」遂遏於戶外，使不相見，琦流涕而去。士民聞而傷焉。表卒，琮竟嗣立，以侯印與琦，怒而投之，僞辭赴喪，有討瑁、允之意。會王師已臨其郊，琮舉州請罪，琦遂奔於江南。（任兆麟本《襄陽耆舊記》。事又見《群書治要》卷四十六引《典論》。）

楊慮、許洗

楊慮，字威方，襄陽人。少有德行，爲沔南冠冕。州郡禮重，諸公辟命，皆不能屈。年十七而夭，門徒數百人，宗其德範，號爲「德行楊君」。許洗是慮同里人，少師慮，爲魏武從事中郎。事劉備，昔在劉表，坐論陳元德者，其人也。慮弟儀。（任兆麟本《襄陽耆舊記》。事又見《三國志·蜀書·楊儀傳》注引《楚國先賢傳。》）

楊儀

楊儀，字威公，爲蜀相諸葛亮長史，加綏軍將軍。亮出軍，儀常規畫分部，籌度糧穀，不稽思慮，須臾便了。軍戎節度，取辦於儀，亮深惜儀之才幹，憑魏延之驍勇，故嘗恨二人之不平，不忍有所偏廢也。十二年，亮出屯谷口，卒於敵場，全軍而還。又誅討魏延，自以爲功勳至大，當代亮。而方拜中軍師，無所統領，從容而已。遂大怨憤，謂費禕曰：「往者吾若舉軍就魏，寧當落度如此邪？令人追悔不可更。」及禕表其言，坐徙。儀復上書誹謗，詞旨激切。遂下郡收儀，自殺。（任兆麟本《襄陽耆舊記》。事又見《三國志·蜀書·楊儀傳》。）

繁仲皇

繁仲皇，襄陽人，爲青州刺史。自爾以來雖無名德重位，世世作書生門戶。（任兆麟本《襄陽耆舊記》。）

習禎

習禎有風流〔一〕，善談論，名亞龐統而在馬良之右〔二〕。子忠亦有名，忠子隆，爲步兵校尉，掌校祕書。（《三國志·蜀書·楊威公贊》注。又見《北堂書鈔》卷九十八。二書原云出《襄陽記》。）

〔校記〕

〔一〕禎，《北堂書鈔》作「楨」。按：作「禎」是，禎，祥也，故字文祥。「禎」下，《北堂書鈔》有「字文祥」三字。有風流，《北堂書鈔》無。

〔二〕統，《北堂書鈔》作「士元」。又《北堂書鈔》引至此止。

習詢、習竺

習詢、習竺，才氣鋒爽。（任兆麟本《襄陽耆舊記》。）

習竺，字文暉，爲劉備治中，〔一〕與劉升在公安同硯席〔二〕。（《小名錄》卷上。又見《北堂書鈔》卷一百○四。《北堂書鈔》云出《襄陽耆舊記》。）

〔校記〕

〔一〕以上兩句，《北堂書鈔》無。

〔二〕此句，《北堂書鈔》作「與劉升右同安公硯書」。按：《北堂書鈔》誤也，「右」即「在」之形訛，「公安」又誤乙作「安公」。惟「席」、「書」難辨其實。

習藹

習藹有威儀，善談論。（任兆麟本《襄陽耆舊記》。）

習承業

習承業博學有才鑑，歷江陽、汶山太守，都督龍鶴諸事。（任兆麟本《襄陽耆舊記》。）

習珍

習珍為零陵北部都尉，加裨將軍。孫權殺關羽，諸縣響應，欲保城不降。珍弟曰：「驅甚崩之民，當乘勝之敵，甲不堅密，士不素精，難以成功。不如暫屈節於彼，然後立大效，以報漢室也。」珍從之。乃陰約樊胄等舉兵，為權所破。珍舉七縣，自號為邵陵太守，屯校夷界以事蜀。（任兆麟本《襄陽耆舊記》。）

劉備以習珍為零陵北部都尉，孫權遣潘濬討珍。珍帥數百人登山自將，濬乃單將左右自到山下交語。珍謂曰：「我必為漢鬼，不為吳臣矣。」濬攻珍，圍守月餘，糧箭並竭。珍謂群下曰：「珍受漢中王厚恩，不得不報之以死，諸君何為者耶？」乃伏劍自裁。（《太平御覽》卷四百一十七。原云出《襄陽記》。）

劉備聞珍敗，為發喪，追贈邵陵太守。張邵伯難習宏曰：「若亡國之大夫，不可以訪事；敗軍之將，不足以言勇。則商之箕子，當見捐於昔日，趙之廣武君無能振策於一世也。」後賊發其漢末先人墓，掘習都家作炭竈，時人痛之。珍子溫。（任兆麟本《襄陽耆舊記》。以上三事，又並見於《劍英》卷二十二。）

附：任兆麟本《襄陽耆舊記》。

習珍為零陵北部都尉，加裨將軍。孫權殺關羽，諸縣響應，欲保城不降。珍弟曰：「驅甚崩之民，當乘勝之敵，甲不堅密，士不素精，難以成功。不如暫屈節於彼，然後立大效，以報漢室也。」珍從之。乃陰約樊胄等舉兵，為權所破。珍舉七縣，自號為邵陵太守，屯校夷界以事蜀。潘濬討珍，所至皆下，唯珍所師數百登山。濬數書喻使降，不答。濬單將左右，自到山下，求共交語。珍遂謂曰：「我必為漢鬼，不為吳臣，不可逼也。」因引射濬。

濬還，共攻，月餘，糧箭皆盡，曰：「受漢恩厚，不得不報之以死。諸君何爲者？」即仗劍自裁。劉備聞珍敗，爲發喪，追贈邵陵太守。張邵伯難習宏曰：「若亡國之大夫，不可以訪事；敗軍之將，不足以言勇。則商之箕子，當見捐於昔日，趙之廣武君無能振策於一世也。」後賊發其漢末先人墓，掘習都家作炭竈，時人痛之。珍子溫。

習溫

習溫識度廣大，歷長沙、武昌太守，選曹尚書，廣州刺史，從容朝位三十年，不立名跡，不結權豪，飲酒一石乃醉。有別業在洛上，每休沐，常宴其中。（任兆麟本《襄陽耆舊記》。）

習溫長子宇爲執法郎，取急歸，賓從甚盛。溫怒，杖宇責之曰：「吾聞生於乱世，貴而能貧，始可以後亡，況侈競乎？」（《太平御覽》卷六百三十四。任兆麟本《襄陽耆舊記》有之。）

潘記見溫習十數歲時，曰：「此兒名士，必爲吾州里議主。」勑子弟與善。溫後果爲荊州太公平令。（《太平御覽》卷四百四十四。原云出《襄陽耆舊記》。）

襄陽習溫爲荊州大公平。大公平，今之州都。秘過辭於溫，問曰：「先君昔日君侯當爲州里議主，今果如其言，不審州里誰當復相代者？」溫曰：「無過於君也。」後祕爲尚書僕射，代溫爲公平，甚得州里之譽。（《三國志·吳書·潘濬傳》注。原云出《襄陽記》。）

附：任兆麟本《襄陽耆舊記》。

習溫識度廣大，歷長沙、武昌太守，選曹尚書，廣州刺史，從容朝位三十年，不立名跡，不結權豪，飲酒一石乃醉。有別業在洛上，每休沐，常宴其中。長子宇執法郎，曾取急，趨車乘道，從甚盛。溫怒杖責之曰：「吾聞生於亂世，貴而能貧，始可以亡患，況復以侈靡競乎？」

大中正

晉朝以江表始通，人物未悉〔一〕，使江南別立大中正。（《太平御覽》卷二百六十五。又見《職官分紀》卷四十。此條，舒焚《襄陽耆舊記校注》置於習溫條下，今姑置此。）

〔校記〕

〔一〕未，《職官分紀》脫。

黃承彥

　　黃承彥者〔一〕，高爽開列〔二〕，爲沔南名士〔三〕，謂諸葛孔明曰：〔四〕「聞君擇婦〔五〕，身有醜女〔六〕，黃頭黑色〔七〕，而才堪相配〔八〕。」孔明許〔九〕，即載送之〔一〇〕。時人以爲笑樂〔一一〕，鄉里爲之諺曰〔一二〕：「莫作孔明擇婦〔一三〕，正得阿承醜女〔一四〕。」（《三國志·蜀書·諸葛亮傳》注。又見《初學記》卷十九、《太平御覽》卷三百八十二、卷四百九十六、《紺珠集》卷九、《錦繡萬花谷》續集卷五。《初學記》、《太平御覽》、《錦繡萬花谷》云出《襄陽記》。）

　　〔校記〕

〔一〕者，《太平御覽》卷三百八十二無。

〔二〕此句，《太平御覽》卷三百八十二無。

〔三〕此句，《太平御覽》卷三百八十二作「沔南名士也」。

〔四〕以上四句，《初學記》、《錦繡萬花谷》作「黃承彥謂孔明曰」，《太平御覽》卷四百九十六作「黃承產謂諸葛亮曰」，《紺珠集》作「黃彥承謂諸葛孔明曰」。《御覽》之「產」爲「彥」之形訛也。

〔五〕聞，《初學記》、《太平御覽》卷三百八十二、《錦繡萬花谷》無。「婦」下，《太平御覽》卷三百八十二有「否」字。此句，《太平御覽》卷四百九十六無。

〔六〕身，《太平御覽》卷三百八十二無，《紺珠集》作「家」。

〔七〕頭，《初學記》、《錦繡萬花谷》作「須」。此句，《太平御覽》卷四百九十六、《紺珠集》無。

〔八〕而，《太平御覽》卷四百九十六、《紺珠集》無。「配」下，《初學記》、《錦繡萬花谷》有「君子」二字。

〔九〕「許」下，《初學記》、《太平御覽》卷三百八十二、《錦繡萬花谷》有「焉」字。此句，《太平御覽》卷四百九十六無。

〔一〇〕即，《初學記》、《錦繡萬花谷》無。以上兩句，《紺珠集》作「孔明即娶之」。

〔一一〕以，《太平御覽》卷三百八十二無。笑，《太平御覽》卷三百八十二作「唉」，「唉」爲「笑」之異體字。此句，《太平御覽》卷四百九十六、《紺珠集》無。

〔一二〕諺，《太平御覽》卷三百八十二作「嗟」。按：作「嗟」者，乃「諺」之形訛。古書從言從口之字同，「諺」或書作「唁」（見《字彙·口部》），因誤作「嗟」也。此句，《太平御覽》卷四百九十六作「鄉里語曰」，《紺珠集》作「諺曰」。

〔一三〕莫作，《太平御覽》卷四百九十六無。

〔一四〕阿承，《初學記》、《太平御覽》卷三百八十二作「河外」。此句，《太平御覽》卷四百九十六作「正得外醜也」。按：此作「阿承」是，「河外」即「阿承」之形訛也。「阿」、「河」形近。承，或書作「承」（見北魏《元颺墓誌》）、「承」（見敦煌《開蒙要訓》），與「外」字形近。

附：任兆麟本《襄陽耆舊記》。

黃承彥高爽開朗，爲沔南名士，謂孔明曰：「聞君擇婦，身有醜女，黃頭黑面，才堪相配。」孔明許，即載送之。時人以爲咲樂，鄉里爲之諺曰：「莫作孔明擇婦，正得阿承醜女。」

卷二・人物
漢

馬良

馬良，字季常，襄陽宜城人也。兄弟五人，並有才名，而良稱白眉。先主領荊州，辟良爲從事。諸葛入蜀，良與書曰：「雒城已拔，殆天祚也。兄應期贊世，配業光國，魄兆見矣。夫變用雅慮，審貴垂名，於以簡才，宜適其時。若乃和光悦遠，邁德天壤，使時閑於聽，世服於道，齊高妙之音，正鄭衛之聲，並利於事，無相奪倫，此管弦之至，牙、曠之調也。雖非鍾期，敢不擊賞。」亮聞之，以爲知言，深器重之。先主辟良爲左將軍掾，後遣使東吳，修好於孫權。良謂亮曰：「今銜國命，協睦二家，幸爲良介於孫將軍，可乎？」亮曰：「君試自爲文。」良即爲草曰：「寡君遣掾馬良通聘繼好，以紹昆吾、豕韋之勳，奇人吉士，荊楚之令，鮮於造次之華，而有克終之美。願降心存納，以慰將命。」先主稱尊號，以爲侍中。及東征吳，遣良入武陵，招納五溪蠻夷。蠻夷渠帥皆受印號，咸如意指。會先主敗績於夷陵，良亦遇害。子秉，爲騎都尉。良弟謖。（任兆麟本《襄陽耆舊記》。事又見《三國志・蜀書・馬良傳》。）

馬謖

馬謖，字幼常，以荊州從事入蜀。歷綿竹成都令、越巂太守。長八尺，才器過人，善與人交，好論軍旅，亮深器異。先主臨薨，謂亮曰：「馬謖言過其實，不可大用也。」亮猶謂不然，以爲參軍，每引見談論，自晝達夜。（任兆麟本《襄陽耆舊記》。事又見《三國志・蜀書・馬良傳》。）

興三年，亮征南中，謖送之數十里。亮曰：「雖共謀之歷年，今可更惠良規。」謖對曰：「南中恃其險遠，不服久矣。雖今日破之，明日復反耳。今公方傾國北伐，以事彊賊。彼知官勢內虛，其叛亦速，若殄盡遺類，以除後患，

既非仁者之情，且又不可倉卒也。夫用兵之道，攻心爲上，攻城爲下，心戰爲上，兵戰爲下，顧公服其心而已。」亮納其策，赦孟獲以服南方，故終亮之世，南方不敢復反。（《三國志·蜀書·馬良傳》注。原云出《襄陽記》。事又見《三國志·蜀書·馬良傳》。）

諸葛亮出關中，使馬謖統大眾在前，爲魏將張郃所破，坐下獄死，時年四十九。臨終與亮書曰：「明公視謖猶子，謖視明公猶父，願推殛鯀興禹之義，使平生之交不虧。謖雖死，無恨於黃泉。」（《太平御覽》卷六百四十三。原云出《襄陽耆舊記》。按：此條與下條爲一事，然其前多有文字，今別爲一條。事又見《三國志·蜀書·馬良傳》。）

謖臨終與亮書曰：「明公視謖猶子，謖視明公猶父，願深惟殛鯀興禹之義，使平生之交不虧於此。謖雖死，無恨於黃壤也。」於時十萬之眾爲之垂涕。亮自臨祭，待其遺孤若平生。蔣琬後詣漢中，謂亮曰：「昔楚殺得臣，然後文公喜可知也。天下未定而戮智計之士，豈不惜乎？」亮流涕曰：「孫武所以能制勝於天下者，用法明也。是以楊干亂法，魏絳戮其僕。四海分裂，兵交方始，若復廢法，何用討賊邪？」（《三國志·蜀書·馬良傳》注。原云出《襄陽記》。事又見《三國志·蜀書·馬良傳》。按：此下原有：「習鑿齒曰：『諸葛亮之不能兼上國也，豈不宜哉？夫晉人規林父之後濟，故廢法而收功；楚成闇得臣之益己，故殺之以重敗。今蜀僻陋一方，才少上國，而殺其俊傑，退收駑下之用，明法勝才，不師三敗之道，將以成業，不亦難乎！且先主誡謖之不可大用，豈不謂其非才也？亮受誡而不獲奉承，明謖之難廢也。爲天下宰匠，欲大收物之力，而不量才節任，隨器付業；知之大過，則違明主之誡，裁之失中，即殺有益之人，難乎其可與言智者也。』」此段文字，似史論之文，習鑿齒並有《漢晉春秋》，未知是《漢晉春秋》之論或是《襄陽耆舊傳》之論也。今不敢妄定，不入正文中。）

附：任兆麟本《襄陽耆舊記》。

馬謖，字幼常，以荊州從事入蜀。歷綿竹成都令、越巂太守。長八尺，才器過人，善與人交，好論軍旅，亮深器異。先主臨薨，謂亮曰：「馬謖言過其實，不可大用也。」亮猶謂不然，以爲參軍，每引見談論，自晝達夜。建興三年，亮征南中，謖送之數十里，亮語曰：「雖共謀之歷年，今可更惠良規。」謖曰：「南中恃其險遠，不服久矣。雖今日破之，明日復反耳。今公方傾國北伐，以事強賊，彼知國勢內虛，其叛亦速。若盡殄遺類，以除

後患，既非仁者之情，且又不可倉卒也。夫用兵之道，攻心爲上，攻城爲下，心戰爲上，兵戰爲下。願公服其心而已。」亮納其策，赦孟獲以服南方，故終亮之世，南方不敢復反。建興六年，亮出軍向祁山，使謖統大眾向前，爲魏將張郃所破，坐此下獄，死時年三十九。謖臨終與亮書曰：「明公視謖猶子，謖視明公猶父。願深推殛鯀興禹之義，使平生之交不虧於此。謖雖死，無恨於黃壤也。」於時十萬之眾爲之垂泣。亮自臨祭，待其遺孤若平生。蔣琬後詣漢中，謂亮曰：「昔楚殺得臣，然後文公喜，可知也。天下未定，而戮智計之士，豈不惜乎？」亮流涕曰：「孫武所以能制勝於天下者，用法明也。是以揚干亂法，魏絳戮其僕。今四海分裂，交兵方始，若復廢法，何用討賊邪？」

楊顒

楊顒，字子昭，楊儀宗人也。入蜀爲巴郡太守，〔一〕丞相諸葛亮主簿〔二〕。亮嘗自校簿書〔三〕，顒直入諫曰：「爲治有體〔四〕，上下不可相侵〔五〕，請爲明公以作家譬之：今有人使奴執耕稼，婢典炊爨，雞主司晨，犬主吠盜，牛負重載，馬涉遠路，私業無曠，所求皆足，雍容高枕，飲食而已。忽一旦盡，欲以身親其役，不復付任，勞其體力，爲此碎務，形疲神困，終無一成，豈其智之不如奴婢雞狗哉？失爲家主之法也。是故古人稱坐而論道，謂之三公；作而行之，謂之士大夫，故邴吉不問橫道死人，而憂牛喘；陳平不肯知錢穀之數，云自有主者。彼誠達於位分之體也。今明公爲治，乃躬自校簿書，流汗竟日，不亦勞乎！」亮謝之。後爲東曹屬典選舉。顒死，亮垂泣三日。（《三國志·蜀書·麋子仲贊》注。又見《北堂書鈔》，原云出《襄陽記》。事又見《太平御覽》卷四百五十七引《楚國先賢傳》。按：宋任廣《書敘指南》卷三引《襄陽記》「不能治家曰失爲家主之法」、「婢之職曰典炊爨」，卷六引「簿書曰碎務」，等等，乃任氏自括之語，皆出自此也。又《三國文類》卷二十七《諫諍》亦引此，當取自《三國志》注，非別見《襄陽記》也，今不取參校。）

〔校記〕

〔一〕以上兩句，《北堂書鈔》無。

〔二〕「丞」上，《北堂書鈔》有「爲」字。

〔三〕簿，《北堂書鈔》無。

〔四〕體，《北堂書鈔》作「職」。

〔五〕「侵」下，《北堂書鈔》有「也」字。又《北堂書鈔》引至此止。

附：任兆麟本《襄陽耆舊記》。

楊顒，字子昭，襄陽人也。爲丞相亮主簿，亮自校簿書，顒直入諫曰：「爲治有區分，則上下不可相侵。請爲明公以家主喻之：今有人於此使奴執耕種，婢主炊爨，雞主引晨，犬主吠盜，牛負重載，馬涉遠路，私業無曠，所求皆足，雍容高拱，飲食而已。忽一旦盡，欲身親其役，不更付任，勞其體力，爲此碎務，形疲神耗，終無一成，豈其智不如奴婢雞犬哉？失爲家主之法也。故古人稱坐而論道，謂之三公；作而行之，謂之卿大夫，邴吉不問橫屍，而憂牛喘；陳平不肯對錢穀，云自有主者。彼誠達於德分之體也。今明公爲理，親自校簿書，流汗竟日，不亦勞乎！」亮謝之。後嘗爲東曹屬典選舉。及顒死，亮泣三日，與蔣琬書曰：「天奪吾楊顒，則朝中多損益矣。」

向朗

向朗，字巨達，襄陽宜城人也。（任兆麟本《襄陽耆舊記》。事又見《三國志·蜀書·向郎傳》。）

朗少師事司馬德操，與徐元直、韓德高、龐士元皆親善。（《三國志·蜀書·向郎傳》注。原云出《襄陽記》。）

劉表以爲臨沮長，表卒，歸先主，爲巴西、牂牁、房陵太守。及後主，立爲步兵校尉、丞相長史。朗素與馬謖善，謖既亡，明知情不舉〔一〕，遂因之免官。亮卒後，徙左將軍，追論前功，封顯明亭侯。朗少時雖涉獵文學，然不治素檢，以吏能見稱，自去長史，優游無事，垂三十年。乃更潛心典籍，孜孜不倦，年踰八十，猶手自校書，刊定謬誤，積聚篇卷，於時最多。開門接賓，誘納後進，但講論古義，不干時事，以是見稱。上自執政，下及童冠，皆敬重焉。延禧十年卒。（任兆麟本《襄陽耆舊記》。事又見《三國志·蜀書·向郎傳》。）

〔校記〕

〔一〕明，《向郎傳》作「郎」，是也。

朗遺言戒子曰：「《傳》稱『師克在和不在眾』，此言天地和則萬物生，君臣和則國家平，九族和則動得所求、靜得所安，是以聖人守和，以存以亡也。吾，楚國之小子耳，而早喪所天，爲二兄所誘養，使其性行不隨祿利以墮。今但貧耳。貧非人患，惟和爲貴，汝其勉之。」（《三國志·蜀書·向郎傳》注。原云出《襄陽記》。事又見《三國志·蜀書·向郎傳》。）

附：任兆麟本《襄陽耆舊記》。

向朗，字巨達，襄陽宜城人。少師事司馬德操，與徐元直、韓德高、龐士元皆親善。劉表以爲臨沮長，表卒，歸先主，爲巴西、牂牁、房陵太守。及後主，立爲步兵校尉、丞相長史。朗素與馬謖善，謖既亡，明知情不舉，遂因之免官。亮卒後，徙左將軍，追論前功，封顯明亭侯。朗少時雖涉獵文學，然不治素檢，以吏能見稱，自去長史，優游無事，垂三十年。乃更潛心典籍，孜孜不倦，年踰八十，猶手自校書，刊定謬誤，積聚篇卷，於時最多。開門接賓，誘納後進，但講論古義，不干時事，以是見稱。上自執政，下及童冠，皆敬重焉。延禧十年卒。遺言戒子曰：「《傳》稱『師克在和不在眾』，此言天地和則萬物生，君臣和則國家平，九族和則動得所求、靜得所安，是以聖人守和，以存以亡也。吾早喪所天，爲二兄所誘養，使其性行不隨祿利以墮。今但貧耳。貧，非人之患也，唯和爲貴，汝其勉之。」子條。

向條

條字文豹，亦博學多識。入晉爲江陽太守、南中軍司馬。(《三國志・蜀書・向郎傳》注。原云出《襄陽記》。)

附：任兆麟本《襄陽耆舊記》。

向條，字文豹，亦博學多識。入晉爲江陽太守、南中軍司馬、御史中丞。朗兄子寵。

向寵

向寵，先主時爲牙門將。秭歸之敗，寵營特全。後爲中部督，典審衛兵〔一〕。諸葛亮當北行，表曰：「將軍向寵素行淑均，曉暢軍事。試用於昔，先帝稱之曰能。是以眾論舉寵爲督。愚以爲營中之事，悉以咨之，必能使行陣和睦，優劣得所。」弟充。(任兆麟本《襄陽耆舊記》。事又見《三國志・蜀書・諸葛亮傳》、《向朗傳》。)

〔校記〕

〔一〕據《諸葛亮傳》、《向朗傳》，「審」當作「宿」，形訛也。

向充

亮初亡，所在各求爲立廟，朝議以禮秩不聽，百姓遂因時節，私祭之於道陌上。言事者或以爲可聽立廟於成都者，後主不從。步兵校尉習隆、中書

郎向充等共上表曰：「臣聞周人懷召伯之德，甘棠爲之不伐；越王思范蠡之功，鑄金以存其像。自漢興以來，小善小德而圖形立廟者多矣。況亮德範遐邇，勳蓋季世，王室之不壞，實斯人是賴，而蒸嘗止於私門，廟像闕而莫立，使百姓巷祭，戎夷野祀，非所以存德念功，述追在昔者也。今若盡順民心，則瀆而無典；建之京師，又偪宗廟，此聖懷所以惟疑也。臣愚以爲宜因近其墓，立之於沔陽，使所親屬，以時賜祭。凡其臣故吏欲奉祠者，皆限至廟斷其私祀以崇正禮。」於是始從之。（《三國志·蜀書·諸葛亮傳》注。原云出《襄陽記》。按：諸書所引，皆節引，今別爲數條。）

諸葛亮初亡〔一〕，所在各求爲立廟，朝議以不合〔二〕。百姓遂因時節，私祭之於道陌也〔三〕。（《太平御覽》卷五百二十六。又見《北堂書鈔》卷八十八。兩書原云出《襄陽記》。）

〔校記〕
〔一〕初，《北堂書鈔》無。
〔二〕朝，《北堂書鈔》無。按：此蓋脫之。
〔三〕私，《北堂書鈔》作「祠」。也，《北堂書鈔》無。

諸葛亮初亡，周人懷召伯之德，甘棠爲之不伐；越王思范蠡之功，鑄金以存其像。（《北堂書鈔》卷三十五。原云出《襄陽記》。）

諸葛亮初亡，百姓蒼祭，戎夷野祀。（《北堂書鈔》卷三十五。原云出《襄陽記》。按：此條與上條當爲一事，然文字大異，今別爲一條。）

魏咸熙元年六月，鎮西將軍衛瓘至於成都，得璧玉印各一枚，文似「成信」字，魏人宣示百官，藏于相國府。充聞之曰：「吾聞譙周之言：先帝諱備，其訓具也。後主諱禪，其訓授也。如言劉已具矣，當授與人也。今中撫軍名炎，而漢年極於炎興，瑞出成都而藏之於相國府，此殆天意也。」是歲，拜充爲梓潼太守。明年十二月而晉武帝即尊位，炎興於是乎徵焉。孫盛曰：「昔公孫自以起成都，號曰成氏。二玉之文，殆述所作乎？」（《三國志·蜀書·向郎傳》注。原云出《襄陽記》。）

附：任兆麟本《襄陽耆舊記》。

向充歷射聲校尉、尙書，諸葛亮初亡，所在各求爲立廟。朝議以禮秩不聽，百姓遂因時節私祭之於道陌上。言事者或以爲可聽立廟於成都者，後主不從。充時爲中書郎，與步兵校尉習隆共上表曰：「臣聞周人懷召伯之德，甘

棠爲之不伐；越王思范蠡之功，鑄金以存其像。自漢興以來，小善小惠而圖形立廟者多矣，況亮德範遐邇，勳蓋季世，興王室之不壞，實斯人是賴。而烝嘗止於私門，廟像闕而莫立，使百姓巷祭，戎夷野祀，非所以存惠念功，述追在昔者也。今若盡順民心，則瀆而無典；建之京師，又偪宗廟。此聖懷所以惟疑也。臣愚以宜因近其墓，立之於沔陽，使所親屬，以時賜祭。凡其臣故吏欲奉祠者，皆限至廟，斷其私祀，以崇王禮。」於是始從之。魏咸熙元年六月，鎮西將軍衛瓘至成都，得璧玉印各一枚，文似「成信」字，魏人宣示百官，藏之於相府。充聞之曰：「吾聞譙周之言：昔晉穆侯名太子曰仇弟，曰成師，始兆亂矣。兄其替乎，後果如言。先帝諱備，其訓具也。安樂公諱禪，其訓授也。如言劉已具矣，當授與人也。今中撫軍名炎，而漢年極於炎興，瑞出成都而藏之於相府，此殆天意也。」明年十二月，晉武即尊位，炎興於是應焉。孫盛曰：「昔公孫述自以起成都，號曰成氏。二玉之文，殆述所作乎？」

廖化

廖化本名淳中，盧人也。世爲沔南冠族，爲關羽前將軍主簿，敗沒於吳，思歸劉備，乃詐死，因將老母晝夜西奔備於秭歸。備大悅，以爲宜都太守。爲亮參軍，稍遷至右車騎將軍、假節，領并州刺史，封中鄉侯，以果烈稱。官德與張翼齊，而在宗預之右。咸熙元年春，內徙洛道，病卒。（任兆麟本《襄陽耆舊記》。事又見《三國志・蜀書・宗預傳》。）

董恢

董恢，字休緒，襄陽人。入蜀以宣信中郎。副費禕使吳，孫權嘗大醉，問禕曰：「楊儀、魏延，牧豎小人也。雖嘗有鳴吠之益於時務，然既已任之，勢不得輕，若一朝無諸葛亮，必爲禍亂矣。諸君憒憒，曾不知防慮於此，豈所謂貽厥孫謀乎？」禕愕然四顧視，不能即答。恢目禕曰：「可速言儀、延之不協起於私忿耳，而無黥、韓難御之心也。今方掃除彊賊，混一區夏，功以才成，業由才廣，若捨此不任，防其後患，是猶備有風波而逆廢舟楫，非長計也。」權大笑樂。諸葛亮聞之，以爲知言。還未滿三日，辟爲丞相府屬，遷巴郡太守。（《三國志・蜀書・董允傳》注。原云出《襄陽記》。按：此下原有裴注云：「案《漢晉春秋》亦載此語，不云董恢所教，辭亦小異。此二書俱出習氏，而不同若此。」）

附：任兆麟本《襄陽耆舊記》。

董恢，字休緒，襄陽人。事先主爲宣信中郎。費禕使吳，恢副之。孫權嘗大醉，問曰：「楊儀、魏延，牧豎小人也。雖嘗有鳴吠之益於時務，然既已任之，勢不得輕，若一朝無諸葛亮，必爲禍亂矣。諸君憒憒，不知防慮，豈所謂貽厥孫謀乎？」禕愕然四顧視，不能答。恢曰：「儀、延之不協，起於私忿耳，非有黥、韓難馭之心。今方掃除強寇，混一區夏，功以才成，業由才廣，捨此不任，防其後患，是猶備風波而逆廢舟楫，非長計也。」權大笑。諸葛亮聞之，以爲知言。還未滿三日，辟爲丞相府屬，遷巴郡太守。侍中董允等共期游宴，即命解驂。

張悌

悌，字巨先，襄陽人。少有名理，孫休時爲屯騎校尉。魏伐蜀，吳人問悌曰：「司馬氏得政以來，大難屢作，智力雖豐，而百姓未服也。今又竭其資力，遠征巴蜀，兵勞民疲而不知恤，敗於不暇，何以能濟？昔夫差伐齊，非不克勝，所以危亡，不憂其本也。況彼之爭地乎！」悌曰：「不然。曹操雖功蓋中夏，威震四海，崇詐杖術，征伐無已，民畏其威而不懷其德也。丕、叡承之，擊以慘虐，內興宮室，外懼雄豪，東西馳驅，無歲獲安，彼之失民，爲日久矣。司馬懿父子自握其柄，累有大功，除其煩苛而布其平惠，爲之謀主而救其疾，民心歸之，亦已久矣。故淮南三叛而腹心不擾，曹髦之死四方不動，摧堅敵如折枯，蕩異同如反掌，任賢使能，各盡其心，非智勇兼人，孰能如之？其威武張矣，本根固矣，群情服矣，姦計立矣。今蜀閹宦專朝，國無政令，而玩戎黷武，民勞卒弊，競於外利，不脩守備。彼彊弱不同，智算亦勝，因危而伐，殆其克乎！若其不克，不過無功，終無退北之憂、覆軍之慮也。何爲不可哉？昔楚劍和而秦昭懼，孟明用而晉人憂，彼之得志，故我之大患也。」吳人笑其言，而蜀果降於魏。晉來伐吳，晧使悌督沈瑩、諸葛靚，率眾三萬渡江逆之。至牛渚，沈瑩曰：「晉治水軍於蜀久矣，今傾國大舉，萬里齊力，必悉益州之眾浮江而下。我上流諸軍無有戒備，名將皆死，幼少當任，恐邊江諸城，盡莫能禦也。晉之水軍，必至於此矣。宜畜眾力，待來一戰。若勝之日，江西自清，上方雖壞，可還取之。今渡江逆戰，勝不可保，若或摧喪，則大事去矣。」悌曰：「吳之將亡，賢愚所知，非今日也。吾恐蜀兵來至此，眾心必駭懼，不可復整。今宜渡江，可用決戰力爭。若其

敗喪，則同死社稷，無所復恨。若其克勝，則北敵奔走，兵勢萬倍，便當乘威南上，逆之中道，不憂不破也。若如子計，恐行散盡，相與坐待敵到，君臣俱降，無復一人死難者，不亦辱乎！」遂渡江戰，吳軍大敗。諸葛靚與五六百人退走，使過迎悌，悌不肯去，靚自往牽之，謂曰：「且夫天下存亡有大數，豈卿一人所知，如何故自取死爲？」悌垂涕曰：「仲思今日是我死日也。且我作兒童時，便爲卿家丞相所拔，常恐不得其死，負名賢知顧。今以身徇社稷，復何遁邪？莫牽曳之如是。」靚流涕放之，去百餘步，已見爲晉軍所殺。（《三國志·吳書·孫皓傳》注。原云出《襄陽記》。）

　　晉伐吳，張悌渡江戰，吳軍大敗。諸葛靚過迎悌，悌不肯去，垂泣曰：「仲思今是我死日。且我作兒童，便爲卿家丞相所扶，常恐不得其死，負名賢知故。今身殉社稷，復何所遁。」（《太平御覽》卷四百一十七。又見《記纂淵海》卷一百四十三。二書云出《襄陽記》。）

　　張悌，字臣先，襄陽人。晉伐吳，悌逆之，吳軍大敗，諸葛靚退走，使過迎悌，悌不肯去。靚自牽之，悌垂泣曰：「今日是我死日也。」靚遂放之，爲晉軍所殺。（《文選·陸機〈辯亡論〉》注。原云出《襄陽記》。按：以上三事，本爲一事，然徵引不同，今析爲三則。）

附：任兆麟本《襄陽耆舊記》。

　　張悌，襄陽人。孫皓時爲丞相，封山都侯。晉伐吳，諸葛靚敗。亮曰：「君試自爲之。」悌不去，靚自牽之曰：「天下存亡有大數，豈卿一人所知，何故自取死爲？」悌垂泣曰：「仲思今日是我死日也。且我作兒童時，便爲卿家丞相所拔，嘗恐不得其死，負名賢知顧。今日以身徇社稷，復何所遁邪？莫牽拽我。」靚收淚放之。去百步餘，爲晉軍所殺。

李衡

　　衡字叔平，本襄陽卒家子也，漢末入吳爲武昌庶民。聞羊衜有人物之鑒，往干之。衜曰：「多事之世，尚書劇曹郎才也。」是時校事呂壹操弄權柄，大臣畏偪，莫有敢言，衜曰：「非李衡無能困之者。」遂共薦爲郎。權引見，衡口陳壹姦短數千言，權有愧色。數月，壹被誅，而衡大見顯擢。後常爲諸葛恪司馬，干恪府事。恪被誅，求爲丹楊太守。時孫休在郡治，衡數以法繩之。妻習氏每諫衡，衡不從。會休立，衡憂懼，謂妻曰：「不用卿言，以至於此。」遂欲奔魏。妻曰：「不可。君本庶民耳，先帝相拔過重，既數作無禮，而復逆

自猜嫌，逃叛求活，以此北歸，何面見中國人乎？」衡曰：「計何所出？」妻曰：「琅邪王素好善慕名，方欲自顯於天下，終不以私嫌殺君明矣。可自囚詣獄，表列前失，顯求受罪。如此，乃當逆見優饒，非但直活而已。」衡從之，果得無患。又加威遠將軍，授以棨戟。衡每欲治家，妻輒不聽，後密遣客十人於武陵龍陽汜洲上作宅，種甘橘千株。臨死，敕兒曰：「汝母惡我治家，故窮如是。然吾州里有千頭木奴，不責汝衣食，歲上一匹絹，亦可足用耳。」衡亡後二十餘日，兒以白母，母曰：「此當是種甘橘也。汝家失十戶客來七八年，必汝父遣爲宅。汝父恒稱太史公言：『江陵千樹橘，當封君家。』吾答曰：『且人患無德義，不患不富，若貴而能貧，方好耳，用此何爲！』」吳末，衡甘橘成，歲得絹數千匹，家道殷足。晉咸康中，其宅址枯樹猶在。（《三國志·吳書·孫休傳》注。原云出《襄陽記》。按：此文他書多引，然皆不如此條之完備，餘書所引，乃別爲數條，以便參校。）

李衡，字叔平。漢末父將走入吳，以下戶調爲武昌渡民〔一〕。聞羊衜有人物，往干之。衜曰：「多士之世，尚書劇曹郎才也。」勸習笁仕〔二〕，以女配之。（《太平御覽》卷四百四十四。原云出《襄陽耆舊記》。）

〔校記〕

〔一〕據上，「渡」當作「庶」，蓋「庶」訛作「度」，後人又改爲「渡」耳。

〔二〕此句，任本《襄陽耆舊記》作「習竺以女英習配之」，則「笁」當爲「竺」之形訛也，「仕」則當爲衍文。

李衡，字叔平，本襄陽卒家。校事呂壺操弄柄權〔一〕，大臣莫有敢言，衡乃口陳呂壺奸短。（《北堂書鈔》卷三十六。原云出《襄陽記》。）

〔校記〕

〔一〕呂壺，上《三國志》注引《襄陽記》作「呂壹」。按：《三國志·吳書·孫權傳》、《潘濬傳》、《晉書·五行下》、《宋書·五行四》等並作「壹」，則當作「壹」是。作「壺」者，「壹」之形訛也。

李衡爲丹陽太守〔一〕，時休在郡，衡數以法繩之。妻習氏每諫衡，衡不從。會休立，衡懼，謂妻曰：「不用卿言，以至於此。」遂欲奔魏。妻曰：「琅邪王素好善慕名，方欲自顯於天下，終不以私嫌殺君明矣。可自囚詣獄，如此，乃當逆見優饒，非但直活而已。」衡從之，果得無恙。〔二〕又加威遠將軍〔三〕，授以棨戟。（《太平御覽》卷一百一十八。又見《太平御覽》卷六百八十一。兩處均云出《襄陽記》。）

〔校記〕

〔一〕「衡」下，《太平御覽》卷六百八十一有「字叔平」三字。

〔二〕自「時休在郡」以下至此，《太平御覽》卷六百八十一無。

〔三〕又，《太平御覽》卷六百八十一作「孫休」。

李衡每欲治家，妻輒不聽，後密遣客十人於武陵龍陽洲上作宅，種橘千樹，臨死，敕兒曰：「汝母每惡吾治家，故窮如是。吾州里有千頭木奴，不用汝衣食，歲上一匹絹，亦當足用爾。」亡後二十餘日，兒白母，母曰：「此當種柑橘也。汝家失十戶客七八年，必汝父遣爲宅。」晉咸康中，其宅上枯樹猶存。（《藝文類聚》卷六十四。原云出《襄陽記》。）

李衡，字叔平〔一〕，爲丹陽太守。衡每欲治家，妻輒不聽。〔二〕後密遣十人於武陵龍陽洲上作宅〔三〕，種甘千樹〔四〕。臨死〔五〕，敕兒曰：「汝母惡吾治家〔六〕，故窮如是〔七〕。吾州里有千頭木奴，不責汝衣食，歲上一疋絹〔八〕，亦足用矣〔九〕。」及衡甘成〔一〇〕，歲得絹數千疋。（《事類賦》卷二十七。又見《北戶錄》卷三、《太平御覽》卷九百六十六、《施注蘇詩・憶江南寄純如五首》。四書云出《襄陽記》。）

〔校記〕

〔一〕此句，《北戶錄》無。

〔二〕以上兩句，《北戶錄》、《施注蘇詩》無。

〔三〕後，《北戶錄》作「衡」，《施注蘇詩》無。十，《施注蘇詩》無。作宅，《施注蘇詩》無。

〔四〕甘，《北戶錄》、《太平御覽》作「柑」。

〔五〕死，《施注蘇詩》作「終」。

〔六〕母，《北戶錄》誤作「毋」。「治」上，《施注蘇詩》衍「不」字。

〔七〕故，《北戶錄》誤作「固」，音訛也。

〔八〕疋，《施注蘇詩》作「匹」，「疋」爲「匹」之異體字。

〔九〕矣，《北戶錄》作「耳」。又《施注蘇詩》引至此止。

〔一〇〕及，《北戶錄》作「吳末」。甘，《北戶錄》作「柑」。

李叔平臨終敕其子曰：「龍陽洲裏有千頭木奴。」及甘橘成〔一〕，歲得絹數千匹。（《初學記》卷二十八。又見《能改齋漫錄》卷九。二書云出《襄陽記》。）

〔校記〕

〔一〕甘，《能改齋漫錄》作「柑」。

李衡作宅於武陵龍陽汎洲上〔一〕，種橘千株〔二〕，臨終〔三〕，敕其子曰〔四〕：「吾有千頭木奴〔五〕，不責汝衣食，歲上一匹絹，〔六〕可以不貧矣〔七〕。」（《施注蘇詩・東坡八首》。又見《藝文類聚》卷八十六、《紺珠集》卷九、《類說》卷二、《九家集注杜詩・甘園》、《九家集注杜詩・驅豎子摘蒼耳》。《藝文類聚》、《紺珠集》、《九家集注杜詩》云出《襄陽記》。按：以上四條實論一事，然諸家節引不同，今析分之。）

〔校記〕

〔一〕「作宅」、「汎」三字，《藝文類聚》、《甘園》注無。此句，《紺珠集》、《類說》作「李衡作宅」。

〔二〕橘，《藝文類聚》、《甘園》注作「甘」。以上兩句，《驅豎子摘蒼耳》注作「李衡種橘於龍陽州」。

〔三〕終，《甘園》注作「死」。此句，《藝文類聚》、《驅豎子摘蒼耳》注無。

〔四〕此句，《藝文類聚》但作「曰」，《甘園》注作「勅兒曰」，《驅豎子摘蒼耳》注作「謂其子」。

〔五〕吾有，《藝文類聚》無。「有」上，《紺珠集》有「宅之里」三字，《甘園》注有「州里」二字。又《藝文類聚》、《紺珠集》、《甘園》注引至此之。

〔六〕以上兩句，《類說》、《驅豎子摘蒼耳》注無。

〔七〕矣，《類說》無。此句，《驅豎子摘蒼耳》注作「可收絹數千疋」。

附：任兆麟本《襄陽耆舊記》。

李衡，字叔平，襄陽人。習竺以女英習配之。漢末爲丹陽太守，孫休在丹陽，衡數以法繩之。英習每諫曰：「賤而凌貴，疎而間親，取禍之道。」衡不從。會孫亮廢，衡從門入，英習逆問曰：「何故有懼色，琅邪王立邪？」衡曰：「然。不用卿語，已至如此。」遂曰：「其家客欲奔魏。」英習固諫曰：「不可。君本庶民耳，先帝相拔過重，既數作無禮而不遠慮，又復逆自猜嫌，逃叛求活，以此北歸，何面目見人。」衡曰：「計何所出？」英習曰：「琅邪王素好善慕名，博學深廣，多見以德報怨之義。今初立，方欲自達於天下，終不以私嫌殺君明矣。君意自不了者，可自囚詣獄，表列前失，顯求其罪。如此，乃當反見優饒，非直活而已也。」衡從之。果下令曰：「丹陽太守李衡以往事之嫌，自拘有司，夫射鉤斬祛，在古爲忠，遣衡還郡，勿令自疑。」加威遠將軍，授之棨戟。武陵人以衡家武陵，遂記錄云是其郡人，非也。衡每欲治家事，英習不聽，後密遣客十人往武陵龍陽泛洲上作宅，種橘千株，臨死，勅兒曰：「汝母每怒吾治家事，故窮如是。然吾州里有千頭木奴，不責汝食，歲上匹絹，亦當足用爾。」衡既亡後二十餘日，兒以白英習，曰：「此當

是種柑也。汝家失十客來七八年，必汝父遣爲宅。汝父恒稱太史公言江陵千樹橘，當封君家。吾答云：『士患無德義，不患不富。若貴而能貧，方好爾。用此何爲？』」吳末衡柑成，歲得絹數千匹，家道富足。晉咸康中，其宅上枯藁猶在。

胡宜

胡宜，字叔方，爲江夏南郡太守，清勵有節，妻子不衣帛。（《北堂書鈔》卷三十八。）

王昌

王昌，字公伯，爲東平相、散騎常侍，早卒。婦是任城王曹子大女。昌弟式，字公儀，爲渡遼將軍長史，婦是尙書令桓階女。昌母聰明有典教，二婦入門，皆令變服下車，不得踰侈。後階子嘉尙魏主，欲金縷衣，見式婦。嘉止之曰：「其嫗嚴固，不聽善耳。不須持往，犯人家法。」（《太平御覽》卷六百八十九。原云出《襄陽耆舊記》。）

晉

羅憲

羅憲，字令則，父蒙，避亂於蜀，官至廣漢太守。憲少以才學知名，年十三能屬文，後主立太子，爲太子舍人，遷庶子、尙書吏部郎。以宣信校尉再使於吳，吳人稱美焉。時黃皓預政，衆多附之，憲獨不與同。皓恚，左遷巴東太守。時右大將軍閻宇都督巴東，爲領軍，後主拜憲爲宇副貳。魏之伐蜀，召宇西還，留宇二千人，令憲守永安城。尋聞成都敗，城中擾動，江邊長吏皆棄城走，憲斬稱成都亂者一人，百姓乃定。得後主委質問至，乃帥所統臨於都享三日。吳聞蜀敗，起兵西上，外託救援，內欲襲憲。憲曰：「本朝傾覆，吳爲脣齒，不恤我難而徼其利，背盟違約。且漢已亡，吳何得久，寧能爲吳降虜乎？」保城繕甲，告誓將士，厲以節義，莫不用命。吳聞鍾、鄧敗，百城無主，有兼蜀之志。而巴東固守，兵不得過，使步協率衆而西。憲臨江拒射，不能禦，遣參軍楊宗突圍北出，告急安東將軍陳騫，又送文武印綬、任子詣晉王。協攻城，憲出與戰，大破其軍。孫休怒，復遣陸抗等帥衆三萬人增憲之圍。被攻凡六月日而救援不到，城中疾病大半。或說憲奔走之計，憲曰：「夫爲人主，百姓所仰，

危不能安，急而棄之，君子不爲也。畢命於此矣。」陳騫言於晉王，遣荊州刺史胡烈救憲，抗等引退。晉王即委前任，拜憲淩江將軍，封萬年亭侯。會武陵四縣舉眾叛吳，以憲爲武陵太守巴東監軍。泰始元年改封西鄂縣侯。憲遣妻子居洛陽，武帝以子襲爲給事中。三年冬，入朝，進位冠軍將軍、假節。四年三月，從帝宴於華林園，詔問蜀大臣子弟，後問先輩宜時敘用者。憲薦蜀郡常忌、杜軫、壽良、巴西陳壽、南郡高軌、南陽呂雅、許國、江夏費恭、琅邪諸葛京、汝南陳裕，即皆敘用，咸顯於世。憲還，襲取吳之巫城，因上伐吳之策。憲方亮嚴正，待士不倦，輕財好施，不治產業。六年薨，贈安南將軍，諡曰烈侯。子襲，以淩江將軍領部曲，早卒，追贈廣漢太守。襲子徽，順陽內史，永嘉五年爲王如所殺。（《三國志·蜀書·霍峻傳》注。原云出《襄陽記》。按：此文下原有「此作『獻』，名與本傳不同，未詳孰是也」一段文字，當乃裴氏自注。又據此文字，《襄陽記》本作羅獻，非羅憲也，觀乎《初學記》、《太平御覽》所引，亦作「獻」明矣。疑此注文原本皆作「獻」，後人據正文改之也。）

　　魏伐蜀，羅獻爲巴東太守〔一〕。得劉禪委質定問，乃帥所部臨於都亭三日。〔二〕吳聞蜀已敗，遂起兵西上，外託援救，內欲襲獻城以固其國。〔三〕遣盛曼等水陸到〔四〕，說獻以合同之計，獻乃會議曰：「今本朝傾覆，吳爲同盟，不恤我難而邀其利，可主降於北，臣求福於東乎？今守孤城，百姓未定，宜一決戰以定眾心。」〔五〕遂銜枚夜擊破曼〔六〕，旋軍保城，告誓將士，屬以節義〔七〕，莫不用命。（《太平御覽》卷四百一十七。又見《初學記》卷十七。《初學記》云出《襄陽耆舊記》。按：此與上文本一事，然文字多不同，今別爲一條。又《三國志·孫休傳》云永安七年：「二月，鎮軍將軍陸抗、撫軍將軍、步協征西將軍留平、建平太守盛曼率眾圍蜀巴東守將羅憲。」又《太平御覽》卷三十七引《荊州先德傳》：「羅獻守巴東，吳遣盛曼說獻合從之計，詣獻求借城門，獻遣參軍楊宗譚曰：『城中土一撮不可得，何言城門乎！』」皆此事也。）

　　〔校記〕
　　〔一〕太，《初學記》脫。
　　〔二〕以上兩句，《初學記》無。
　　〔三〕以上三句，《初學記》無。
　　〔四〕曼，《初學記》誤作「獻」。「到」上，《初學記》有「並」字。
　　〔五〕自「獻乃會議」至此，《初學記》無。
　　〔六〕遂，《初學記》作「獻」。「夜」下，《初學記》有「出」字。曼，《初學記》誤作「獻」。
　　〔七〕此句，《初學記》作「以勵節義」。

師事譙周，周稱爲子貢。性方亮嚴整，待士無倦，輕財好施，不營產業。（任兆麟本《襄陽耆舊記》。）

附：任兆麟本《襄陽耆舊記》。

羅憲，字令則，襄陽人也。父蒙，蜀廣漢太守。憲年十三，能屬文，早知名，師事譙周，周稱爲子貢。性方亮嚴整，待士無倦，輕財好施，不營產業。仕蜀爲太子舍人。再使於吳，吳人稱焉。大將軍閻宇都督巴東，拜憲領軍，爲宇副貳。魏之□蜀，召宇西還。憲守永安城，及成都敗，城中擾動，邊江長吏皆棄城走。憲斬亂者一人，百姓乃安。知劉禪降，乃師所統臨於都亭三日。吳聞蜀敗，欲襲憲。憲曰：「本朝傾覆，吳爲脣齒，不恤我難而邀其利，吾寧當爲降虜乎？」於是繕甲完聚，厲以節義，士皆用命。吳又使步協西征，又遣陸抗助協。憲距守經年，救援不至，城中疾疫大半，或勸南出牂牁，北奔上庸，可以保全。憲曰：「夫爲人主，百姓所仰，既不能存，急而棄之，君子不爲也。畢命於此矣。」會荊州刺史胡烈等救之，抗退。泰始初入朝，詔曰：「憲、烈果毅有才策，器幹可給鼓吹。」又賜以元玉佩劍，卒追封西鄂侯，諡曰烈。初憲侍讌華林園，詔問蜀大臣子弟，憲薦蜀人常忌、杜軫等，皆西國之良器，武帝並召而仕之。子襲，至廣漢太守。兄子尚。

羅尚

羅尚貪而不斷，付任失所，故遂至大敗。蜀人不堪其徵，求數萬人，共連名詣太傅東海王言之曰：「尚之所愛，非邪則佞；尚之所憎，非忠則直。富擬魯衛，家成市鄽。貪如虎狼，無復已極。」（《太平御覽》卷四百九十二。原云出《襄陽耆舊記》。事又見《晉書·羅尚傳》。）

羅尚爲右丞，是時左丞處事，失武帝意，大怒，欲案入重罪，事連尚。於是尚爲坐受杖一百，時論美之。（《太平御覽》卷四百九十二。原云出《襄陽耆舊記》。）

附：任兆麟本《襄陽耆舊記》。

羅尚，太康末爲平西將軍、益州刺史。性貪少斷，蜀人言曰：「尚之所愛，非邪則佞；尚之所憎，非忠則賢。富擬魯衛，家如市里。貪如虎狼，無復極已。蜀賊尚可，羅尚殺我。平西將軍，皮使爲禍。」時李特起於蜀，攻尚於城都。尚破之，斬李特。特子雄，僭號於郫成。尚卒，雄遂據有蜀土。（按：此文多有誤，如「皮」當爲「反」字之誤，「鄲」當爲「郫」之誤。）

羅象

羅象。(《翰苑新書》後集卷下三、《名賢氏族言行類稿》卷二十一、《通志》卷二十六。按：三書並云「《襄陽記》有羅象」。)

蒯欽

蒯欽。初惠帝即位，兒童謠曰：「兩火沒地，哀哉秋蘭。歸刑街郵，終爲人歎。」又河內溫縣有人如狂，造書曰：「光光文長，以戟爲墙。毒藥即行，刃還自傷。」楊濟問欽，欽垂泣曰：「皇太后諱季蘭；兩火，武皇帝諱炎字也。此言武皇崩而太后失尊，罹大禍辱，終始不以道，不得附山陵，乃歸於非所也。」及楊太后之見滅，葬於街郵亭，皆如其言。欽從祖祺婦，即諸葛孔明之大姊也。(任兆麟本《襄陽耆舊記》。事又見《晉書·五行志》、《宋書·五行志》。)

習㲄

習㲄字彥玄，山簡以㲄才有文章，轉爲征南功曹，〔一〕止舉大綱而已〔二〕，不拘文法〔三〕。簡益器之，轉爲記室參軍。(《北堂書鈔》卷六十八首引。《北堂書鈔》卷六十八兩引此文，首引云出《襄陽耆舊記》。又見《職官分紀》卷三十三。按：《職官分紀》引此條下有「嵇喜字公穆晉武爲撫軍，妙選官屬，以喜爲功曹」一條，未注出處，嵇喜爲沛國譙縣人，此當別屬一書，今不錄。)

〔校記〕

〔一〕以上三句，《北堂書鈔》次引作「山簡以習㲄爲征南功曹」，《職官分紀》作「山簡以習㲄才博有文章，爲征南功曹」。據《職官分紀》，「才」下似當有「博」字。

〔二〕止，《職官分紀》無。

〔三〕此句上，《北堂書鈔》次引有「時號新婦」四字，《職官分紀》有「時人號曰新婦」六字。又《北堂書鈔》次引、《職官分紀》引至此止。

附：任兆麟本《襄陽耆舊記》。

習㲄爲臨湘令，山簡征南功曹，蒞官舉大綱而已，不拘文法，時人號爲習新婦。

鄧攸

鄧攸爲吳郡守，刑政清簡，後稱疾去職，百姓數千人留牽，攸船不得進。攸乃少停，夜中發去。吳人歌之曰：「紞如打五鼓，雞鳴天欲曙。鄧侯挽不留，謝令推不去。」(任兆麟本《襄陽耆舊記》。事又見《晉書·鄧攸傳》。)

黃穆、黃奐

黃穆，字伯開，博學，養門徒〔一〕，爲山陽太守〔二〕，有德政，致甘露、白兔、神雀、白鳩之瑞〔三〕。弟奐〔四〕，字仲開〔五〕，爲武陵太守〔六〕，貪穢無行，〔七〕武陵人謌曰〔八〕:「天有冬夏，人有兩黃。」〔九〕言不同也。(《太平御覽》卷四百九十二。又見《北堂書鈔》卷七十五、卷七十六、《海錄碎事》卷七上、《記纂淵海》卷一百五十七。《太平御覽》卷四百九十二云出《襄陽耆舊記》。)

〔校記〕

〔一〕此句，《太平御覽》卷二十二無。以上三句，《北堂書鈔》卷七十五、《海錄碎事》、《記纂淵海》無。

〔二〕太，《太平御覽》卷二十二、《記纂淵海》無。

〔三〕此句，《北堂書鈔》卷七十五作「致甘露、白鳥、神爵之瑞」，《太平御覽》卷二十二、《海錄碎事》、《記纂淵海》無。又《北堂書鈔》卷七十五引至此止。

〔四〕《北堂書鈔》卷七十六字此句引起，「弟」作「黃」。奐，《海錄碎事》誤作「英」，形訛也。

〔五〕此句，《北堂書鈔》卷七十六、《海錄碎事》、《記纂淵海》無。

〔六〕太，《記纂淵海》無。此句，《海錄碎事》作「守武陵」。

〔七〕此句以下，《北堂書鈔》卷七十六作「朝廷以黃受代之」，文不同。

〔八〕武陵人，《記纂淵海》無。謌，《太平御覽》卷二十二作「諺」。

〔九〕《記纂淵海》引至此止。

王諶

王諶〔一〕，字元泰，爲少府，有容止操行。(《北堂書鈔》卷五十四。原云出《襄陽記》。)

〔校記〕

〔一〕《華陽國志》卷十二作「王謀」。《三國志・蜀書・糜子仲贊》注:「王元泰，名謀，漢嘉人也。」亦作「謀」。「謀」字或作「謀」(見北魏《奚智墓誌》)、「諆」(見北魏《元融墓誌》)，與「諶」形近，未詳孰是。

卷三・山川

鹿門山

習郁爲侍中〔一〕，時從光武幸黎丘〔二〕，與帝通〔三〕，夢見蘇山神〔四〕。光武嘉之〔五〕，拜大鴻臚，錄其前後功，封襄陽侯，〔六〕使立蘇嶺祠〔七〕。刻

二石鹿夾神道〔八〕，百姓謂之鹿門廟〔九〕，或呼蘇嶺山爲鹿門山。（《藝文類聚》卷四十九。又見《北堂書鈔》卷五十八、《太平御覽》卷九百〇六、《太平廣記》卷二百九十六引佚名《襄陽記》、《太平寰宇記》卷一百四十五、《能改齋漫錄》卷二。《書鈔》云出《襄陽耆舊記》，《太平御覽》、《太平寰宇記》云出《襄陽記》，《太平廣記》引佚名《襄陽記》云出習氏《記》。又《輿地紀勝》卷八十三亦引此，云轉自《寰宇記》，文全同。）

〔校記〕

〔一〕郁，《北堂書鈔》誤作「都」。「爲」上，佚名《襄陽記》有「常」字。

〔二〕時，《北堂書鈔》、佚名《襄陽記》無。黎丘，《太平寰宇記》作「犂邱」。以上兩句，《太平御覽》節作「習郁從光武幸黎丘」。

〔三〕帝，《北堂書鈔》、《太平御覽》作「光武」，《太平寰宇記》誤作「武帝」。

〔四〕「山」上，《太平寰宇記》有「嶺」字。山，《太平御覽》作「頜」。按：下文云「蘇嶺祠」，《後漢書》注引《襄陽記》云「鹿門山舊名蘇嶺山」，是此山當名蘇嶺也。此文疑本作「夢見蘇嶺山神」，諸書作「蘇山」者，脫「嶺」字也；《御覽》作「蘇頜」者，「頜」即「嶺」之形訛也。以上兩句，佚名《襄陽記》作「郁與光武俱夢見蘇嶺山神」。

〔五〕光武，《太平御覽》作「帝」。

〔六〕以上四句，佚名《襄陽記》無。以上三句，《太平御覽》無。以上兩句，《北堂書鈔》無。

〔七〕「祠」上，《太平寰宇記》有「之」字。此句，《北堂書鈔》作「主蘇嶺之祀」，《太平御覽》作「使立祠」，佚名《襄陽記》作「因使立祠」。又《北堂書鈔》、佚名《襄陽記》引至此止。

〔八〕刻，《太平御覽》無。夾，《能改齋漫錄》作「挾」。「神」上，《太平寰宇記》有「祠」字。神，《太平御覽》無。「道」下，《太平御覽》有「口」字。

〔九〕之，《太平寰宇記》無。廟，《太平御覽》無。又《太平御覽》、《太平寰宇記》引至此止。

鹿門山，舊名蘇嶺山。〔一〕建武中，襄陽侯習郁立神祠於山，刻二石鹿夾神道口，俗因謂之鹿門廟，遂以廟名山也〔二〕。（《後漢書·龐公傳》注。又見《九家集注杜詩·喜晴》、《九家集注杜詩·遣興五首》。三處並云出《襄陽記》。按：此與上爲一事，然論述不同，今別錄之。）

〔校記〕

〔一〕《喜晴》注引至此止。

〔二〕也，《遣興五首》注無。

中盧山

　　古盧戎也。縣西山中有一道，漢時常有數百匹馬出其中，馬形皆小，似巴、滇馬。三國時陸遜攻襄陽，又值此穴中有數十匹馬出，遜載還建業。蜀使來，有五部兵家滇池者，識其馬色，云：「亡父所乘。」對之流涕。(《後漢書・郡國志》注。按：此條與下條本一事，然前文多不同，今析爲二則。)

　　中盧西山有一地道〔一〕，漢時有數百匹馬出其中〔二〕，今名馬穴〔三〕。人於此得馬頻宿，遂名騎亭。〔四〕三國時陸遜攻襄陽〔五〕，於此穴得數十匹馬〔六〕，遜載還建鄴〔七〕。蜀使往〔八〕，有五部兵家在滇池者〔九〕，識其馬色，云是其父所乘〔一〇〕，對之流涕。(《北堂書鈔》卷一百五十八。又見《藝文類聚》卷九十三、《太平御覽》卷八百九十七。三書云出《襄陽記》。)

〔校記〕

〔一〕此句，《藝文類聚》作「中盧山有一地穴」，《太平御覽》作「中盧山西去襄陽一百三里，有一地道」。

〔二〕數百匹馬，《太平御覽》作「數匹白馬」。其中，《藝文類聚》無。

〔三〕此句，《藝文類聚》作「遂因名馬穴」，《太平御覽》作「遂名其地爲白馬穴」。

〔四〕以上兩句，《藝文類聚》、《太平御覽》無。

〔五〕三國時，《太平御覽》無。

〔六〕此句，《太平御覽》作「又值此穴中數十匹馬出」。以上兩句，《藝文類聚》作「吳時陸遜亦知此穴馬出得數十匹」，「知」蓋「值」之音訛也。又《藝文類聚》引至此止。

〔七〕此句，《太平御覽》作「戰還建鄴」。按：《後漢書》注與此文同，《御覽》「戰」蓋「載」之形訛也。

〔八〕往，《太平御覽》無。

〔九〕在，《太平御覽》無。

〔一〇〕其，《太平御覽》作「己」。

萬山

　　縣西九里有萬山，父老傳云交甫所見游女處，此山之下曲隈是也。(《後漢書・郡國志》注。按：《施注蘇詩》補遺卷上《萬山》注引《襄陽志》：「萬山在城西，相傳鄭交甫所見游女，居此山之下。」與此文相似，未知《襄陽志》即《襄陽記》否。)

　　北隔沔水，父老相傳即交甫見游女弄珠之處。(《太平寰宇記》卷一百四十五。原云出《襄陽記》。)

荊山

荊山有石室，相傳云卞和宅也。(《輿地紀勝》卷八十三。原云出《襄陽記》。)

薤山

襄陽縣薤山，山上有竹，三年生一筍，筍成竹死，代謝如春秋焉。(《太平御覽》卷四十三。原云出《襄陽記》。)

石梁山

襄州石梁山，山起白雲則雨，黃雲則風，黑雲則蠻多病。(《太平御覽》卷四十三。原云出《襄陽記》。)

冠蓋山

漢末，嘗有四郡守〔一〕，七郡尉，兩侍中〔二〕，一黃門侍郎，三尚書，六刺史，一十長史〔三〕，朱軒高蓋會山下，因名其里曰冠蓋里，山曰冠蓋山。(《紺珠集》卷九。又見《海錄碎事》卷三下、《類說》卷二。)

〔校記〕

〔一〕嘗，《類說》無。

〔二〕此句上，《類說》尚有「二卿」。

〔三〕此句，《類說》無。又自「嘗有四郡守」以下至此，《海錄碎事》無。

岑山

岑山東三峰名三公，西九山名九卿，次一山名主簿〔一〕。(《紺珠集》卷九。又見《海錄碎事》卷三上、《類說》卷二。)

〔校記〕

〔一〕一，《海錄碎事》、《類說》無。

龍巢山

龍巢山鉢帽峰尹喜石室內，有《玉案仙經》八卷，在案上。(《施注蘇詩·芙蓉城》。)

濁水

楚王至鄧之濁水，去襄陽二十里，即此水也。(《水經注·淯水注》。原云出《襄陽記》。按：自「去襄陽」以下似酈道元語，今並錄之。)

夏水

　　楚王好遊獵之事，揚鑣馳逐乎華容之下，射鴻乎夏水之濱。(《太平御覽》
卷八百三十二。原云出《襄陽耆舊記》。)

卷四・城邑

襄陽城

　　襄陽城本楚之邑〔一〕，檀溪帶其西〔二〕，峴山亘其南，亦爲楚國之北津
也〔三〕。楚有二津，謂從襄陽渡沔，自南陽界出，方城關是也，通周、鄭、
晉、衛之道；其東則從漢津渡江夏出，皋關是也，通陳、蔡、齊、宋之道。
(《太平寰宇記》卷一百四十五。又見《初學記》卷八、《太平御覽》卷一百六十八、
《輿地紀勝》卷八十三〔兩引〕。諸書云出《襄陽記》。)

　　〔校記〕
　　〔一〕城，《太平御覽》無。「邑」上，《太平御覽》、《輿地紀勝》首引有「下」字，是也。
　　　　　又《輿地紀勝》首引僅引此一句。
　　〔二〕《輿地紀勝》次引自此句引起。
　　〔三〕爲，《太平御覽》無。「楚」、「也」二字，《輿地紀勝》無。以上四句，《初學記》作
　　　　　「襄城本楚國之北津」，「襄」下脫「陽」字。又《初學記》、《太平御覽》、《輿地紀
　　　　　勝》次引引至此止。

粗中

　　吳時朱然、諸葛瑾、萬彧從沮中尋山險道〔一〕，出粗中〔二〕。粗音榆，如
「榆粗」之「粗」，〔三〕其地在上西黃界〔四〕，去襄陽城百五十里。按此是地名，
非山稱也。蓋以其地去山密邇，因爲山名。舊傳云司馬宣王鑿八疊山開路，於
此停阻，以屈曲八疊爲名清山溪，其山高峻。(《太平寰宇記》卷一百四十五。又見
《輿地紀勝》卷八十三。二書云出《襄陽記》。事又見《元和郡縣志》卷二十三。)

　　〔校記〕
　　〔一〕瑾，《輿地紀勝》誤作「謹」。萬彧，《輿地紀勝》無。
　　〔二〕「出」上，《輿地紀勝》有「北」字。按：《元和郡縣志》亦有「北」字，此蓋脫之。
　　　　　又《輿地紀勝》引至此止。
　　〔三〕以上兩句，《三國志》注作「粗音如『租稅』之『租』」，《元和郡縣志》作「粗音
　　　　　祖」。《說文》：「粗，木閑。」徐鍇曰：「粗之言阻也。」則似讀作上聲是。又本文
　　　　　「粗音榆」之「榆」亦有誤，或當從《元和郡縣志》作「祖」也。
　　〔四〕「西」字不當有。

柤音如「租稅」之「租」，柤中在上黃界，去襄陽一百五十里。魏時夷王梅敷兄弟三人，部曲萬餘家屯此，分布在中廬宜城西山鄡、沔二谷中。土地平敞，宜桑麻，有水陸良田，沔南之膏腴沃壤，謂之柤中。（《三國志·吳書·朱然傳》注。原云出《襄陽記》。）

松子亭

有松子亭，下有神陂，中多魚，人捕不可得。（《後漢書·郡國志》注。）

神陂在蔡陽縣界，有松子亭，下有神陂也。（《文選·張衡〈南都賦〉》注。）

熨斗陂

宜城縣東北角有熨斗陂。（《藝文類聚》卷九。又見《編珠》卷二。《藝文類聚》云出《襄陽者舊記》。）

木蘭橋

木蘭橋者〔一〕，今之豬蘭橋是也。〔二〕劉和季以此橋近荻〔三〕，有戲荣，於橋東大養豬。〔四〕襄陽太守皮府君曰〔五〕：「作此豬屎臭〔六〕，當易名作豬蘭橋耳〔七〕，莫復云木蘭橋也〔八〕。」初如戲之〔九〕，而百姓遂易其名。（《初學記》卷二十九。又見《太平御覽》卷七十三、卷九百○三。）

〔校記〕
〔一〕者，《太平御覽》卷七十三無。
〔二〕《太平御覽》卷九百○三引至此止。
〔三〕和季，當作「季和」。
〔四〕以上三句，《太平御覽》卷七十三作「劉季和以此橋東大養豬」。
〔五〕皮府君，《太平御覽》卷七十三無。
〔六〕作，《太平御覽》卷七十三無。
〔七〕「作」、「耳」二字，《太平御覽》卷七十三無。
〔八〕此句，《太平御覽》卷七十三無。
〔九〕之，《太平御覽》卷七十三作「言」。

呼鷹臺

劉表任荊州刺史〔一〕，築臺名呼鷹〔二〕，作《野鷹來》曲〔三〕。（《紺珠集》卷九。又見《施注蘇詩·人日獵城南會者十人以身輕一鳥過槍急萬人呼爲韻得鳥字》、《類說》卷二。）

〔校記〕

〔一〕任，《施注蘇詩》、《類說》作「爲」。

〔二〕此句，《類說》作「築呼鷹臺」。

〔三〕「作」上，《施注蘇詩》有「仍」字。鷹，《施注蘇詩》誤作「應」。

鳳林關

鳳林關在峴山。（《施注蘇詩·襄陽樂府三篇》。原云出《襄陽記》。）

大石激

山都縣活國城臨沔水有大石激，宅欲爲水所毀，其人五女皆大富，共斂錢作激，全其家宅也。（《北堂書鈔》卷一百六十。原云出《襄陽耆舊記》。按：《水經注·沔水注》云：「沔水北岸數里有大石激，名曰五女激。或言女父爲人所害，居固城，五女思復父怨，故立激以攻城。」《酉陽雜俎》續集卷四引盛弘之《荊州記》云：「西漢時有人葬沔北，墓將爲水所壞，其人有五女，共創此墩以防其墓。」兩說與此不同。）

佷子父冢

有佷子者〔一〕，家訾萬金，而自少小不從父語。臨亡〔二〕，意欲葬山上，恐兒不從，到言「葬我著瀙下石磧上」。佷子曰：「我由來不奉教，從今當從此一語。」遂盡散家財，作冢，積土繞之，成一洲，長數百步。元康中，始爲水所壞。佷子，前漢人也。（《太平御覽》卷五百五十六。事又見《水經注·沔水注》、《酉陽雜俎》續集卷四引盛弘之《荊州記》。）

〔校記〕

〔一〕佷，《水經注·沔水注》、盛弘之《荊州記》並作「佷」。

〔二〕「臨」上，《水經注·沔水注》有「父」字，爲上。

諸葛女郎墓

襄陽城南邊大道有諸葛女郎墓者，是諸葛仲茂女冢也。年十三四亡，茂婦憐之，不能自遠，故近城葬之，日日往哭。（《太平御覽》卷五百五十六。）

秦頡冢

秦頡者〔一〕，字初起〔二〕。頡之南陽，過宜城中，〔三〕一家東向大道〔四〕，住車視之，曰：「此居處可作冢〔五〕。」後喪還至此住處〔六〕，車不肯前〔七〕，故吏爲市此宅葬之。〔八〕今宜城城中大冢前有二碑是也。（《太平御覽》卷五百五十六。又見《北堂書鈔》卷九十四。）

〔校記〕

〔一〕此句，《北堂書鈔》作「帝時秦鶴」。按：據《後漢書·靈帝紀》，秦頡漢靈帝時爲南陽太守，則《書鈔》「帝」前脫「靈」字也。又「鶴」字，當爲「頡」字之訛。

〔二〕初，《北堂書鈔》作「幼」。

〔三〕以上兩句，《北堂書鈔》作「往南陽道宜城中」，「道」蓋「過」之形訛。

〔四〕家，《北堂書鈔》誤作「冢」。

〔五〕居處，《北堂書鈔》無。

〔六〕還，《北堂書鈔》作「歸」。此住處，《北堂書鈔》作「住車處」。按：《水經注·沔水注》有此文，作「後卒於南陽，喪還至昔住車處」。

〔七〕「車」上，《北堂書鈔》有「喪」字。

〔八〕《北堂書鈔》引至此止。

習郁池（此下諸條本似一事，然諸書節引不同，今略部其類，分而校之。）

峴山南有習家魚池者，習郁之所作也。郁將亡，勅其兒煥曰：「我葬必近魚池。」煥爲起塚於池之北，去池四十步。（《太平御覽》卷五百五十六。）

峴南八百步西〔一〕，下道百步有習家魚池。〔二〕習郁將死，勅其長子葬於池側。池中起釣臺尙在。（《太平寰宇記》卷一百四十五。又見《初學記》卷八、《錦繡萬花谷》後集卷六。三書原云出《襄陽記》。）

〔校記〕

〔一〕「南」上，《初學記》、《錦繡萬花谷》有「山」字，是。

〔二〕《初學記》、《錦繡萬花谷》引至此止。

峴山南有習郁太魚池〔一〕，依范蠡《養魚法》，當中築一釣臺，將亡，勅其兒曰：「必葬我近魚池。」山季倫每臨此，輒大醉而歸〔二〕。（《太平御覽》卷六十七。又見《方輿勝覽》卷六十七、《輿地紀勝》卷八十三。並云出《襄陽記》。）

〔校記〕

〔一〕太，《方輿勝覽》作「大」，此處「太」讀作「大」。太魚，《輿地紀勝》無。又《輿地紀勝》僅引此一句。

〔二〕輒，《方輿勝覽》作「必」。

峴山南八百步西，下道百步有習家魚池。山簡永嘉三年鎮襄陽，每日遊戲，多在池上飲，輒醉，名之曰高陽池。（《事文類聚》續集卷九。原云出《襄陽記》。）

漢侍中習郁於峴山南作魚池〔一〕，池邊有高隄〔二〕，種竹及長楸〔三〕，芙蓉、菱芡覆水〔四〕，是遊燕名處也〔五〕。山簡每臨此池〔六〕，未嘗不大醉而還〔七〕，曰〔八〕：「此是我高陽池也〔九〕。」襄陽小兒歌之曰〔一○〕：「山公時一醉，徑造高陽池。日莫倒載歸，茗艼無所知。」〔一一〕（《施注蘇詩》補遺卷下《奉和成伯兼戲禹功》。又見《世說新語・任誕》注、《藝文類聚》卷九、《太平御覽》卷八百四十五、《九家集注杜詩・王十七侍御掄許携酒至草堂奉寄此詩便請邀高三十五使君同到》。諸書並云出《襄陽記》。）

〔校記〕

〔一〕「作」上，《世說新語》注、《太平御覽》有「依范蠡養魚法」六字。此句，《藝文類聚》作「峴山南習有大魚池，依范蠡養魚法」，《九家集注杜詩》作「峴山南習郁大池，依范蠡養魚法」。

〔二〕此句，《藝文類聚》、《九家集注杜詩》無。

〔三〕「種」上，《太平御覽》有「皆」字。此句，《藝文類聚》、《九家集注杜詩》作「種楸」。

〔四〕菱芡，《太平御覽》無。芡，《世說新語》注、《九家集注杜詩》作「茨」。按：芡即菱，茨乃蒺藜，當作「芡」是。覆水，《藝文類聚》、《九家集注杜詩》無。

〔五〕此句，《太平御覽》作「是遊宴各家」，《藝文類聚》、《九家集注杜詩》無。按：「燕」、「宴」通。「各家」當即「名處」之形訛，「名」、「各」形近。「處」或作「處」，與「家」亦形近。

〔六〕山簡，《藝文類聚》、《太平御覽》、《九家集注杜詩》作「山季倫」。按：山簡，字季倫。每臨，《太平御覽》作「遊」。

〔七〕此句，《藝文類聚》、《九家集注杜詩》作「輒大醉而歸」。

〔八〕「曰」上，《藝文類聚》、《太平御覽》有「恒」字，《九家集注杜詩》有「常」字。

〔九〕是，《藝文類聚》、《九家集注杜詩》無。又《太平御覽》引至此止。

〔一○〕襄陽，《藝文類聚》、《九家集注杜詩》作「城中」。曰，《世說新語》注無。又《世說新語》注引至此止。

〔一一〕以上四句，《藝文類聚》、《九家集注杜詩》作「山公何所往，來至高陽池。日夕倒載歸，酩酊無所知」。

襄陽城南有池〔一〕，山季倫每臨此池〔二〕，未曾不大醉而還〔三〕。恒曰〔四〕：「此我高陽池也〔五〕。」襄陽城中兒歌之曰〔六〕：「山公出何許〔七〕，往至高陽池〔八〕。日夕倒戴歸〔九〕，酩酊無所知。時時能騎馬，到著白接䍦。舉鞭問葛強〔一○〕，何如并州兒。」（《太平御覽》卷四百九十七。又見《藝文類聚》卷十九、《太平御覽》卷四百六十五、《九家集注杜詩・玉腕騮》、《九家集注杜詩・從驛次草堂復至東屯茅屋二首》。《藝文類聚》、《太平御覽》卷四百九十七云出《襄

陽耆舊記》，《太平御覽》卷四百六十五云出《襄陽耆舊傳》，《九家集注杜詩》云出
《襄陽記》。）

〔校記〕

〔一〕此句，《藝文類聚》、《太平御覽》卷四百六十五無。《玉腕騮》注、《從驛次草堂復至
東屯茅屋二首》注作「峴山南習郁大魚池」。

〔二〕季倫，《玉腕騮》注作「簡」。此，《藝文類聚》、《太平御覽》卷四百六十五作
「習」。

〔三〕曾，《太平御覽》卷四百六十五作「嘗」。此句，《玉腕騮》注作「飲輒大醉而
歸」。

〔四〕恒，《太平御覽》卷四百六十五無，《玉腕騮》注作「常」。按：作「常」者，避宋眞
宗趙恒諱改也。以上三句，《從驛次草堂復至東屯茅屋二首》注節作「山簡每醉於此
日」。

〔五〕此，《藝文類聚》、《太平御覽》卷四百六十五無。「也」上，《藝文類聚》有「中」字。
又《從驛次草堂復至東屯茅屋二首》注引至此止。

〔六〕襄陽，《太平御覽》卷四百六十五誤作「襄陵」，《玉腕騮》注無。

〔七〕出何許，《藝文類聚》作「何所去」，《太平御覽》卷四百六十五作「出何去」，《玉腕
騮》注作「去何遠」。

〔八〕往，《玉腕騮》注作「來」。

〔九〕戴，《藝文類聚》、《太平御覽》卷四百六十五、《玉腕騮》注作「載」，是也。

〔一○〕問，《藝文類聚》、《太平御覽》卷四百六十五、《玉腕騮》注作「向」，並通。

孔明故宅

襄陽郡有諸葛孔明故宅，故宅有井，深五丈，廣五尺，堂前有三間屋，
地基址極高，云是避水臺。宅西有山臨水，孔明常登之，鼓琴而爲《梁甫吟》，
因名此山爲樂山。先有董家居，此宅衰殄滅亡，後人不敢復憩焉。（《續談助》
卷四。原云出《襄陽記》。）

卷五・牧守

漢

胡烈

襄陽太守胡烈有惠化，百姓歌曰：「美哉明后，儁哲惟嶷。陶廣乾坤，周
孔是則。文武播暢，威振遐域。」（《太平御覽》卷四百六十五。按：《太平寰宇記》

引《通典》：「襄陽城有古堤，皆後漢胡烈所築。常爲襄陽太守，惠化及人，塞補決堤，民因歌曰：『譬春之陽，如冬之日。耕者讓畔，百姓豐溢。惟我胡父，恩惠難忘。』」所引歌詞不同。）

附：任兆麟本《襄陽耆舊記》。

胡烈，字武賢。咸熙元年爲荆州刺史，有惠化，補缺堤，民賴其利，銘石曰：「美哉明后，雋哲惟嶷。陶廣乾坤，周孔是則。我武播暢，威振遐域。」

晉

羊祜

羊祜，字叔子。武帝將有滅吳之志，以祜爲都督荆州諸軍事，率營兵，出鎮南夏。開設庠序，綏懷遠近，甚得江漢之心，與吳人開布大信。及卒，南州人征市，日聞祜喪，莫不號慟，罷市，巷哭者聲相接。吳守邊將士，亦爲之泣。其仁德，所感如此。（任兆麟本《襄陽耆舊記》。）

羊公與鄒潤甫登峴山，垂泣曰：「自有宇宙便有此山，由來賢達勝士登此遠望如我與卿者多矣〔一〕，皆湮滅無聞，不可得知，念此使人悲傷。〔二〕我百年後，魂魄猶當登此山。」（《太平御覽》卷八百八十六。又見《藝文類聚》卷三十五、卷七十九。《太平御覽》、《藝文類聚》卷三十五云出《襄陽耆舊記》。事又見《晉書‧羊祜傳》、《太平御覽》卷五百八十九引《荆州圖記》。）

〔校記〕
〔一〕「勝士」、「如我與卿」六字，《藝文類聚》卷三十五無。
〔二〕以上五句，《藝文類聚》卷七十九無。又《藝文類聚》卷三十五引至此止。

羊公好上口口，參佐爲立碑峴山。〔一〕（《北堂書鈔》卷一百〇二。原云出《襄陽記》。）

〔校記〕
〔一〕文中空格似當作「峴山」，而文末「峴山」二字不當有也。

湛曰：「公德冠四海，道嗣前哲，令聞令望，必與北山俱傳。至若湛輩，乃當如公言耳。」祜卒後，襄陽百姓於祜平生遊憩之所，建碑立廟，歲時饗祭焉。望其碑者，莫不流涕。杜預因名爲墮淚碑。文，蜀人李安所撰。安，一名興，初爲荆州諸葛亮宅碣，其文善。及羊公卒，碑文工，時人始服其才也。《南雍州記》云：「楊世安同記室主簿讀祜碑訖，乃長嘆曰：『大丈夫在

在當立名，吾雖不敏，豈獨無意。自爾爲政，務存寬簡。』荊州人爲祜諱名，屋室皆以門爲稱，改『戶曹』爲『辭曹』。」（任兆麟本《襄陽耆舊記》。按：此文自「《南雍州記》」以下爲後人所補，今爲便於省覽，不別置存疑中也。）

附：任兆麟本《襄陽耆舊記》。

羊祜，字叔子。武帝將有滅吳之志，以祜爲都督荊州諸軍事，率營兵，出鎮南夏。開設庠序，綏懷遠近，甚得江漢之心，與吳人開布大信。及卒，南州人征市，日聞祜喪，莫不號慟，罷市，巷哭者聲相接。吳守邊將士，亦爲之泣。其仁德，所感如此。祜樂山水，每風景，必造峴山，置酒談詠，終日不倦。常慨然歎息，顧謂從事中郎鄒湛等曰：「自有宇宙，便有此山。由來賢達勝士登此遠望如我與卿者多矣，皆湮滅無聞，使人悲傷。如百歲後有知，魂魄猶應登此也。」湛曰：「公德冠四海，道嗣前哲，令聞令望，必與北山俱傳。至若湛輩，乃當如公言耳。」祜卒後，襄陽百姓於祜平生遊憩之所，建碑立廟，歲時饗祭焉。望其碑者，莫不流涕。杜預因名爲墮淚碑。文，蜀人李安所撰。安，一名興，初爲荊州諸葛亮宅碣，其文善。及羊公卒，碑文工，時人始服其才也。《南雍州記》云：「楊世安同記室主簿讀祜碑訖，乃長歎曰：『大丈夫在在當立名，吾雖不敏，豈獨無意。自爾爲政，務存寬簡。』荊州人爲祜諱名，屋室皆以門爲稱，改『戶曹』爲『辭曹』。」

杜預

杜預，字元凱，爲鎮南大將軍，都督荊州諸軍事。脩立泮宮，江漢懷德，化被萬里。脩召信臣遺跡，激用滍、淯諸水，浸原田萬餘頃，分疆刊石，使有定分，公私同利，眾庶賴之，號曰「杜父」。舊水道唯沔、漢達江陵千數百里，北無通路；又巴丘湖，沅、湘之會，表裏山川，實爲險固，荊蠻之所恃也。預乃開楊口，起下水，達巴陵千餘里，內瀉長江之險，外通零、桂之漕。南人歌之曰：「後世無叛由杜翁。」（任兆麟本《襄陽耆舊記》。）

杜元凱好爲身後名，常自言百年後必高岸爲谷，深谷爲陵，〔一〕作二碑敘其平吳勛〔二〕，一沈萬山下，一沈峴山下，〔三〕謂參佐曰：「何知後代不在山頭乎？」（《文選·任昉〈爲范始興作求立太宰碑表〉》注。又見《北堂書鈔》卷一百〇二。二書云出《襄陽記》。）

〔校記〕

〔一〕以上兩句，《北堂書鈔》無。

〔二〕「作」上，《北堂書鈔》有「乃」字。

〔三〕以上兩句，《北堂書鈔》乙。又此以下兩句，《北堂書鈔》作「迄今出之」。

元凱性剛狠，爲百姓不敬。（《渚宮舊事》卷五。）

《南雍州記》云：「其沉碑，今天色晴朗，漁人常見此碑於水中也。預在鎮，因宴集，醉臥齋中，外人聞嘔吐之聲，竊窺於戶，止見一大蛇垂頭而吐，聞者異之。」（任兆麟本《襄陽耆舊記》。按：此文有「《南雍州記》」，則當爲後人所補，今爲便於省覽，不別置存疑中也。）

附：任兆麟本《襄陽耆舊記》。

杜預，字元凱，爲鎮南大將軍，都督荊州諸軍事。脩立泮宮，江漢懷德，化被萬里。脩召信臣遺跡，激用滍、淯諸水，浸原田萬餘頃，分疆刊石，使有定分，公私同利，眾庶賴之，號曰「杜父」。舊水道唯沔、漢達江陵千數百里，北無通路；又巴丘湖，沅、湘之會，表裏山川，實爲險固，荊蠻之所恃也。預乃開楊口，起下水，達巴陵千餘里，內瀉長江之險，外通零、桂之漕。南人歌之曰：「後世無叛由杜翁。」預好留後世名，常言高岸爲谷，深谷爲陵，刻石爲二碑，記其勳績，一沉萬山之下，一立峴山之上，曰：「焉知此後不爲陵谷乎？」《南雍州記》云：「其沉碑，今天色晴朗，漁人常見此碑於水中也。預在鎮，因宴集，醉臥齋中，外人聞嘔吐之聲，竊窺於戶，止見一大蛇垂頭而吐，聞者異之。」

李密

李密，晉武徵爲太子洗馬，累詔，郡縣逼遣，密上疏，武帝覽其表曰：「密不空有名。」嘉其誠，宣賜奴婢二人，郡縣供其祖母俸膳。（《職官分紀》卷二十八。事又見《三國志·蜀書·楊戲傳》注引《華陽國志》。按：李密爲犍爲武陽人，非襄陽人也。此見錄者，蓋以其曾事蜀漢也。今姑置此。）

山簡

山簡，字季倫，司空濤子。永嘉三年，出爲征南將軍，都督荊、湘、交、廣四州諸軍事，假節鎮襄陽。於時四方寇亂，天下分崩，王威不振，朝野危懼。簡優游卒歲，唯酒是耽。諸習氏荊土豪族有佳園池，簡每出嬉遊，多之池上，置酒輒醉曰：「此我高陽池也。」有童兒歌曰：「山公出何許，往至高陽池。日夕倒載歸，酩酊無所知。時時能騎馬，倒著白接羅。舉鞭問葛強，

何如并州兒。」強家在并州，簡愛將也。時樂府伶人避難，多奔沔、漢，讌會之日，寮佐或勸奏之。簡曰：「社稷傾覆，不能匡救，有晉之罪人也。何作樂之有？」因流涕慷慨，坐者咸愧焉。（任兆麟本《襄陽耆舊記》。按：此文部分内容已見上習郁池條。）

李重

李重，字茂魯，為襄陽太守。崇教化，脩學宮，表篤行，拔賢能，清簡無匹，正身率下。二年，彈黜四縣。（任兆麟本《襄陽耆舊記》。）

劉弘

劉季和性愛香〔一〕，嘗上厠〔二〕，還過香鑪上〔三〕，主簿張坦曰〔四〕：「人名公作俗人，不虛也〔五〕。」季和曰〔六〕：「荀令君至人家，坐處三日香〔七〕，為我如何〔八〕？令君而惡我愛好也〔九〕。」坦曰〔一〇〕：「古有好婦人，患而捧心嚬眉，見者皆以為好。其隣醜婦法之，見者走。〔一一〕公便欲使下官遁走耶〔一二〕？」季和大笑，以是知坦〔一三〕。（《藝文類聚》卷七十。又見《北堂書鈔》卷一百三十五、《初學記》卷二十五、《白氏六帖》卷三、《太平御覽》卷二百一十、卷七百〇三、《香譜》卷下、《海錄碎事》卷八上、《職官分紀》卷八、《事文類聚》續集卷十、續集卷十二、《事類備要》外集卷四十一。《太平御覽》卷二百一十、《職官分紀》云出《襄陽耆舊傳》，餘云出《襄陽記》。事又見《晉書·劉弘傳》。）

〔校記〕

〔一〕愛，《事文類聚》續集卷十作「好」。季和，當作「和季」，下同。

〔二〕此句上，《北堂書鈔》、《初學記》有「直宮」二字。嘗，《北堂書鈔》、《香譜》、《海錄碎事》、《事文類聚》續集卷十二、《事類備要》作「常」，《太平御覽》卷七百〇三、《事文類聚》續集卷十五無。以上兩句，《白氏六帖》節作「劉季和上廁」。

〔三〕此句，《北堂書鈔》作「乃過香爐上」，《初學記》作「過香鑪上」，《白氏六帖》作「從香煙上過」，《太平御覽》卷七百〇三、《事文類聚》續集卷十作「置香爐」，《香譜》、《海錄碎事》、《事文類聚》續集卷十二、《事類備要》作「還輒過香爐上」。又《北堂書鈔》、《初學記》、《白氏六帖》引至此止。

〔四〕坦，《海錄碎事》誤作「旦」。

〔五〕「不」上，《太平御覽》卷七百〇三、《事文類聚》續集卷十有「眞」字。

〔六〕《太平御覽》卷二百一十、《職官分紀》自此句引起，「季」上有「劉」字。季和，《太平御覽》卷七百〇三乙，是。

〔七〕處，《香譜》、《海錄碎事》、《事文類聚》續集卷十二、《事類備要》作「席」。又《太平御覽》卷二百一十、《職官分紀》引至此止。

〔八〕爲，《事文類聚》續集卷十二、《事類備要》作「比」。此句，《太平御覽》卷七百○三、《海錄碎事》、《事文類聚》續集卷十無。

〔九〕令，《太平御覽》卷七百○三、《事文類聚》續集卷十無。而，《太平御覽》卷七百○三作「何」，《事文類聚》續集卷十無。此句，《香譜》、《海錄碎事》、《事文類聚》續集卷十二、《事類備要》無。又《太平御覽》卷七百○三、《事文類聚》續集卷十引至此止。

〔一○〕坦，《海錄碎事》誤作「且」。

〔一一〕以上五句，《香譜》、《海錄碎事》、《事文類聚》續集卷十二、《事類備要》節作「醜婦效顰，見者必走」。

〔一二〕此句，《香譜》作「公欲遁走耶」，《海錄碎事》作「公欲集道去耶」，《事文類聚》續集卷十二作「公欲人遁走耶」，《事類備要》作「公欲遁走邪」。

〔一三〕此句，《香譜》、《海錄碎事》、《事文類聚》續集卷十二、《事類備要》無。

劉洪，字和季，沛國相人也。大安中，張昌作亂，轉使持節南蠻校尉、荊州刺史，討昌斬之，悉降其眾。時荊部守宰多缺，洪請補選，帝從之。洪乃敘功銓德，隨才補授，甚爲論者所稱。勸課農桑，寬刑省賦，歲用有年，百姓愛悅。洪嘗夜起，聞城上持更者歡聲甚苦，遂呼省之。兵年過六十，羸疾無嗣，洪愍之，乃譴罰主者，遂給韋袍複帽，轉以相付。舊制峴、萬二山澤中不聽百姓捕魚，洪下教曰：「禮名山大澤不封，與共其利。今公私并兼，百姓無復厝手地，當何謂邪？速改此法。」時天下大亂，洪專督江漢，威行南服，每有興廢，手書守相，丁寧欵密。所以人皆感悅，爭赴之，咸曰：「得劉公一紙書，賢於十部從事。」卒於襄陽。士女嗟痛，若喪所親，父老追思洪，雖《甘棠》之詠召伯，無以過也。（任兆麟本《襄陽耆舊記》。事又見《晉書·劉弘傳》。）

皮初

皮初，劉洪牙門將。洪討張昌，初爲都戰帥，忠勇冠軍。漢沔肅清，實初等之功也。洪表初爲襄陽太守，朝廷以初雖有功，襄陽名郡，乃以洪壻夏侯陟爲守。洪曰：「若必姻親可用，荊州十郡，安得十壻。」乃表陟姻親，不得相監。初勳宣見酬報，詔聽之。（任兆麟本《襄陽耆舊記》。事又見《晉書·劉弘傳》。）

桓宣

桓宣監沔中諸軍事，石勒荊州刺史郭敬戍襄陽，陶侃使其子與宣俱攻樊城，拔之。敬懼，遁走。宣遂平襄陽，侃使宣鎮之。招懷初附，勸課農桑，簡刑罰，略威儀，或載鉏耒於軺軒，或親芸穫於隴畝，十餘年間，綏撫僑寓，甚有稱績。（任兆麟本《襄陽耆舊記》。事又見《晉書·桓宣傳》。）

鄧遐

鄧遐，字應遠。勇力絕人，氣蓋當時，時人方之樊噲。治郡，號爲名將。爲襄陽太守，城北沔水中有蛟，常爲人害。遐遂拔劍入水，蛟繞其足，遐揮劍截蛟，流血，江水爲之俱赤，因名曰斬蛟渚，亦謂之斬蛟津。（任兆麟本《襄陽耆舊記》。事又見《異苑》卷三、《水經注·沔水注》。）

朱序

朱序，字次倫，義陽人。寧康初，拜使持節，監沔中諸軍事、南中郎將，鎮襄陽。符丕圍序，序母韓自登城覆行，謂西北角當先受弊，領百餘婢并城中女丁，於其角斜築二十餘丈。賊攻西北，潰。便固新城，襄人謂爲夫人城。序累戰破賊，守備少懈，序陷於符堅。後堅敗，得歸。拜征虜將軍，復還襄陽。太元十八年卒。（任兆麟本《襄陽耆舊記》。事又見《晉書·朱序傳》。）

張他

襄陽縣卒張他學畫諷書，歸侍父，主簿以其還縣非時，當行罰。他大歎息，且四五不止。縣令陳君問其故，曰：《孝經》云『資於事父以事君而敬同』，今主簿以吏敬父而推罰，恐傷明府德化，故重令明府更思爾。」陳君即回罪主簿，賜他俸錢五千。（《職官分紀》卷四十三。）

存疑

張忠

南陽太守張忠曰：「吾年往志盡，譬如八百錢馬，生死同價。」（《海錄碎事》卷八上。按：此條《藝文類聚》卷九十三、《太平御覽》卷八百九十七、《事類賦》卷二十一並云出《長沙耆舊傳》。張忠其人未聞，此云爲南陽太守，與襄陽無涉。且既出《長沙耆舊傳》，則似當爲長沙人也。《藝文類聚》引此條上，即引《襄陽記》中盧山穴出馬事，或因之而誤也。今姑置此。）

辛宣仲

《南雍州記》〔一〕：「辛居士名宣仲〔二〕，截竹爲罌以酌酒，曰：『吾性甚愛竹及酒，欲令二物並耳。』〔三〕竟陵王謁之，呼兒取豹皮下五文錢買瓜共飲。」（《紺珠集》卷九。又見《類說》卷二。按：《南雍州記》爲王韶之撰，其人晚於習鑿齒。文中又有竟陵王，則固非習《傳》所當有。）

〔校記〕

〔一〕此四字，《類說》無。

〔二〕此句，《類說》作「辛宣仲居士」。

〔三〕《類說》引至此止。

唐尹恮

唐尹恮父嗣宗居喪踰禮〔一〕，子恮侍養彌篤，父卒，廬墓，墓產紫芝。子恭先、孫仁恕皆有孝行，俱被旌表，於是一門四闕。（《輿地紀勝》卷八十三。按：尹恮乃唐人，則固非習《傳》所當有。）

〔校記〕

〔一〕按：《寶刻叢編》卷三引《集古後錄》云：「襄陽尹氏，世以孝聞天下，嗣宗生恮，恮生慕先，慕先生仁恕，一門四闕。」又《小學紺珠》卷九「四闕」條云：「尹仁恕，曾祖，養祖恮，父慕先，一門四闕。」（「曾祖」下當脫「嗣宗」二字。）一作恭先，一作慕先，未詳孰是。

望楚山

望楚山有三名，一名馬鞍山，〔一〕一名災山〔二〕。宋元嘉中武陵王駿為刺史〔三〕，屢登之，鄙其舊名，望郢山，〔四〕因改為望楚山〔五〕，後遂龍飛，是孝武所望之處〔六〕，時人號為鳳嶺〔七〕。高處有三登〔八〕，即劉弘、山簡九日宴賞之所也〔九〕。（《太平御覽》卷三十二。又見《太平御覽》卷四十三、《事類賦》卷五、卷七、《歲時廣記》卷三十五。諸書原云出《襄陽記》。按：此云宋元嘉中，則固非習《傳》所當有。）

〔校記〕

〔一〕以上兩句，《事類賦》卷五作「望楚山舊名馬鞍山」，卷七作「楚山一名馬鞍山」，卷七乃脫「望」字。

〔二〕此句，《事類賦》卷五、卷七無。

〔三〕元嘉中，《事類賦》卷五無。

〔四〕以上兩句，《事類賦》卷五無。

〔五〕因，《事類賦》卷五無。為，《歲時廣記》無。

〔六〕所，《太平御覽》卷四十三無。此句，《事類賦》卷五無。

〔七〕時，《事類賦》卷五無。

〔八〕登，《太平御覽》卷四十三、《事類賦》卷五作「墱」。又自「宋元嘉中」至此，《事類賦》卷七無。

〔九〕即，《事類賦》卷七無。弘，《歲時廣記》作「宏」，避乾隆弘曆諱改也。宴賞，《事類賦》卷七乙。也，《事類賦》卷五、卷七無。

牽羊壇

《南雍州記》云〔一〕：「襄陽有壇號牽羊壇〔二〕，刺史初至，必牽一羊詣壇〔三〕，令繞之〔四〕，以其遭數驗臨州之年〔五〕。晉文帝爲刺史，羊行六遭不止〔六〕，強止之〔七〕，果八年而遷〔八〕。」（《海錄碎事》卷十二。又見《紺珠集》卷九、《類說》卷二、《輿地紀勝》卷八十三、《古今類事》卷十八。《輿地紀勝》原云出《耆舊傳》。按：此云出《南雍州記》，則固非習《傳》所當有。）

〔校記〕

〔一〕此句，《類說》、《輿地紀勝》無。

〔二〕壇號，《類說》無。

〔三〕一，《古今類事》無。詣，《類說》作「繞」。

〔四〕令，《輿地紀勝》無。此句，《類說》無。

〔五〕驗，《紺珠集》、《古今類事》作「驗」，「驗」爲「驗」之異體字。臨，《輿地紀勝》作「年」

〔六〕羊，《類說》無。

〔七〕止，《古今類事》無。此句，《輿地紀勝》無。

〔八〕「遷」上，《類說》、《古今類事》有「後」字。遷，《輿地紀勝》誤作「遭」，「遷」、「遭」形近，又涉上「數遭」之「遭」而誤也。「遷」下，《古今類事》有「也」字。

槎頭鯿

漢水中鯿魚甚美〔一〕，常禁人捕〔二〕，以槎頭斷水〔三〕，因謂之槎頭鯿〔四〕。宋張敬兒爲刺史〔五〕，齊高帝求此魚〔六〕，敬兒作六櫓船〔七〕，置魚而獻曰：〔八〕「奉槎頭縮項鯿一千八百頭。」（《紺珠集》卷九。又見《施注蘇詩·監洞霄宮俞康直郎中所居四詠》、《類說》卷二、《會稽三賦》注、《錦繡萬花谷》卷三十六、《緯略》卷五、《九家集注杜詩·解悶十二首》。按：此文之下有宋、齊，則固非習《傳》所當有。）

〔校記〕

〔一〕此句，《錦繡萬花谷》作「峴山下漢水中出鯿魚肥美」。

〔二〕常，《施注蘇詩》無。「捕」上，《錦繡萬花谷》有「探」字。

〔三〕頭，《施注蘇詩》、《類說》、《錦繡萬花谷》、《緯略》、《九家集注杜詩》無。

〔四〕因，《錦繡萬花谷》無。「頭」下，《施注蘇詩》有「縮項」二字。又《施注蘇詩》、《錦繡萬花谷》、《緯略》、《九家集注杜詩》引至此止。

〔五〕《會稽三賦》注自此句引起。

〔六〕此魚，《會稽三賦》注作「漢水鯿魚」。此句，《類說》無。

〔七〕櫓，《會稽三賦》注作「槽」。

〔八〕以上兩句，《類說》作「作六櫓船置獻齊高帝曰」。

楚王冢

《南雍州記》〔一〕：「齊建元中盜發楚王冢，獲玉鏡、玉屐。又得古書青絲簡編。」(《紺珠集》卷九。又見《類說》卷二。按：此云《南雍州記》、齊建元中，則固非習《傳》所當有。)

〔校記〕

〔一〕此句，《類說》無。

鹿門山

襄陽蘇嶺山廟門有二石鹿夾之，故謂之鹿門山，習氏《記》云：「習郁常爲侍中，從光武幸黎丘。郁與光武俱夢見蘇嶺山神，因使立祠。」郭重產《記》云：「雙石鹿自立如鬭，採伐人常過其下，或有時不見鹿，因是知有靈瑞。梁天監初有蟀湖村人於此澤間獵，見二鹿極大，有異於恒鹿，乃走馬逐之。鹿即透澗直向蘇嶺，人逐鹿至神所，遂失所在。唯見廟前二石鹿，獵者疑是向者鹿所化，遂迴，其夜夢見一人著單巾幘、黃布袴褶語云：『使君遣我牧馬，汝何驅迫？賴得無他，若見損傷，豈得全濟。』」(《太平廣記》卷二百九十六。原云出《襄陽記》。按：其中有習鑿齒、郭仲產《襄陽記》，則晚出之書也。)

臥佛寺

梁太清二年立，以山坐東南西〔一〕，因作臥佛以鎮之。(《輿地紀勝》卷八十三。原云出《襄陽記》。按：此云梁，則固非習《傳》所當有。)

〔校記〕

〔一〕南，疑當作「面」。

襄陽郡

南郡北界，西極梁州，南包臨沮，北接陰鄧。(《輿地紀勝》卷八十三。按：此下但注習鑿齒，未云出《襄陽記》，然上條即引《襄陽記》「檀溪帶其西」云云，是王象之亦以此出《襄陽記》也。審其原文，見《太平寰宇記》卷一百四十五引《荊州圖志》，引此條之上即引《襄陽記》「襄陽城本楚之邑」。王氏書多襲《寰宇記》，或因此而致誤也。)

韓係伯

齊韓係伯，襄陽人也，事父母謹。鄰居種桑樹於界上爲誌，係伯以桑枝蔭防他地，遷數尺。鄰畔隨復侵之。係伯輒更種，鄰人慚愧，還所侵地，躬

往謝之。(《説郛》卷五十八上。按：韓係伯乃南朝齊人，《南齊書》、《南史》有傳，則固非習《傳》所當有。)

蔡道貴

齊蔡道貴，襄陽人。拳勇秀出，當時以比關羽、張飛。(《説郛》卷五十八上。按：韓係伯乃南朝齊人，此條見《南史‧文惠諸子傳》，則固非習《傳》所當有。)

郭祖深

梁郭祖深，襄陽人也。武帝溺情內斂，朝政縱遲，祖深輿櫬詣闕上封事。(《説郛》卷五十八上。按：郭祖深乃南朝梁人，《南史》有傳，則固非習《傳》所當有。)

魚弘

梁魚弘，白皙，美姿容。凡五為太守，卒。(《説郛》卷五十八上。按：魚弘乃南朝梁人，《南史》、《梁書》有傳，則固非習《傳》所當有。)

沔水

沔水(吳慶燾本《襄陽耆舊記》。按：吳本但存條目，蓋以沔水經襄陽，為襄陽之名水，而臆測是書必有之，因為之補。然古書既無徵引，此失草率也，今置存疑中。)

馬仁陂

馬仁陂在比陽縣西五十里，蓋地百頃，其所周溉田萬頃，隨年變種，境無儉歲。(吳慶燾本《襄陽耆舊記》。按：此見《水經注‧潕水注》，原文前有「郭仲產曰」，乃郭仲產《襄陽記》之文。)

戰地

劉表嗣子北降，襄陽、沔北為戰伐之地。自羊公鎮此，吳不復入。東晉大將軍庾翼將謀北伐，遂鎮襄陽。(吳慶燾本《襄陽耆舊記》。按：此見《太平寰宇記》卷一百四十五，原文前有「郭仲產」三字，乃郭仲產《襄陽記》之文。)

樂宅戍

南陽城南九十里，有晉尚書令樂廣故宅。廣，字彥輔，善清言，見重當時。成都王，廣女壻，長沙王猜之。廣曰：「寧以一女而易五男。」猶疑之。終以憂殞。其故居今置戍，因以為名。(吳慶燾本《襄陽耆舊記》。按：此見《水經注‧淯水注》，原文前有「郭仲產《襄陽記》曰」，乃郭仲產《襄陽記》之文。)

張平子碑

張平子碑，是崔瑗之辭。夏侯孝若爲郡，薄其文，復刊碑陰爲銘。（吳慶燾本《襄陽者舊記》。按：此見《水經注·淯水注》，吳氏約其文以言之。原「夏侯」前有「盛弘之、郭仲產並云」，乃盛弘之《荊州記》、郭仲產《襄陽記》之文。）

三公城

宛城南三十里有一城，甚卑小，相承名三公城。（吳慶燾本《襄陽者舊記》。按：此見《水經注·淯水注》，原文前有「郭仲產曰」，乃郭仲產《襄陽記》之文。）

《冀州記》　晉苟綽撰

《冀州記》，苟綽撰。苟綽，字彥舒，潁川潁陰（今河南許昌）人。苟勖之孫。晉懷帝之時，歷仕下邳太守、司空從事中郎。南渡劉北，依於幽州刺史劉浚。石勒取幽州，以苟綽爲參軍。及勒僭號，未遑制度，與王波爲之撰朝儀。事成，署太中大夫，遷司徒。《隋志》有《晉後略記》五卷、《百官表注》十六卷、《詩鈔》十卷，今皆亡。

是書，諸家書目未見著錄，今見《三國志》注、《世說新語》注、《文選》注、《太平御覽》等徵引。《三國志·袁渙傳》注又有苟綽《九州記》，《杜畿注》注、《鍾會傳》注、《世說新語·文學》注、《品藻》注、《書鈔》、《類聚》、《初學記》等又有苟綽《兗州記》。頗疑苟綽依《禹貢》九州之名撰《九州記》，若《冀州記》、《兗州記》皆《九州記》之一《記》也。

又《太平御覽》卷二百四十七引裴康事，《北堂書鈔》卷六十五引云出喬譚《冀州記》，《職官分紀》卷三十引云出孫約《冀州記》，喬譚、孫約疑當並孫綽之誤。「喬」與「苟」形略近；「綽」字或書作「緯」、「繛」，與「譚」形略近；「苟」、「孫」音近；「約」、「綽」音近，因而致誤。

崔洪

贊子洪，字良伯，清恪有匡躬之志，爲晉吏部尚書、大司農。（《三國志·魏書·夏侯玄傳》注。崔洪事，詳《晉書·崔洪傳》。）

崔諒

諒即琰之孫也。(《三國志·魏書·崔琰傳》注。)

張貔

鉅鹿張貔，字邵虎。祖父泰，字伯陽，有名於魏。父邈，字叔遼，遼東太守，著《名自然好學論》，在《嵇康集》。〔一〕為人弘深有遠識〔二〕，恢恢然，使求之者莫之能測也。宦歷二官，元康初為城陽太守，未行而卒。(《三國志·魏書·邴原傳》注。)

〔校記〕

〔一〕此「在《嵇康集》」似是裴注之語，《冀州記》或本有《自然好學論》全文也。

〔二〕「為人」上或當有「貔」字，此以下論張貔也。

楊準、楊喬、楊髦、楊俊

準見王綱不振，遂縱酒，不以官事為意〔一〕，逍遥卒歲而已〔二〕。成都王知準不治，猶以其為名士〔三〕，惜而不責召〔四〕，以為軍謀祭酒〔五〕。府散停家，關東諸侯議欲以準補三事〔六〕，以示懷賢尚德之舉〔七〕。事未施行而卒〔八〕。準子嶠，字國彥；髦，字士彥，並為後出之俊。準與裴頠、樂廣善，遣往見之。頠性弘方，愛嶠之有高韻，謂準曰：「嶠當及卿，然髦小減也。」廣性清淳，愛髦之有神檢，謂準曰：「嶠自及卿，然髦尤精出。」準歎曰：「我二兒之優劣，乃裴樂之優劣也。」評者以為嶠雖有高韻，而神檢不逮，廣言為得。傅暢云：「嶠似準而疏。」嶠弟俊，字惠彥。最清出。嶠、髦皆為二千石，俊太傅掾。(《三國志·魏書·陳思王傳》注。又見《世說新語·賞譽》注。)

〔校記〕

〔一〕為，《世說新語》注作「規」。

〔二〕逍遙，《世說新語》注作「消搖」。

〔三〕為，《世說新語》注無。

〔四〕責，《世說新語》注作「遣」。

〔五〕以，《世說新語》注無。謀，《世說新語·賞譽》注作「咨議」。

〔六〕議，《世說新語》注無。

〔七〕舉，《世說新語》注無。

〔八〕《世說新語》注引至此止，「卒」下有「時年二十有七」六字。

喬字國彥，爽朗有遠意；髦字士彥，清平有貴識，並為後出之儁，為裴頠、樂廣所重。(《世說新語·品藻》注。按：此蓋即上條「準子嶠」下一段文字，劉氏概括言之。今別為一條)

裴頠

頠爲人弘雅有遠識〔一〕，博學稽古〔二〕，履行高整，自少知名。歷位太子中庶子、侍中尚書。元康末。爲尚書左僕射。趙王倫以其望重，畏而惡之，知其不與賈氏同心，猶被枉害。〔三〕（《三國志·魏書·裴潛傳》注。又見《世說新語·言語》注。《世說新語》注單云出《冀州記》，當即荀綽《冀州記》。）

〔校記〕

〔一〕此句，《世說新語》注作「頠弘濟有清識」。
〔二〕此句，《世說新語》注作「稽古善言名理」。
〔三〕「歷位」以下，《世說新語》注節作「歷侍中尚書、左僕射，爲趙王倫所害」。

裴康

裴康，字仲預，與弟楷爲名士，仕至太子右衛率。（《太平御覽》卷二百四十七。按：此事又見《北堂書鈔》卷六十五，云出喬譚《冀州記》；又見《職官分紀》卷三十，云出孫約《冀州記》。）

滿奮

奮，字武秋，〔一〕高平人，〔二〕魏太尉寵之孫也。性清平有識，〔三〕自吏部郎，出爲冀州刺史。（《世說新語·言語》注。又見《三國志·魏書·滿寵傳》注、《文選·沈約〈奏彈王源〉》注〔兩引〕。）

〔校記〕

〔一〕《文選》注次引僅引「滿奮字武秋」五字。
〔二〕《文選》注首引僅引「奮高平人也」五字。
〔三〕《三國志》注僅引「奮性清平，有識檢」七字。

牽秀

秀有雋才，性豪俠有氣，弱冠得美名。於太康中爲衛瓘、崔洪、石崇等所提攜，以新安今博士爲司空從事中郎，與帝舅黃門侍郎王愷素相輕侮。愷諷司隸荀愷，令都官誣奏秀夜在道中載高平國守士田興妻。秀即表訴被誣陷之由，論愷穢行，文辭尤厲。於時朝臣雖多證明，秀名譽由是而損。後張華請爲長史，稍遷至尚書。河間王以秀爲平北將軍假節，在馮翊遇害。世人玩其辭賦，惜其材幹。（《三國志·魏書·牽招傳》注。）

爰邵

邵起自幹吏，位至衛尉長。子翰，河東太守。中子敞，大司農。少子倩，

字君幼，寬厚有器局，勤於當世，歷位冀州刺史、太子右衛率。翰子俞，字世都，清貞貴素，辯於論議，採公孫龍之辭以談微理。少有能名，辟太尉府，稍歷顯位，至侍中中書令，遷爲監。（《三國志·魏書·鄧艾傳》注。）

《兗州記》　晉荀綽撰

《兗州記》，晉荀綽撰。荀綽事詳上《冀州記》。

阮柯

坦出紹伯父〔一〕，亡，次兄當襲爵。父愛柯，言名傳之〔二〕，遂承封。時幼小〔三〕，不能讓〔四〕，及長悔恨，遂幅巾而居。〔五〕後雖出身，未嘗釋也。性純篤閑雅，好禮無違，存心經誥，博學洽聞，選爲濮陽王文學，遷領軍長史。喪官，王衍時爲領軍，哭之甚慟。（《三國志·魏書·杜畿傳》注。又見《北堂書鈔》卷一百二十七。）

〔校記〕

〔一〕坦，《北堂書鈔》作「恒」。按：「恒」蓋「坦」之形訛，《三國志》注引此文上引《杜氏新書》云：「炳子坦，字弘舒，晉太子少傅，平東將軍。」《晉書·惠帝紀》永平元年夏四月，以「太子少傅阮坦爲平東將軍，監青、徐二州諸軍事」，（《通典·職官紀》作平北將軍。）即一人。「坦」前，《北堂書鈔》有「阮」字。

〔二〕名，《北堂書鈔》作「欲」。按：此處以作「欲」爲上，若以「名傳」，承封者乃次兄也。惟不以名傳，柯方得襲爵。蓋「欲」脫「欠」作「谷」，後人復改作「名」也。

〔三〕時，《北堂書鈔》無。

〔四〕能讓，《北堂書鈔》作「敢遜」。按：「遜」、「讓」並通，惟「敢」當爲「能」之形訛。

〔五〕《北堂書鈔》引至此止。

諸葛沖

沖子詮，字德林；玫，字仁林，並知名顯達。詮，兗州刺史；玫，侍中御史中丞。（《三國志·魏書·鍾會傳》注。）

袁準

袁準〔一〕，字孝尼〔二〕，有俊才〔三〕，太始中拜爲給事中〔四〕。（《太平御覽》卷二百二十一。又見《世說新語·文學》注、《北堂書鈔》卷五十八、《藝文類聚》卷四十八、《初學記》卷十二。）

〔校記〕

〔一〕袁，《世說新語》注無。

〔二〕尼，《初學記》作「居」。按：《晉書·袁準傳》、《三國志·魏書·袁渙傳》注引《袁氏世紀》並作「尼」，是也。「尼」字俗多書作「𡰥」，與「居」字（書作「𡰣」）形近易訛。此三字，《世說新語》注無。

〔三〕俊，《世說新語》注作「儁」，二字通。

〔四〕太，《世說新語》注作「大」，二字通。拜，《世說新語》注、《藝文類聚》無。爲，《世說新語》注作「位」。

閭丘沖

沖字賓卿，高平人，家世二千石。沖清平有鑒識，博學有文義。累遷太傅長史，雖不能立功蓋世，然聞義不惑，當世菹事，務於平允，操持文案，必引經誥，飾以文采，未嘗有滯。性尤通達，不矜不假。好音樂，侍婢在側，不釋弦管。出入乘四望車，居之甚夷，不能虧損恭素之行，淡然肆其心志。論者不以爲侈，不以爲僭，至於白首，而清名令望，不渝於始。爲光祿勳，京邑未潰，乘車出，爲賊所害，時人皆痛惜之。（《世說新語·品藻》注。）

於時高平人士偶盛，滿奮、郝隆達在沖前，名位已顯，而劉寶、王夷甫猶以沖之虛貴，足先二人。（《世說新語·品藻》注。按：此單云出《兗州記》，在上閭丘沖條下，當亦即荀綽《兗州記》。）

《楚國先賢傳》　晉張方撰

《楚國先賢傳》，張方撰。張方，《舊唐書·經籍志》作「楊方」，《文選》注、《太平御覽》引或題張方賢。《晉書》有《張方傳》，又有《楊方傳》，附《賀循傳》之後，今人舒焚或疑張輔撰。張輔，《晉書》有傳，舒論見《楚國先賢傳校注·序》，湖北人民出版社，1999 年版。此書除《新唐書·藝文志》作「楚國先賢傳」外，《隋書·經籍志》題《楚國先賢傳贊》，《舊唐書·經籍志》題《楚國先賢志》，並云十二卷。南宋書尚見徵引條目，而《宋史·藝文志》不著錄，則是書或亡於宋元戰火。又《直齋書錄解題》卷八載有鄒閎甫《楚國先賢傳》，今不見，姚振宗云：「案魏晉時有鄒湛字潤甫，南陽新野人，見《晉書·文苑傳》，閎甫或其昆季行。其《先賢傳》，隋、唐《志》皆不見，疑即在是書十二卷中。」

後世輯是書者，首爲陶宗儀輯本，見《說郛》，輯錄七條，未注出處。後世《五朝小說》、黃奭《漢學堂叢書》皆據《說郛》錄入。次曰王謨輯本，見《漢唐地理書鈔》序目。題張方賢《楚國先賢傳》，未見刊刻。次曰陳運溶輯本，見《麓山精舍叢書》。是書以時代標目，分春秋、戰國、漢、魏、吳、晉六部，又有附錄一則，凡輯二十六人，三十一事，下詳注出處，爲目前所見最善者。次曰王仁俊輯本，見《玉函山房輯佚書續編》。僅輯鄭產爲白土嗇夫一條，云出逸《寰宇記》，實是《零陵先賢傳》之文也。次曰吳曾祺輯本，見《舊小說》，僅錄李善、應余二事，不注出處。次曰劉緯毅輯本，見《漢唐方志輯佚》，凡輯十七人，二十一事，無序，下注出處，有淺校。

百里奚

百里奚字凡伯，楚國人。少仕於虞，爲大夫。晉欲假道於虞以伐虢，諫而不聽，奚乃去之。（《世說新語·德行》注。）

熊宜僚

熊宜僚，楚人也。隱居市南，不屈於時。（《初學記》卷二十四。《事類備要》別集卷十節作「熊宜僚居市南不屈」。又見《類林雜說》卷十五，文全同，或即轉引自《初學記》。）

宋玉

宋玉對楚王曰：「神龍朝發昆侖之墟，暮宿於孟諸，超騰雲漢之表，婉轉四瀆之裏。夫尺澤之鯢〔一〕，豈能到江海之大哉？」（《初學記》卷三十。又見《太平御覽》卷九百三十。按：此即《宋玉對楚王問》中文字，詳見《新序·雜事一》。）

〔校記〕

〔一〕鯢，《太平御覽》作「鯢」。按：《新序》亦作「鯢」，四庫本《初學記》作「鰌」，疑「鯢」誤作「鰌」，後人因又改作「鯢」耳。

孔休

孔休傷頰有瘢，王莽曰：「玉屑、白附子香消瘢。」乃以劍彘並香與之〔一〕。（《太平御覽》卷九百九十。）

〔校記〕

〔一〕「螲」下，《太平御覽》原注：「音滯。」四庫本《御覽》作「璏」。按：讀作「璏」
　　是，璏乃劍鞘穿帶之玉，予孔休以爲玉屑用。

陳宣

　　陳宣字子興，拜諫議大夫。建武十年，洛水溢出造孟津〔一〕，城門校欲築
塞之，宣曰：「昔周公卜洛，以安宗廟〔二〕，爲萬世基，水盡不入城門〔三〕，
今數爲災異〔四〕，人主之過，不可解，〔五〕塞之無益〔六〕。昔王尊尚修己以祠
災異〔七〕，豈況朝廷中興之主〔八〕，水必不入。」言而水退也〔九〕。（《北堂書
鈔》卷第五十六。又見《職官分紀》卷六。按：事又見《後漢書·五行志三》注引謝
承書。）

〔校記〕

〔一〕造孟津，《職官分紀》無。

〔二〕此句，《職官分紀》無。

〔三〕盡，《職官分紀》作「必」。

〔四〕今數爲，《職官分紀》作「如有」。

〔五〕「人主」兩句，《職官分紀》作「人主鮮謝」。

〔六〕無，《職官分紀》作「何」。

〔七〕此句，《職官分紀》無。

〔八〕此句，《職官分紀》作「況朝廷中興聖主，天下攸歸」。

〔九〕「言」下，《職官分紀》有「絕」字。按：謝承書作「言未絕水去」，此處但存「言」
　　字，辭氣未達。

陰嵩

　　陰嵩字文王，南陽新野人，衛尉興從祖兄也。少喪父母，與叔父居，恭
謙婉順，溫良節儉。王莽末，義兵初起，乃與叔父避世蒼梧。後徵拜謁者，
以叔父憂，棄官。（《太平御覽》卷五百一十二。按：原云出張方賢《楚國先賢傳》。）

陰興

　　陰興字君陵，南陽新野人也。拜衛尉，薨。時封興長子慶爲鄳陽侯〔一〕，
次子傅爲隱強侯，傅弟員、丹皆爲郎。慶少修儒術，推所居第宅、奴婢、財物
悉分與員、丹，但佩印綬而已，當世稱之。上以慶闈門孝悌，行義敦密，襃
顯朝廷，以勵親戚，擢爲羽林右監。（《太平御覽》卷五百一十六。按：陰慶推讓
事，又見《後漢書·陰興傳》、《初學記》卷十七引張瑩《漢南記》。）

〔校記〕

〔一〕時，四庫本《御覽》作「明帝」。按：作明帝爲上，據《後漢書·陰興傳》、《東觀漢記》卷十一，陰興建武二十三年卒，永平元年，明帝加諡銅陽侯，以長子陰慶嗣之，則非當時而封。疑「明」字誤作「時」，又脫「帝」字。又：嗣陽侯，當作「銅陽侯」。

李善

李善字次孫，南陽人也。本同縣李元蒼頭。建武中，元家死沒，惟孤兒續始生，善親自哺養。世祖拜善及續並爲太子舍人。善顯宗時辟公府，以能治劇，再遷日南太守。從京師之官道，經南陽李元塚。未至一里，乃脫服，持劍去草〔一〕，及拜墓，哭泣甚悲。身炊爨，自執俎鼎以修祭。(《太平御覽》卷五百五十八。按：事詳《後漢書·獨行列傳》，又見《東觀漢紀》卷十八。)

〔校記〕

〔一〕劍，《後漢書》作「鉏」，即「鋤」字，義上。

王逸

王逸，字師〔一〕，東遊齊國，□徊泗上〔二〕，懷靈光之崇麗，遂作賦。(《類要》卷三十一。按：其下原有按語云：「此賦逸子延壽所作，此誤矣。」)

〔校記〕

〔一〕「師」上脫「叔」字。

〔二〕空格原作「帳」，疑即「悵」字。

孫敬

孫敬入學，閉戶牖，精力過人，太學謂曰閉戶生。入市，市人相語：「閉戶生來。」不忍欺也。(《文選·天監三年策秀才文》注。)

孫敬到洛，在太學左右一小屋安止母，然後入學。編楊柳簡以爲經。(《文選·爲蕭揚州薦士表》注。)

孫敬字文寶，常閉戶讀書，睡則繩繫頭懸之梁上。嘗入市，市人見之，皆曰：「閉戶先生來也。」辟命不至。(《蒙求集注》卷上。此條並以上兩條，皆乃孫敬入太學後所爲，臆度其事，蓋孫敬負母入太學就讀，既入洛，先賃屋安止其母，然後入學。編楊柳簡以爲經，閉戶牖讀書，不虞外事；懸髮繫梁，以端其學。後世引此文者，各有所重，不便出校，今並附於下。)

附：《北堂書鈔》卷九十七：孫敬編柳簡以寫經本，晨夕誦習之。

《北堂書鈔》卷一百〇一：孫敬編柳以寫經本，晨夜誦習。

《北堂書鈔》卷一百〇四：孫敬編柳簡寫經本，晨夜集誦。

《太平御覽》卷一百八十四：孫敬入學，閉戶牖，精力過人，太學號曰「閉戶先生」。

《太平御覽》卷六百〇六：孫敬編楊柳簡以爲經本，晨夜誦習。

《太平御覽》卷六百一十一：孫敬好學，時欲寤寐，懸頭至屋梁以自課。常閉戶，號爲「閉戶先生」。

《錦繡萬花谷》別集卷十七：孫敬字文寶，入學，編楊柳爲簡以寫經，睡懸頭於梁。

《五百家注昌黎文集》卷二：孫敬字文寶，常閉戶讀書。

胡紹

耒陽胡紹〔一〕，字伯藩〔二〕，年十八爲郡門下幹，迎太守許荊。荊足中風〔三〕，使紹抑之。〔四〕紹視荊蹠下而笑〔五〕，荊怒問之〔六〕，紹曰：「見明府蹠下黑子〔七〕，紹亦有之〔八〕，欣而故笑〔九〕。」荊視之，果有黑子。〔一〇〕令其從學〔一一〕，學八年〔一二〕，遂爲九眞、零陵二郡太守〔一三〕。（《太平御覽》卷二百五十九。又見《北堂書鈔》卷七十六、《太平御覽》卷三百八十七。）

〔校記〕

〔一〕此句，《太平御覽》卷三百八十七誤作「來陽顧紹」。

〔二〕藩，《太平御覽》卷三百八十七作「蕃」。又以上兩句，《北堂書鈔》惟作「胡紹」。

〔三〕荊，《北堂書鈔》作「時」。

〔四〕「荊足」下兩句，《太平御覽》卷三百八十七無。

〔五〕紹，《北堂書鈔》、《太平御覽》卷三百八十七無。

〔六〕問之，《北堂書鈔》無。

〔七〕「黑子」上，《北堂書鈔》、《太平御覽》卷三百八十七有「有」字。

〔八〕「紹」下，《太平御覽》卷三百八十七有「足」字。

〔九〕此句，《北堂書鈔》作「故笑耳」。又《太平御覽》卷三百八十七引至此止。

〔一〇〕「荊視」下兩句，《北堂書鈔》無。

〔一一〕此句，《北堂書鈔》作「荊令紹學」。

〔一二〕學，《北堂書鈔》作「後」。

〔一三〕此句，《北堂書鈔》作「遂遷爲九眞、零陵太守」。

樊英

樊英隱於壺山，嘗有暴風從西南起，〔一〕英謂學者曰〔二〕：「成都市火甚盛。」因含水西向漱之〔三〕，乃令記其時日〔四〕。後有從蜀郡來者，云：「是日大火，有雲從東起〔五〕，須臾大雨，火遂滅〔六〕。」（《編珠》卷一。又見《藝文類聚》卷二、《初學記》卷二、《錦繡萬花谷》別集卷一。《北堂書鈔》卷一百五十僅引「有暴風從西方起，英舍水漱之」十二字。按：事又見《漢書·方術列傳》。）

〔校記〕

〔一〕以上兩句，《藝文類聚》無。

〔二〕此句，《藝文類聚》作「樊英忽謂學者曰」，《初學記》作「英謂學者」，《錦繡萬花谷》作「因謂孚者」，「因」蓋「英」之音訛，「孚」同「學」。

〔三〕漱，《初學記》、《錦繡萬花谷》作「嗽」，二字通，《集韻》：「嗽，本作漱，盪口也。」

〔四〕此句，《藝文類聚》無。

〔五〕此句，《藝文類聚》無。

〔六〕此句，《初學記》、《錦繡萬花谷》無。

黃尚、左雄

諺曰：「黃尚為司隸，姦慝自弭。左雄為尚書令，天下慎選舉。」（《太平御覽》卷四百九十六。按：原云出張方賢《楚國先賢傳》。《北堂書鈔》卷三十六、卷六十一引《楚國先賢傳》皆只錄黃尚事，今附於下。《職官分紀》卷八引張璠漢紀：「左雄為尚書令，限年四十，先試經，然後舉孝廉，故雄為令，在位者各肅清，時稱曰：『左伯豪為尚書，天下慎選舉。』」即左雄事。左雄，《後漢書》有傳。黃尚，南郡（今湖北荊州）人，事寡見，《後漢書·順沖質帝紀》載陽嘉三年由大司農遷司徒，永和三年免，未見為司隸事。又按：此云時諺，則當押韻，《職官分紀》引無「令」字，「書」、「舉」並魚部，較此為上。）

附：《北堂書鈔》卷三十六：黃司隸於時諺曰：「姦匿自弭。」

《北堂書鈔》卷六十一：黃尚字伯可，為司隸校尉，姦慝自弭，言其人不素食也。

董班

班字季，宛人也。少遊太學，宗事李固，才高行美，不交非類。嘗耦耕澤畔，惡衣蔬食。聞固死，乃星行奔赴，哭泣盡哀。司隸案狀奏聞，天子釋而不罪。班遂守尸，積十日不去。桓帝嘉其義烈，聽許送喪到漢中，赴葬畢而還也。（《後漢書·李杜列傳》注。）

祝良

祝良爲洛陽令，貴戚斂手，枹鼓稀鳴，百姓稱神明。(《職官分紀》卷四十二。又見《橘山四六》卷十七、《事文類聚》外集卷十四、《事類備要》後集卷七十九、《翰苑新書》前集卷五十八，諸書引並無「百姓稱神明」五字。)

孫儁

孫儁字元英〔一〕，與李元禮俱娶太尉桓叔元女〔二〕，時人謂恒公叔元兩女俱乘龍〔三〕，言得聟如龍也〔四〕。(《北堂書鈔》卷八十四。又見《藝文類聚》卷四十、《太平御覽》卷五百四十一、《記纂淵海》卷一百○八、《事類備要》前集卷二十九、《九家集注杜詩》卷十七。按：潘子眞《詩話》亦有此文，爲注杜詩《李監宅》「門闌多喜色，女壻近乘龍」句。潘《詩話》今不存，《錦繡萬花谷》卷十八、《能改齋漫錄》卷三、《事文類聚》後集卷十四、《苕溪漁隱叢話前集》卷十四俱引之。又《初學記》卷三十引《魏書》華歆、邴原、管寧號爲一龍事後，云：「又云：『黃尚爲司徒，與李元禮俱娶太尉桓溫女，時人謂桓叔元兩女俱乘龍，言得壻之如龍。』」是以此事屬之《魏略》也。《白氏六貼》卷二十九亦兩事駢屬，前條云出《魏書》，後條稱「權宜覽曰」，「黃尚」作「黃憲」。黃尚、黃憲乃東漢人，桓溫乃東晉人，相去約二百年，且桓溫不字叔元也。即如桓溫乃桓焉之誤，亦不確，黃憲早卒於桓焉，不得爲其婿。疑《六貼》「覽」即「賢」之訛，「權宜」二字則不知何以致誤：《初學記》中脫《楚國先賢傳》，後人因以「又」字連之，而又妄改其中文字也。又《海錄碎事》卷七下引《楚國先賢傳》：「後漢李膺、黃憲俱娶太尉桓焉女，時人謂桓叔元兩女俱乘龍，言得壻如龍。」亦誤孫儁爲黃憲。又按：孫儁事，惟見《資治通鑑》永壽五年，言安定太守孫儁受取狼藉，皇甫規上任，免之。則其人下李元禮遠矣。)

〔校記〕

〔一〕儁，《藝文類聚》、《太平御覽》、《事類備要》作「儁」。「字文英」三字，《記纂淵海》、《事類備要》、《九家集注杜詩》無。

〔二〕叔元，《藝文類聚》、《太平御覽》、《記纂淵海》、《事類備要》作「焉」，《九家集注杜詩》作「之焉」，「馬」即「焉」之誤。

〔三〕「恒公叔元」四字，《藝文類聚》、《太平御覽》、《九家集注杜詩》作「桓叔元」，《記纂淵海》、《事類備要》無。按：文中「恒」乃「桓」之誤。

〔四〕聟，《藝文類聚》、《太平御覽》、《事類備要》、《九家集注杜詩》作「壻」，《記纂淵海》作「婿」，「聟」、「壻」爲「婿」之異體字。

黃琬

黃琬遷侍中、尙書，奏：「太尉樊稜、司徒許相竊位懷祿，禮義廉恥，國之本也，苟非其選，飛準在墉〔一〕，爲國生事，此猶負石救溺，不可不察也。」（《北堂書鈔》卷第一百六十。按：原云出張方《楚國先賢傳》。事又見《後漢紀·孝獻皇帝紀》，較此爲詳。可參。）

〔校記〕

〔一〕準，《後漢紀》作「隼」，是也，此用《易·解》「射隼於高墉之上」。

陰循

陰循，字元基，南陽新野人也。（《後漢書·袁紹劉表列傳上》注。）

鄭產

鄭產〔一〕，泉陵人〔二〕，爲白土嗇夫。泉陵故城在縣北三里，舊有白土鄉〔三〕，漢末，民九產子一歲〔四〕，輒出日錢〔五〕，人多不舉子〔六〕。產爲勸百姓勿得殺子〔七〕，日錢當自代出〔八〕。其郡縣爲表上言，錢因得除，〔九〕更名白土爲更生鄉是也〔一〇〕。（《輿地紀勝》卷五十六。又見《類要》卷二。按：《水經注·湘水注》、《太平御覽》卷一百五十七並引此事，云出《零陵先賢傳》。）

〔校記〕

〔一〕「產」上，《類要》有「子」字。按：作「鄭產」是，《類要》多「子」字者，下「人多不舉子，產爲」云云，「子產」相連，又習慣春秋鄭國子產而誤也。

〔二〕陵，《類要》作「林」，「林」乃「陵」之音訛。「人」下，《類要》有「也」字。

〔三〕此句，《類要》作「日有白土稅」，「日」乃「旧」之形訛，「稅」疑亦「鄉」之形訛，「鄉」誤作「郷」，復訛作「稅」耳。

〔四〕此句，《類要》作「凡民間子產一歲」，爲上，「九」蓋「凡」之形訛。

〔五〕日，《類要》作「口」，《水經注》、《太平御覽》引《零陵先賢傳》並作「口」，是也，當據正。

〔六〕舉，《類要》作「夆」，「夆」爲「舉」之俗字。

〔七〕爲，《類要》作「乃」。

〔八〕日，《類要》作「口」，是也。當自，《類要》作「吾當」。按：此非直接引鄭產語，以《御覽》爲上。「吾」疑「自」之形訛，又誤倒也。

〔九〕以上兩句，《類要》作「其郡縣爲表上口遂錢得除」，疑「遂錢」誤倒，當作「其郡縣爲表上，口錢遂得除」。上文兩出，並言「口錢」，以此言之，此文「言」或當作「口」，屬下讀。

〔一〇〕更名，《類要》倒。

楊慮

儀兄慮，字威方。少有德行，爲江南冠冕。州郡禮召，諸公辟請，皆不能屈。年十七，夭，鄉人號曰德行楊君。（《三國志·蜀書·楊儀傳》。據其行文，篇首曰「儀兄慮」，則是書疑當有楊儀事。）

宗承

宗承字世林，南陽安眾人。父資，有美譽。承少而脩德雅正，確然不羣，徵聘不就，聞德而至者如林。魏武弱冠，屢造其門，值賓客猥積，不能得言。乃伺承起，往要之，捉手請交，承拒而不納。帝後爲司空，輔漢朝，乃謂承曰：「卿昔不顧吾，今可爲交未？」承曰：「松柏之志猶存。」帝不說，以其名賢，猶敬禮之。敕文帝修子弟禮，就家拜漢中太守。武帝平冀州，從至鄴，陳羣等皆爲之拜。帝猶以舊情介意，薄其位而優其禮，就家訪以朝政，居賓客之右。文帝徵爲直諫大夫。明帝欲引以爲相，以老固辭。（《世說新語·方正》注。）

韓暨

暨，韓王信之後。祖術，河東太守。父純，南郡太守。（《三國志·魏書·韓暨傳》注。）

暨臨終遺言曰〔一〕：「夫俗奢者示之以儉〔二〕，儉則節之以禮。歷見前代，送終過制，失之甚矣〔三〕。若爾曹敬聽吾言〔四〕，斂以時服，葬以土藏，穿畢便葬，送以瓦器〔五〕，慎勿有增益。」又上疏曰：「生有益於民，死猶不害於民。況臣備位臺司，在職日淺，未能宣揚聖德以廣益黎庶。寢疾彌留，奄即幽冥。方今百姓農務，不宜勞役，乞不令洛陽吏民供設喪具。懼國典有常，使臣私願不得展從，謹冒以聞，惟蒙哀許。」帝得表嗟歎，乃詔曰：「故司徒韓暨，積德履行，忠以立朝，至於黃髮，直亮不虧〔六〕。既登三事，望獲毗輔之助，如何奄忽，天命不永！曾參臨沒，易簀以禮；晏嬰尚儉，遣車降制。今司徒知命，遺言恤民，必欲崇約，可謂善始令終者也。其喪禮所設，皆如故事，勿有所闕。特賜溫明秘器，衣一稱，五時朝服，玉具劍佩。」（《三國志·魏書·韓暨傳》注。《北堂書鈔》卷九十二、《初學記》卷十四、《太平御覽》卷五百五十六三書皆引韓暨臨終遺言事。附校於下。）

〔校記〕

〔一〕此句，《北堂書鈔》作「韓暨臨終，遺言曰」，《初學記》作「韓暨終，遺言曰」，《太平御覽》作「韓暨將終，遺言曰」

〔二〕此句，《初學記》作「夫俗奢，易之以儉」，《太平御覽》作「夫俗奢，示之以儉」。

〔三〕矣，《太平御覽》作「也」。又「歷見」以下三句，《北堂書鈔》、《初學記》無。

〔四〕爾，《北堂書鈔》、《初學記》、《太平御覽》無。

〔五〕「送」下，《北堂書鈔》、《太平御覽》有「之」字。又《北堂書鈔》、《太平御覽》引至此止。

〔六〕直，疑爲「貞」之形訛。

韓邦

邦字長林，少有才學。晉武帝時爲野王令，有稱績。爲新城太守，坐舉野王故吏爲新城計吏，武帝大怒，遂殺邦。暨次子縣，高陽太守。縣子洪，侍御史。洪子壽，字德貞。（《三國志·魏書·韓暨傳》注。此條原書中當與上條一處。）

楊顒

楊顒字子昭，襄陽人，爲蜀丞相主簿。諸葛亮每自校簿書，顒直入諫曰：「爲治有體，不可相侵，請爲明公作家以喻之。今有人使奴執耕稼，婢典炊爨，雞主司晨，狗主吠盜，牛負重載，馬涉遠路，私業無曠，所求皆足，雍容高拱，飲食而已矣。忽一旦捐棄，欲以身親其役，爲此碎務，形疲神困，終無一成。豈智不如奴婢雞犬哉？失家之法耳。是以古人稱『坐而論道謂之三公，作而行之謂之卿大夫』。明公爲治，乃躬自校簿，流汗竟日，不亦勞乎！」亮謝之。（《太平御覽》卷四百五十七。按：此條《御覽》云出自《汝南先賢傳》所引，誤。事又見《三國志·蜀書·楊戲傳》注引《襄陽記》。）

郭攸之

攸之〔一〕，南陽人，以器業知名於時〔二〕。（《三國志·蜀書·董允傳》注。又見《文選·諸葛亮〈出師表〉》注。）

〔校記〕

〔一〕攸之，《文選》注作「郭攸之」。

〔二〕於時，《文選》注無。

應璩

汝南應休璉作百一篇詩〔一〕，譏切時事，遍以示在事者〔二〕，咸皆怪愕〔三〕，或以爲應焚棄之〔四〕，何晏獨無怪也〔五〕。（《文選·應璩〈百一詩〉》注。又見《韻語陽秋》卷四、《野客叢書》卷二十七。按：《文選》注、《野客叢談》云出張方賢《楚國先賢傳》。）

〔校記〕

〔一〕此句，《韻語陽秋》作「汝南應璩作《百一詩》」，《野客叢談》作「應休璉作《百一詩》」。按：《文選》注此文下李善云：「然方賢之意，以有百一篇，故曰百一。」是應璩「百一」本乃詩名，張方賢以爲有一百○一篇，故名曰「百一」，則此「篇」字當有。蓋後世因《百一詩》而刪之也。

〔二〕事，《野客叢談》作「位」。

〔三〕皆，《韻語陽秋》無。

〔四〕或，《韻語陽秋》無。又此句，《野客叢談》無。

〔五〕此句，《韻語陽秋》無。

應余

　　余字子正，天姿方毅，志尚仁義。建安二十三年爲郡功曹，是時吳、蜀不賓，疆場多虞，宛將侯音扇動山民，保城以叛。余與太守東里袞當擾攘之際，迸竄得出音。音即遣騎追逐，去城十里相及，賊便射袞，飛矢交流。余前以身當箭，被七創，因謂追賊曰：「侯音狂狡，造爲凶逆，大軍尋至，誅夷在近。謂卿曹本是善人，素無惡心，當思反善，何爲受其指揮？我以身代君，以被重創，若身死君全，隕沒無恨。」因仰天號哭泣涕，血淚俱下。賊見其義烈，釋袞不害。賊去之後，余亦命絕。征南將軍曹仁討平音，表余行狀，並脩祭醊。太祖聞之，嗟歎良久，下荊州，復表門閭，賜穀千斛。袞後爲于禁司馬，見《魏略·游說傳》。（《三國志·魏書·三少帝紀》注。又見《太平御覽》卷四百二十一，文乃節引，今附於下。按：文末「袞後爲于禁司馬，見《魏略·游說傳》」似非《楚國先賢傳》文，今仍存之。）

　　　　附：《太平御覽》卷四百二十一：應余字子正，爲郡公曹。是時吳、蜀不賓，山民背叛。余與太守東里袞逃竄得出，賊便射袞，余以身當箭，被七瘡，因謂賊曰：「我以身代君，已被重瘡，若身死君全，殞歿無恨。」因仰天號泣，涕血俱下如雨。賊見其義烈，釋袞不害。

石偉

　　石偉字公操，南郡人。少好學，脩節不怠，介然獨立，有不可奪之志。舉茂才、賢良方正，皆不就。孫休即位，特徵偉，累遷至光祿勳。及皓即位，朝政昏亂。偉乃辭老耄痼疾乞身，就拜光祿大夫。吳平，建威將軍王戎親詣偉。太康二年，詔曰：「吳故光祿大夫石偉，秉志清白，皓首不渝，雖處危亂，廉節可紀。年已過邁，不堪遠涉，其以偉爲議郎，加二千石秩，以終厥世。」

偉遂陽狂及盲，不受晉爵。年八十三，太熙元年卒。（《三國志·吳書·孫休傳》注。又見《太平御覽》卷七百三十九，乃節引，今附於下。）

　　附：《太平御覽》卷七百三十九：石偉字公操，南郡人。仕吳，拜光祿大夫。吳建威將軍王戎親詣偉，大康二年，詔以偉爲議郎，加二千石秩，以終厥身。偉遂陽狂及盲，不授。

孟宗

　　宗母嗜筍〔一〕，冬節將至，時筍尚未生，宗入竹林哀歎，而筍爲之出，得以供母，皆以爲至孝之所致感。〔二〕累遷光祿勳，遂至公矣。〔三〕（《三國志·吳書·孫晧傳》注。又見《藝文類聚》卷八十九、《太平御覽》卷九百六十三、《事類賦》卷二十四、《蒙求集注》卷上、《歲時廣記》卷五、《九家集注杜詩》卷二十四。《文選·辯亡論》注惟引「累遷光祿勳，遂至三公」九字。）

〔校記〕

〔一〕此句，《藝文類聚》作「孟宗母嗜筍」，《太平御覽》、《事類賦》作「孟宗，字恭武，至孝，母好食竹筍」，《歲時廣記》作「左臺御史孟宗事後母至孝」，《九家集注杜詩》作「孟宗母好食筍」。

〔二〕以上五句，諸家引順序多有不同，文字差異亦較大，今並錄之，《藝文類聚》作「及母亡，冬節將至，筍尚未生，宗入竹哀歎，而筍爲之出，得以供祭，至孝之感也」，《太平御覽》、《事類賦》作「宗入林中哀號，方冬，筍爲之出，因以供養，時人皆以爲孝感所致」，《蒙求集注》作「時筍未生，宗入竹林哀歎，而筍爲之出，得以供母，皆以爲至孝所感」，《歲時廣記》作「母性嗜筍，及母亡，冬節至，宗入林哀號而筍生，以供祭祀」，《九家集注杜詩》作「冬月無之，宗入林中哀號，筍爲之生」。

〔三〕以上兩句，《藝文類聚》、《太平御覽》、《事類賦》、《歲時廣記》、《九家集注杜詩》皆無，《蒙求集注》作「仕孫晧至司空」。

祭祀

　　古者先王，日祭月享，時類歲祀，諸侯舍日，卿大夫舍月，士庶人舍時。（《藝文類聚》卷三十八。按：原云出張方《楚國先賢傳》。《初學記》卷十三引張方賢《魯國先賢傳》：「古者先王，日祭月享。時類歲祀，諸侯舍日：卿大夫舍月，庶人舍時。」當即《楚國先賢傳》之誤。）

存疑

瑤姬

　　帝之季女，名曰瑤姬。精魂化草，實爲靈芝。(《山海經廣注》卷五。又見《駢字類編》卷二百三十六。按：《水經注·江水注》引宋玉言：「天帝之季女，名曰瑤姬，未行而亡，封於巫山之陽，精魂爲草，實爲靈芝。」即《高唐賦》之文，與今本不同。吳任臣時，《楚國先賢傳》已亡，吳氏不得見之，此或涉宋玉《對楚王問》事而誤。又《焦氏類林》卷七引此事，云出《襄陽耆舊傳》。)

老萊子

　　着五色斑斕之衣；取水上堂，詐跌仆臥地，爲小兒啼；弄雛於親側。(蘇伯衡《師萊堂記》，見《蘇平仲文集》卷七。按：原文乃論老萊子事，文曰：「世之言孝者，必以老萊子爲稱首，然其孝行他無所見，唯《楚國先賢傳》述之曰『着五色斑斕之衣』爾，曰『取水上堂，詐跌仆臥地，爲小兒啼』爾，曰『弄雛於親側』爾。夫著五色衣則孝。爲小兒啼則孝，弄雛〔當作『雛』〕則孝，孝又何難焉。」老萊子雖楚人，然蘇氏之時，《楚國先賢傳》已佚，似不得出此文。此事諸書引並云出《列女傳》。又或此文原讀作「楚國先賢傳述之」，「傳述」並言，抑未可知。)

呂安

　　呂安，字仲悌。(《藝彀》卷上。按：原云：「百里奚，字凡伯；呂安，字仲悌。見《楚先賢傳》。」呂安爲山東東平人，非楚人，此即涉上百里奚事而誤。)

諸阮

　　諸阮居市北而富以車徒每出，肩輿數十，連袂牽車，飲酣自若。(《集千家注杜詩》卷二十。按：諸阮蓋謂阮籍、阮瑀諸人，爲陳留尉氏〔今河南開封〕人，非楚人，不當載此事。《九家集注杜詩》卷十五亦有此，但云出《先賢傳》，或爲《陳留先賢像贊》中文。)

《荊州先賢傳》　　晉高範撰

　　《荊州先賢傳》，高範撰。高範事跡不詳。其所錄人物，皆三國蜀人，不涉兩晉人物，則其成書或在兩晉也。諸書所引，又有《荊州先德傳》，《太

平御覽》卷六百一十七引龐統事司馬德操事，云出《荊州先德傳》，而《北堂書鈔》卷九十八、《太平御覽》卷九百五十五、《事類賦》卷二十五並云出《荊州先賢傳》。《職官分紀》卷四十一引周瑜用龐統事，云出《荊州先德傳》，而《北堂書鈔》卷三十四、《太平御覽》卷二百六十四云出《荊州先賢傳》。以此言之，《荊州先德傳》即《荊州先賢傳》之別名也，今兩書並錄之，凡得六人九事。是書，《隋書・經籍志》無著錄，兩《唐志》並云三卷。南宋書目、《宋史・藝文志》不著錄，則或亡在宋、元時也。後世輯是書者，今知兩家。首爲王謨輯本，見《漢唐地理書鈔》序目，題高範《荊州先德傳》，未見刊刻。次爲今人劉緯毅輯本，見《漢唐方志輯佚》，共輯五人七事，下注出處，有簡校。

羅獻

羅獻以太始三年進位冠軍〔一〕，假節，給大車〔二〕，增鼓吹棨戟。（《藝文類聚》卷六十八。又見《太平御覽》卷六百八十一。按：《書敘指南》卷十六僅引「棨戟」二字。）

〔校記〕

〔一〕「羅獻」下，《太平御覽》有「字令則」三字。太，《太平御覽》作「泰」。按：作「泰」是。

〔二〕此句，《太平御覽》無。

羅獻守巴東，吳遣盛曼說獻合從之計，詣獻求借城門。獻遣參軍楊宗謾曰：「城中土一撮不可得，何言城門乎？」（《太平御覽》卷三十七。按：原云出《荊州先德傳》。）

昔羅獻守巴東，大將步協率眾攻圍，固守不下，因賦詩使人歌，以慰城中人。（《北堂書鈔》卷一百六。）

龐統

龐士元師事司馬德操，不矜小名〔一〕，眾莫知之〔二〕。德操鼉月躬採桑後園，士元助之〔三〕，因與談斷世廢興，其言若神，〔四〕遂移日忘飡〔五〕，德操於是異之。（《太平御覽》卷九百五十五。又見《北堂書鈔》卷九十八、《太平御覽》卷六百一十七、《事類賦》卷二十五。按：《太平御覽》卷六百一十七云出《荊州先德傳》。《北堂書鈔》乃節引，不便出校，今附於下。）

〔校記〕

〔一〕矜，《事類賦》誤作「務」。

〔二〕知之，《事類賦》作「之知」。又「不矜」以下兩句，《太平御覽》卷六百一十七無。

〔三〕「助」上，《太平御覽》卷六百一十七有「往」字。

〔四〕以上兩句，《太平御覽》卷六百一十七作「因與共談，元善神」，《事類賦》作「因與談論廢興」。按：《御覽》卷六一七有誤，「元」蓋「其」之寖渻，「善」則「言若」之誤合。

〔五〕飡，《事類賦》作「食」，並引至此止。

附：《北堂書鈔》卷九十八：龐士元師事司馬德操，蠶月躬採桑，士元與之談，遂移日忘飡。

周瑜領南郡，以龐士元名重〔一〕，州里所信。乃逼爲功曹〔二〕，任以大事，瑜垂拱而已。（《太平御覽》卷二百六十四。又見《北堂書鈔》卷三十四、《職官分紀》卷四十一。按：《北堂書鈔》、《太平御覽》引並云出《荊州先德傳》。又《書鈔》文異，今附於下。）

〔校記〕

〔一〕名重，《職官分紀》作「爲」，連下讀。

〔二〕乃逼，《職官分紀》作「辟」。

附：《北堂書鈔》卷三十四：周瑜爲南郡太守，以龐統有重名，召爲公曹。〔按：「公曹」當作「功曹」。〕

馬良

馬良，字季常，襄陽宜城人。兄弟五人，皆有令名。良眉中有白毛，鄉里頌曰：「馬氏五常，白眉最良。」（《太平御覽》卷三百六十五。按：事又見《三國志·蜀書·馬良傳》。）

呂乂

呂乂爲尚書令，躬親萬機〔一〕，清白廉素，不畜婦妾、車馬之好〔二〕，以節儉自守〔三〕。（《北堂書鈔》卷五十九。又見《北堂書鈔》卷三十八。按：《書鈔》兩引，並云出《荊州先德傳》。）

〔按〕

〔一〕「躬」下，《北堂書鈔》卷三十八衍「屬」字。

〔二〕婦，《北堂書鈔》卷三十八作「婢」。

〔三〕自守，《北堂書鈔》卷三十八作「儉行」。

費禕

費禕，字文偉，江夏人也。吳與蜀和，遣使張溫字惠恕來脩好。溫辨好論議，鮮能抑之。諸葛亮以禕有俊才，宜遣報溫使，以禕爲奉信校尉。權時竊尊號，意猶豫未決。禕爲陳存亡之畫、開國建家之策，權甚悅。滑稽時知名皆在會，〔一〕並使發異端之難。禕應機輒答，坐席稱之，由是愛敬焉。（《太平御覽》卷七百七十八。又見《北堂書鈔》卷四十。按：《書鈔》、《御覽》並云出《荊州先德傳》。又《書鈔》所引節略甚重，今附於下。）

〔校記〕

〔一〕「權甚悅」以下句頗不通，疑「甚」乃「時」之誤，「時」或作「岂」，與甚形近。「滑稽」屬上讀。兩句讀作：「權時悅滑稽，時知名皆在會」，即《書鈔》「權好嘲戲以觀人，時琅邪諸葛恪、南陽謝景、廣陵范慎各知名，皆在坐」之節文也。

附：《北堂書鈔》卷四十：諸葛亮以費禕有俊才，宜遣使吳。權好嘲戲以觀人，時琅邪諸葛恪、南陽謝景、廣陵范慎各知名，皆在坐，各發異端之論以難禕，應機輒對，舉坐辭之。

董正

董正少有美姿，太守舉孝廉，正負笈單步。（《北堂書鈔》卷三十二。按：《北堂書鈔》卷七十九引《南海先賢傳》云：「董政，字伯和，南海人，有令姿。太守舉孝廉，政負笈單步，道上陵山，遣家屬詣府上舉板也。」即此事，據此，董正乃南海人，非荊州人也，此處《荊州先賢傳》或即《南海先賢傳》之誤也。）

《陳留志》　　晉江敞撰

《陳留志》，《隋書·經籍志》云：「《陳留志》十五卷，東晉剡令江敞撰。」《舊唐書·經籍志》同，《新唐書·藝文志》作《陳留人物志》。今觀其佚文，有人物，有地理，不主於一也。江敞，《類聚》、《御覽》引李銓事，《初學記》作江徽，《御覽》作江微，「敞」、「徽」、「微」形近，未知孰是。據《晉書·江統傳》，江統爲陳留圉人，統子彪，彪子敳，敳歷琅邪內史、驃騎諮議。「敳」與「敞」、「徽」、「微」形亦頗近，若非一人，亦或同宗也。

是書，《太平御覽》尚有徵引，《圖書綱目》亦有著錄，則北宋之時尚存也。《宋史·藝文志》不見著錄，南宋典籍雖有徵引，但其條目皆已見前，

則或南宋之時即已亡佚也。後世輯是書者，章宗源《隋經籍志考證》已云《後漢書‧郡國志》注、《世說新語》注、《水經注》、《史記》索隱、《初學記》、《太平御覽》有徵引，雖非有意於輯，條目已略全也。王謨《漢唐地理書鈔》目錄亦有之，惜未見刊刻。今人劉緯毅《漢唐方志輯佚》輯錄頗全，下注出處，復有淺校，為目前所見最善者。

園公

　　韋庹〔一〕，字宣明〔二〕，襄邑人也〔三〕。常居園中〔四〕，故世謂之園公〔五〕。與河內軹人甪里先生、綺里季、夏黃公為友，皆修道潔己，非義不踐。當秦末，避代入商洛山，隱居自娛。（《太平御覽》卷四百○九。又見《聖賢群輔錄》上、《初學記》卷二十四、《白氏六帖》卷三、《太平御覽》卷一百九十七、《事類備要》別集卷二十一。）

　　〔校記〕

〔一〕此句，《聖賢群輔錄》作「園公，姓園名秉」，《初學記》、《白氏六帖》、《太平御覽》卷一百九十七、《事類備要》作「園庹」。按：下《史記》索隱作「園公姓唐」。此皆後世人所偽造，難以知其實也。以形論之，「園」蓋誤作「圍」，又誤作「韋」也。諸書作名「庹」，《聖賢群輔錄》云「名秉」，《史記》索隱云「姓唐」，「庹」、「秉」、「唐」亦形近也，必有一誤。

〔二〕此句，《初學記》、《白氏六帖》、《太平御覽》卷一百九十七、《事類備要》無。

〔三〕「襄邑」上，《聖賢群輔錄》有「陳留」二字。此句，《白氏六帖》、《太平御覽》卷一百九十七、《事類備要》無。

〔四〕常，《白氏六帖》、《事類備要》無，《初學記》、《太平御覽》卷一百九十七作「庹始」。

〔五〕故，《白氏六帖》、《事類備要》無。世，《太平御覽》卷一百九十七作「代」，蓋避唐太宗諱改之。此句，《聖賢群輔錄》作「故号園公」。又諸書引至此止。《初學記》引「謂之園公」之後，尚有「向秀與呂安灌園於山陽，收其餘利，以供酒食之費」一段文字，劉緯毅輯之。審其文字，非是，今不錄。

　　園公姓唐，字宣明，居園中，因以為號。夏黃公姓崔，名廣，字少通，齊人，隱居夏里脩道，故號曰夏黃公。甪里先生，河內軹人，太伯之後，姓周，名術，字元道，京師號曰霸上先生。一曰甪里先生。（《史記‧留侯世家》索隱。唐李匡乂《資暇集》卷上《四皓》條引《陳留志》「京師亦號為灞上儒生」一句，即出此。）

婁望

婁望〔一〕，字次子，雍邱人也。少受《春秋》於少府丁子然，以節操稱。建武二十八年，趙孝王聞其名〔二〕，遣大夫賫玉帛，聘望爲師。望不受〔三〕。（《初學記》卷十八。又見《太平御覽》卷四百〇四。兩處原云出江微《陳留志》。事又見《後漢書·樓望傳》。）

〔校記〕

〔一〕婁，《太平御覽》作「樓」。按：《後漢書》亦作「樓」。

〔二〕趙孝王，《後漢書》作「趙節王」。按：建武十七年（41 年），趙孝王劉良卒，十九年，趙節王劉栩嗣爲趙王，此處云建武二十八年，則當爲趙節王也。

〔三〕望，《太平御覽》無。

韓卓

韓卓敦厚純固，恭而多愛，博學洽聞，好道人以善，遇社則趨，見生不食其肉。（《初學記》卷十七。原云出江微《陳留志》。）

韓卓父嘗爲吏所辱，卓執兵伏道，欲候殺之，而長子暴病，將死，卓乃歎曰：「道家有信：報讎不欲過。今長子病，豈爲是乎？」於是乃投刃援杖，復恥而止。（《太平御覽》卷四百八十二。）

阮共

阮共，字伯彥，尉氏人。清眞守道，動以禮讓，仕魏，至衛尉卿。少子侃，字德如，有俊才，而飭以名理，風儀雅潤，與嵇康爲友，仕至河內太守。（《世說新語·賢媛》注。）

阮武

武〔一〕，魏末河清太守〔二〕。族子籍，年緫角〔三〕，未知名，武見而偉之，以爲勝己。知人多此類〔四〕。著書十八篇，謂之阮子，終於家。（《世說新語·賞譽》注。又見《太平御覽》卷五百一十三。）

〔校記〕

〔一〕此句，《太平御覽》作「阮武，字文業」。

〔二〕「末」下，《太平御覽》有「爲」字。河清，《太平御覽》作「清河」，是。《三國志·魏書·杜畿傳》注引《杜氏新書》：「武字文業，闊達博通，淵雅之士，位止清河太守。」

〔三〕年，《太平御覽》作「方」。緫，《太平御覽》作「惣」，「緫」、「惣」皆「總」之異體字。

〔四〕此句，《太平御覽》作「明於知人皆此類也」。《太平御覽》引至此止。

阮簡

阮簡，字茂弘，爲開封令。縣側有劫賊〔一〕，外白甚急數〔二〕。簡方圍棊長嘯〔三〕，吏云：「劫急！」簡曰：「局上有劫亦甚急〔四〕。」其耽樂如是〔五〕。（《水經注·渠水注》。又見《太平御覽》卷七百五十三。事又見《太平御覽》卷一百五十八引《陳留風俗傳》。）

〔校記〕

〔一〕側，《太平御覽》無。

〔二〕此句，《太平御覽》作「外白之甚數」。

〔三〕棊，《太平御覽》作「碁」，「棊」、「碁」皆「棋」之異體字。

〔四〕「劫」上，《太平御覽》有「有」字。

〔五〕耽樂，《太平御覽》作「高率」。按：此乃貶其人，作「耽樂」爲上。「耽」字古或書作「躭」（見漢《孫跟碑》），若其右側「尤」脫，則與「高」字形近易訛。樂，或書作「楽」（見《宋元以來俗字譜》引《列女傳》），與「率」字相近。

范喬

范喬年二歲〔一〕，祖父馨卒〔二〕，臨終撫其首曰〔三〕：「恨不見汝成人〔四〕，以吾所用硯與之〔五〕。」至五歲〔六〕，祖母以此言告喬〔七〕，便執硯啼哭〔八〕。（《太平御覽》卷六百〇五。又見《藝文類聚》卷五十八、《太平御覽》卷五百一十一、卷五百一十九、《事類賦》卷十五。事又見《晉書·范喬傳》。）

〔校記〕

〔一〕「喬」下，《太平御覽》卷五百一十一有「字伯山」二字，卷五百一十九作「字伯孫」。按：《白氏六帖》卷六引此事，未云出處，云字伯緜；卷二十八引下硯事，未云出處，云字伯孫；《法藏藏金錄》卷二云其字伯孫。《晉書》作「伯孫」。以諸書多作「伯孫」觀之，或作「孫」是。「緜」則「孫」之形訛，「山」字未詳何以致誤。二，《藝文類聚》作「兩」。

〔二〕卒，《太平御覽》卷五百一十一、卷五百一十九無。此句，《事類賦》卷十五作「時其祖」，屬下讀。

〔三〕撫，《太平御覽》卷五百一十一、卷五百一十九作「執」。首，《藝文類聚》、《太平御覽》卷五百一十一、卷五百一十九作「手」。按：《晉書》作「首」。

〔四〕「恨」上，《事類賦》有「所」字。「見」上，《事類賦》有「得」字。

〔五〕「以」上，《太平御覽》卷五百一十一、卷五百一十九有「因」字。吾，《太平御覽》卷五百一十一、卷五百一十九、《事類賦》無。「與」上，《事類賦》有「留」字。

〔六〕至，《藝文類聚》作「始」。

〔七〕以此言，《事類賦》無。此言，《太平御覽》卷五百一十一無。以上兩句，《太平御覽》卷五百一十九作「後家人告喬」。

〔八〕此句，《藝文類聚》作「喬便執硯涕泣」，《太平御覽》卷五百一十一作「喬便執硯流涕」，卷五百一十九作「喬執其硯涕泣」，《事類賦》作「喬執硯而泣」。

　　范喬，邑人臘，多盜斫其樹〔一〕，人有告〔二〕，喬佯弗聞〔三〕，邑人愧而歸之，喬曰：「卿臘日取此〔四〕，欲與父母相歡娛耳〔五〕。」（《藝文類聚》卷五。又見《白氏六帖》卷一、《歲華紀麗》卷四、《海錄碎事》卷二、《歲時廣記》卷三十九。事又見《晉書·范喬傳》。）

〔校記〕

〔一〕多，《白氏六帖》、《歲華紀麗》、《歲時廣記》作「夕」，《海錄碎事》作「日」。按：《晉書》作「夕」。

〔二〕有告，《歲華紀麗》作「皆之」，疑本作「人有告之」，「皆」乃「有」之形訛，又脫「告」字。

〔三〕喬，《歲華紀麗》無。弗，《白氏六帖》、《歲華紀麗》、《海錄碎事》、《歲時廣記》作「不」。

〔四〕此，《白氏六帖》、《歲華紀麗》、《海錄碎事》作「柴」。按：《晉書》亦作「柴」，「此」或「柴」之脫訛。

〔五〕欲，《歲華紀麗》無。娛，《歲華紀麗》無。

李銓

　　李銓，字玄機〔一〕，平丘人也，少聰惠有志行〔二〕。銓兄全前母子〔三〕，後母甚不愛也，而衣食皆使下銓。銓始年五歲，覺己衣勝兄，即脫不著，須兄得與己同〔四〕，然後服之，其母遂不得有偏。及長，銓內匡其母〔五〕，外奉其兄，故閨門雍睦，爲群族所稱。（《太平御覽》卷五百一十六。又見《初學記》卷十七、《太平御覽》卷四百一十六。《初學記》云出江徽《陳留志》，《御覽》均云出江微《陳留志》。）

〔校記〕

〔一〕此句，《初學記》、《太平御覽》卷四百一十六無。

〔二〕志，《初學記》、《太平御覽》卷四百一十六作「至」。

〔三〕全，《初學記》、《太平御覽》卷四百一十六無。按：此處「全」疑即「銓」之訛而衍者。

〔四〕與，《初學記》、《太平御覽》卷四百一十六無。

〔五〕匡其母，《初學記》作「曲順母」，《太平御覽》卷四百一十六作「匡順母」，「曲」當即「匡」之形訛，「其」、「順」則皆通。

阮略

阮略，字德規，為齊國內史。為政表賢黜惡，化風大行。卒於郡。齊人欲為立碑。時官制嚴峻，自司徒魏舒已下，皆不得立。齊人思略不已，遂共冒禁樹碑，然後詣闕待罪。朝廷聞之，尤嘆其惠。(《文選·任昉〈為范始興作求立太宰碑表〉》注。)

桐陵亭

有桐陵亭，古桐丘。(《後漢書·郡國志》注。按：《後漢書》注乃節引也，凡所注文，皆略其地名。如此條本當作「陳留有桐陵亭，古桐丘」，以正文有「陳留」二字，故略之也。今仍其舊，以下不復說明。)

陵樹鄉

有陵樹鄉，北有澤，澤有天子苑囿，有秦樂厩，漢諸帝以馴養猛獸。(《後漢書·郡國志》注。)

神井

城內有神井，能興霧雹。(《後漢書·郡國志》注。)

陳平祠

故戶牖鄉有陳平祠。(《後漢書·郡國志》注。)

黃亭

黃亭在封丘。(《後漢書·郡國志》注。)

鞠亭

有鞠亭，古鞠居。(《後漢書·郡國志》注。)

韓王故宮

城內有韓王故宮闕。(《後漢書·郡國志》注。)

孔子囚圍

孔子囚圍此。(《後漢書·郡國志》注。)

子路祠

有子路祠。(《後漢書·郡國志》注。)

蘧伯玉墓

有蘧伯玉墓及祠，又西南有宛亭。（《後漢書·郡國志》注。）

古戴國

古戴國地名。（《後漢書·郡國志》注。）

箕子祠

有箕子祠，有穀亭，古句瀆之丘。（《後漢書·郡國志》注。）

萬人聚

有萬人聚，王邑破翟義積尸處。（《後漢書·郡國志》注。）

《武陵先賢傳》

《武陵先賢傳》，《隋書·經籍志》、兩《唐志》不著錄。《水經注》著錄潘京事，潘京爲晉初人，則是書之作，當爲晉、宋間也。《藝文類聚》尚見徵引，則其亡或在唐五代間。今僅存二人三事。後世輯佚者，今見三家，首曰王謨輯本，見《漢唐地理書鈔》目錄，未見刊刻。次曰陳運溶輯本，見《麓山精舍叢書》。所輯同，下注出處。次曰今人劉緯毅輯本，見《漢唐方志輯佚》。所輯同，下注出處。

潘京

潘京世長爲郡主簿〔一〕，太守趙偉甚器之，問京：〔二〕「貴郡何以名武陵？」京答曰〔三〕：「鄙郡本名義陵，在辰陽縣界，與夷相接，數爲所破〔四〕。光武時，移治東山之上〔五〕，遂爾易號〔六〕。《傳》曰：『止戈爲武。』《詩》云〔七〕：『高平曰陵。』於是名焉〔八〕。」（《水經注·溫水注》。按：《後漢書·郡國志四》注亦引此，云出《先賢傳》，當即《武陵先賢傳》，因取以參校。事又見《晉書·潘京傳》。）

〔校記〕

〔一〕此句，「世長」前當脫一「字」字，句斷爲：「潘京，字世長，爲郡主簿。」

〔二〕自「潘京」下至此，《後漢書》注節作「晉代太守趙厥問主簿潘京曰」，趙厥，《晉書·潘京傳》作「趙廞」。

〔三〕答，《後漢書》注無。

〔四〕此句，《後漢書》注作「爲所攻破」。

〔五〕此句，《後漢書》注作「移東出」，《晉書‧潘京傳》亦作「移東出」，頗疑「出」即「山之上」之誤合。

〔六〕遂爾，《後漢書》注作「先識」，「先」當是「共」之形訛。

〔七〕《詩》云，《後漢書》注無。「止戈爲武」出《左傳‧宣公十二年》，《詩經‧小雅‧天保》「如岡如陵」毛傳：「高平曰陸，大陸曰阜，大阜曰陵。」「高平曰陵」即約省其文，則「《詩》云」二字不當無也。

〔八〕「名」前，《後漢書》注有「改」字。

潘京爲州辟，進謁，值社會，因得見，次及，探得不孝，刺史問曰：「辟士爲不孝耶？」京舉板答曰：「今爲忠臣，不得復爲孝子。」其機辯如此。（《藝文類聚》卷五。又見《歲時廣記》卷十四。按：《北堂書鈔》卷七十三引《武陵先賢傳》：「潘景爲郡主簿，大守趙偉甚器之，有辨對。」當即節引此事。事又見《晉書‧潘京傳》。）

王坦

王坦，字方山，爲中庶子，時鷥來翔，被令爲賦。（《北堂書鈔》卷六十六。按：事又見《太平御覽》卷九十九引《王戚別傳》。）

《徐州先賢傳》

《徐州先賢傳》，《隋書‧經籍志》云一卷，不題撰人。又有《徐州先賢傳讚》九卷，劉義慶撰。詳見下條。《舊唐書‧經籍志》有兩《徐州先賢傳》，一爲一卷本，一爲九卷本，九卷本即劉義慶《徐州先賢傳讚》。《新唐書‧藝文志》云：「王義度《徐州先賢傳》九卷，又一卷。劉義慶《徐州先賢傳讚》八卷。」沈炳震云：「劉義慶者，劉宋之臨川王也。《新書》又有王義度《徐州先賢傳》九卷，此即臨川王義慶所撰，蓋史書於宗室諸王都不書姓，故遂以王爲姓，而誤『義』爲『義』，誤『慶』爲『度』，遂若人爲兩人、書有兩書矣！」《唐書合鈔》卷七十三。沈說是也。蓋臨川王劉義慶既訛作王義度，因於一卷本外另增九卷本，並題爲王義度撰。是書並附劉義慶《徐州先賢傳讚》之前，當成書於劉氏之前，劉氏著《讚》，或有參稽。《通志》錄九卷本而無一卷本，則是書之亡，或在南宋。今存佚文兩條，一爲范蠡事，一爲楚老事，則其所錄，不主一世。後世輯是書者，有近人劉緯毅，僅輯錄范蠡事一條，見《漢唐方志輯佚》。

范蠡

勾踐滅吳，謂范蠡曰：「吾將與子分國而有之。」蠡曰：「君行令，臣行意〔一〕。」乃乘扁舟，浮五湖，終不返〔二〕。（《初學記》卷七。又見《太平御覽》卷六十六。按：此事詳見《史記·越王勾踐世家》。又《北堂書鈔》卷一百五十九、《事文類聚》前集卷十七、《事類備要》前集卷八、《記纂淵海》卷七並引此事，並云出《先賢傳》，則似即此書。）

〔校記〕
〔一〕意，《太平御覽》作「志」。按：《史記·越王勾踐世家》作「意」。
〔二〕終，《太平御覽》作「而」。

楚老

楚老者，彭城之隱人也。（《文選·廬陵王墓下作》注。按：《漢書·兩龔傳》：「〔龔勝死〕，有老父來弔，哭甚哀，既而曰：『嗟乎！薰以香自燒，膏以明自銷。龔生竟夭天年，非吾徒也。』遂趨而出，莫知其誰。」即楚老事，可參。）

《徐州先賢贊》　宋劉義慶撰

《徐州先賢贊》，劉宋臨川王劉義慶撰。劉義慶，字季伯，彭城（今江蘇徐州）人，長沙景王劉道憐之次子。元興二年生，義熙八年，臨川王道規卒，無子，武帝令劉義慶嗣之，襲臨川王。慶幼秀穎，好文學，年十五，為秘書監，年十七，遷尚書左僕射，歷荊州、江州、南兗州三州刺史，年四十二，卒於官。著有《徐州先賢傳》、《典敘》、《世說新語》、《集林》，今惟存《世說新語》。事詳《南史·宋宗室及諸王上》。永初九年，劉義慶出為平西將軍、荊州刺史，在位八年，為西土所安，撰《徐州先賢傳》十卷奏上之。見《南史》。《徐州先賢傳》即《徐州先賢贊》也。《隋書·經籍志》作《徐州先賢傳贊》，其前別有一《徐州先賢傳》，蓋後世為避重名，加一「贊」字以別之也。《隋志》作九卷，則唐時已亡一卷。《新唐書·藝文志》存八卷，是北宋時復亡一卷，《宋史·藝文志》無，今惟《太平御覽》引徐盛事一條，則此書元時已亡。《御覽》引稱「劉義慶《徐州先賢贊》」，王應麟《玉海》卷十五又稱「劉義慶《徐州贊》」，則一書四名，今依《御覽》名之。後世輯是書者，今見兩家。首乃王謨輯本，見《漢唐地理書鈔》序

目，題劉義慶《徐州先賢傳》，未見刊刻。次曰近人劉緯毅，見《漢唐方志輯佚》，所輯同。

徐盛

　　徐盛字文嚮，琅琊莒人也。遭亂，客居吳，以敦直勇氣聞。魏王出濡須，孫權每選出戰者，盛常在前。魏嘗大出橫江，盛與諸將俱赴討。時乘艦遇風，落岸下，諸將恐懼，未有出者，盛獨將上斫賊，賊三披走，所傷殺甚眾。風止得還，權大壯之。(《太平御覽》卷四百三十七。按：事又見《三國志·吳書·徐盛傳》。)

《長沙耆舊傳》　晉劉彧撰

　　《長沙耆舊傳》，晉劉彧撰。劉彧，曾仕臨川王郎中，餘則不詳。是書，《隋書·經籍志》作《長沙舊傳讚》，云三卷；《舊唐書·經籍志》作《長沙舊邦傳讚》，《新唐書·藝文志》作《長沙耆舊讚》，並云三卷。此諸書即一書也，《北堂書鈔》有《長沙傳》、《長沙耆舊讚》、《長沙耆舊傳》、《長沙耆舊傳讚》。其卷一百四十一引《長沙傳》劉壽事，《隋書·禮儀志》作《長沙耆舊傳》；三引虞芝(之)之事，一云出《長沙耆舊傳》，一云出《長沙耆舊讚》，一云出《長沙耆舊傳讚》；《水經注·濁漳水注》有桓階事，云出《長沙耆舊傳》，《書鈔》卷六十九引桓階別事，則云出《長沙耆舊讚》。頗疑是書原名《長沙耆舊傳讚》，《隋書·經籍志》脫「耆」字，《舊唐書·經籍志》「耆舊」誤作「舊邦」，《新唐書·藝文志》則脫「傳」字。鄭樵《通志》、高似孫《史略》載是書，並作《長沙舊傳讚》，蓋仍《隋志》也，則《隋志》脫漏當在南宋以前。是書南宋書籍已不見徵引，《宋史·藝文志》亦未見著錄，則或亡於兩宋之交。

　　後之輯是書者，首見陶宗儀《說郛》，凡四條，未注出處。次則王謨《漢唐地理書鈔》目錄有之，未見刊刻。次則黃奭《漢學堂叢書》輯本，輯四人四事，未注出處。次則陳運溶《廬山精舍叢書》輯本，按時代編排，凡九人十八事，然此十八事有內容相複者；是書末注出處，有淺校。今人輯本有劉緯毅《漢唐方志輯佚》本，輯八人十二事，各條後附出處，文末有總校。

祝良

　　祝良，字召卿〔一〕，爲洛陽令，歲時亢旱〔二〕，天子祈雨不得〔三〕，良乃曝身階庭〔四〕，告誠引罪〔五〕，自晨至中〔六〕，紫雲水起〔七〕，甘雨登降〔八〕。人爲歌曰〔九〕：「天久不雨，烝人失所〔一○〕。天王自出，祝令特苦〔一一〕。精符感應，滂沱下雨〔一二〕。」（《水經注·洛水注》。又見《北堂書鈔》卷九十、《太平御覽》卷八、卷十一、卷二百六十八、卷五百二十九、《樂府詩集》卷八十五、《職官分紀》卷四十二。《太平御覽》卷五百二十九云出《長沙郡耆舊傳》，蓋衍「郡」字。）

　　〔校記〕

〔一〕召，《太平御覽》卷二百六十八作「邵」，《樂府詩集》作「石」，「召」、「邵」通，「石」蓋「召」之形訛。此三字，《太平御覽》卷八、卷十一、卷五百二十九、《樂府詩集》、《職官分紀》無。

〔二〕歲，《北堂書鈔》、《太平御覽》卷八、卷十一、卷二百六十八、卷五百二十九、《職官分紀》無。時，《職官分紀》無，蓋脫之。亢，《太平御覽》卷八作「大」，二字俱通，然恐「大」乃「亢」之形訛。又此句之上，《太平御覽》卷二百六十八有「貴戚斂手，桴鼓稀鳴」八字，《職官分紀》卷四十二引《楚國先賢傳》云：「祝良爲洛陽令，貴戚斂手，枹鼓稀鳴，百姓稱神明。」（又見《橘山四六》卷十七、《事文類聚》外集卷十四、《事類備要》後集卷七十九、《翰苑新書》前集卷五十八，諸書引無「百姓稱神明」一句。）或當是此處誤引。

〔三〕天子，《北堂書鈔》無，《職官分紀》作「天下」。雨，《太平御覽》卷五百二十九無。此句，《太平御覽》卷八無。

〔四〕乃，《太平御覽》卷十一無。曝，《北堂書鈔》、《太平御覽》卷十一、卷二百六十八、《樂府詩集》、《職官分紀》無。此句，《太平御覽》卷八無。

〔五〕誠，《太平御覽》卷八、卷十一作「誡」。告誠，《職官分紀》誤乙。按：此當作「誠」爲上，古之自引罪，皆告誠，非敢告誡也。作「誡」者，「誡」、「誠」形近，又因習聞「告誡」而誤。

〔六〕此句，《北堂書鈔》作「自辰至申」，《太平御覽》卷八、卷十一、卷二百六十八、《職官分紀》無。

〔七〕水，《北堂書鈔》、《樂府詩集》、《職官分紀》作「沓」，《太平御覽》卷八、卷十一、卷二百六十八、卷五百二十九作「遝」，「沓」、「遝」通，「水」蓋「沓」之脫。《太平御覽》卷八引至此止。

〔八〕登，《北堂書鈔》、《太平御覽》卷十一、卷二百六十八、《職官分紀》作「乃」。《太平御覽》卷十一、卷二百六十八、《職官分紀》引至此止。

〔九〕人，《北堂書鈔》、《太平御覽》卷五百二十九作「民」，作「人」者，避唐太宗諱而改也。爲，《北堂書鈔》無。「歌」下，《北堂書鈔》、《太平御覽》卷五百二十九、《樂府詩集》有「之」字。曰，《樂府詩集》無。

〔一○〕烝，《北堂書鈔》、《樂府詩集》作「蒸」，「烝」、「蒸」通。人，《北堂書鈔》、《太平御覽》卷五百二十九作「民」，作「人」者，避唐太宗諱而改也。

〔一一〕特，《北堂書鈔》誤作「時」。

〔一二〕沱，《太平御覽》卷五百二十九作「沲」。「沱」、「沲」通。下雨，《北堂書鈔》、《太平御覽》卷五百二十九作「而下」。下，古音魚部，亦通。

桓階

桓楷爲趙郡太守〔一〕，嘗有遺囊粟於路者，行人掛囊粟於樹，莫敢取之。（《水經注・濁漳水注》。）

〔校記〕

〔一〕楷，當作「階」。桓階，字伯緒，長沙臨湘人也。《三國志・魏書》有傳。

字伯緒〔一〕，爲丞相主簿，功曹每事諮焉〔二〕。乃歎曰：「昔文帝與賈生共談，不寬膝前於席也〔三〕。」（《北堂書鈔》卷六十九。原云出《長沙耆舊贊》）

〔校記〕

〔一〕此句前，當脫「桓階」二字。

〔二〕功曹，當作「曹公」，謂曹操也。

〔三〕寬，當作「覺」，形訛也。

桓龍

桓龍遷魯令，明斷朗然，獄無停繫，安貧樂道，內無擔石之儲，門絕魚米之饋，清廉訓於百里，仁恩洽於所蒞，黎元沾其惠澤，遐邇稱其節概者也。
（《北堂書鈔》卷七十八。原云出《長沙耆舊傳贊》。）

劉壽

劉壽常夢乘通幰車，飛度北門，後果至司徒。（《北堂書鈔》卷一百四十一。原云出《長沙傳》，《隋書・禮儀志》引《長沙耆舊傳》：「劉壽常乘通幰車。」蓋即此事，是知《長沙傳》即《長沙耆舊傳》也。）

虞芝（之）

虞芝〔一〕，州命部南陽從事〔二〕，太守張忠連姻王室〔三〕，罪名入重〔四〕，芝依法執按〔五〕。刺史畏勢，召芝，芝曰：「年往志盡，譬如八百錢馬，死生同價，且欲立效於明時耳〔六〕。」遂投傳去。（《太平御覽》卷八百九十七。又見《事類賦》卷二十一。《北堂書鈔》卷七十三引此，云出《長沙耆舊贊》。《藝文類聚》卷九十三云：「南陽太守張忠曰：『吾年往志盡，譬如八百錢馬，死生同價。』」乃節引此事，然作張忠語，疑前脫「虞芝謂」一類語。《海錄碎事》卷八上引此事與《藝文類聚》同，而誤作《襄陽耆舊傳》。）

〔校記〕

〔一〕《北堂書鈔》三引此文，「芝」皆作「之」，虞芝事未聞，未知孰是。

〔二〕此句，《北堂書鈔》作「爲南陽郡從事」。

〔三〕姻，《北堂書鈔》作「親」。

〔四〕名，《事類賦》無。此句，《北堂書鈔》作「自恃豪援」。

〔五〕芝，《北堂書鈔》作「之」。按，《北堂書鈔》、《事類賦》作「案」，「按」、「案」通。又《北堂書鈔》引至此止。

〔六〕效，《事類賦》作「効」，「効」乃「效」之異體字。

虞之爲部河從事，萬里肅然。（《北堂書鈔》卷第七十三。）

虞之轉部從事，大守芮氏不遵法度，之乃諷諫，威厲就霜。（《北堂書鈔》卷第七十三。原云出《長沙耆舊傳贊》。此條即首條虞芝諫太守張忠之事，然文字差異較大，今別爲一條。）

徐韋（偉）

徐韋除都梁長，至縣，相地形勢起田千有餘頃也。（《北堂書鈔》卷七十八。原云出《長沙耆舊傳贊》。）

徐偉奴善叛，知識欲爲偉售之。偉曰：「不得。奴往當復逃亡，豈可虛受其價。」廉平義正若此。（《太平御覽》卷四百二十六。按：上曰「徐韋」，此曰「徐偉」，或即一人，今並附於此。）

虞授

虞授，字承卿，說《易》不殆，諺曰：「不讀經，視虞生。」（《北堂書鈔》卷九十七。）

夏隆

夏隆，字叔仁，長沙臨湘之人也。〔一〕丁母憂，居喪過禮。同郡徐元休弱冠知名，聞而弔焉〔二〕，旬日積刺盈案〔三〕。（《北堂書鈔》卷一百〇四。又見《太平御覽》卷六百〇六。）

〔校記〕

〔一〕以上三句，《太平御覽》作「夏侯叔仁，氏族單微」。「隆」字或書作「隆」（見《隋蕭濱墓誌》），與「侯」略近，因而致誤也。

〔二〕弔，《太平御覽》作「吊」，「弔」爲「吊」之異體字。

〔三〕「旬日」下，《太平御覽》有「積刺」二字。

夏叔丁母憂〔一〕，過禮，遂患風濕，一腳偏枯。皇甫謐表曰：「久嬰篤疾，半身不仁〔二〕，右腳偏小。」（《太平御覽》卷七百四十。）

〔校記〕

〔一〕「叔」下，當脫「仁」字。又此前段與上條相類，或當作「夏隆，字叔仁」，脫三字。

〔二〕仁，疑當作「任」，言夏隆一腳偏枯，半身不任其重也。「任」、「仁」形近，又涉上「仁」而誤也。

夏隆仕郡時，潘浚爲南征太守，遣隆修書致禮，浚飛帆中游，力所不及。隆乃於岸邊拔刀大呼，指浚爲賊，因此被收。浚奇其以權變自通，解縛，賜以酒食。（《太平御覽》卷七百七十一。）

李公

太尉李公，時爲荊州刺史，下辟書：「夫採名珠〔一〕，求之於蚌；欲得名士，求之文學〔二〕。或割百蚌不得一珠〔三〕，不可捨蚌求之於魚；或百文學不出奇士〔四〕，不可捨文學求之於斗筲也〔五〕。由是言之，蚌乃珠之所藏，文學亦士之場矣〔六〕。」（《太平御覽》卷二百四十八。又見《職官分紀》卷三十二。《記纂淵海》卷十七引「探明珠求之於蚌，或割百蚌不得一珠，不可捨蚌求之於魚」，下出處作「□□□□□」，蓋即《長沙耆舊傳》也。）

〔校記〕

〔一〕名，《職官分紀》作「奇」。

〔二〕「之」下，《職官分紀》有「于」字。

〔三〕割，《職官分紀》作「剖」。百，《職官分紀》作「萬」。

〔四〕百，《職官分紀》作「爲」。

〔五〕「不」上，《職官分紀》有「亦」字。

〔六〕矣，《職官分紀》作「也」。

文虔

文虔〔一〕，字仲儒，爲郡功曹吏〔二〕。時霖雨廢人業〔三〕，太守憂悒〔四〕，召虔補戶曹〔五〕。虔奉教齋戒〔六〕，在社三日，夜夢白頭翁謂曰〔七〕：「爾來何遲？」虔具白所夢〔八〕。太守曰：「昔禹夢青繡衣男子〔九〕，稱蒼水使者〔一〇〕，禹知水脈當通〔一一〕。若掾此夢〔一二〕，將可比也〔一三〕。」明日果大霽。（《初學記》卷二。又見《藝文類聚》卷二、《太平御覽》卷十一、《錦繡萬花谷》卷三、《事類備要》前集卷十二。）

〔校記〕

〔一〕虔，《太平御覽》作「度」，「度」爲「虔」之形訛。下並同，不俱出校。

〔二〕此句，《藝文類聚》、《錦繡萬花谷》、《事類備要》無。

〔三〕人，《藝文類聚》作「民」，《錦繡萬花谷》、《事類備要》作「農」，作「人」者，避唐太宗諱也；作「農」者，當即「民」之形訛。

〔四〕悒，《藝文類聚》、《錦繡萬花谷》、《事類備要》作「色」，「悒」或作「邑」，因誤作「色」。

〔五〕召，《藝文類聚》、《錦繡萬花谷》、《事類備要》無。「曹」下，《藝文類聚》、《錦繡萬花谷》、《事類備要》有「掾」字。

〔六〕齋，《太平御覽》、《事類備要》作「齊」，「齊」、「齋」通。

〔七〕「夢」下，《藝文類聚》、《錦繡萬花谷》、《事類備要》有「見」字。

〔八〕此句，《太平御覽》作「翌旦，度具白」，「度」乃「虔」之形訛。

〔九〕青，《藝文類聚》、《錦繡萬花谷》、《事類備要》無。「繡」下，《太平御覽》有「文」字。按：此「青」字不當無，下言「蒼衣」，「蒼」字正承「青」字而來。

〔一〇〕蒼，《錦繡萬花谷》、《事類備要》作「滄」。按：當作「蒼」，「蒼」承上「青」字。

〔一一〕通，《太平御覽》脫之。

〔一二〕掾，《太平御覽》誤作「橡」。

〔一三〕可，《太平御覽》作「其」。

劉壽

太尉壽少遇相師，相師曰：「凡鼻爲氣戶，君鼻大，貴之象也。鼻仰而頫，富貴之相也。」（《白氏六帖》卷九）

劉壽少時遇相師曰：「君腦有玉枕，必至公也。」後至太尉。（《太平御覽》卷三百六十四。）

太尉劉壽少遇相師，相師曰：「耳爲天柱，今君耳城郭，必典家邦。」（《太平御覽》卷三百六十六。）

《妬記》　宋虞通之撰

《妬記》，劉宋虞通之撰。虞通之，會稽餘姚人，善言《易》，至步兵校尉。（《南史·丘巨源傳》。）宋世諸主，莫不善妬，太宗深疾之。湖熟令袁慆以妬忌賜死，太宗乃使虞通之撰《妬婦記》，即《妬記》也。《宋書·

后妃傳》。《藝文類聚》卷八十六引阮修妻事，又云出《妬女記》，亦一別名也。兩《唐志》又載有《后妃傳》四卷，未有遺文見存。是書，《隋書·經籍志》、《新唐書·藝文志》並著錄兩卷，晁公武云《郡齋讀書記》卷三下云：「《補妬記》一卷。右古有《妬記》，久已亡之，不知何人輯傳記中婦人嚴妬事以補亡，自商周至於唐初。」則晁氏時《妬記》已亡，或亡於兩宋之交也。魯迅《古小說鉤沉》有輯本，下注出處，句中有淺校，輯七條，惟闕阮修妻禁婢一事。

桓溫妻

溫平蜀〔一〕，以李勢女爲妾，郡主兇妒，不即知之。後知，乃拔刃往李所，〔二〕因欲斫之。見李在窗梳頭，姿貌端麗〔三〕，徐徐結髮，斂手向主，〔四〕神色閑正，辭甚悽惋〔五〕。主於是擲刀〔六〕，前抱之曰〔七〕：「阿子，我見汝亦憐，〔八〕何況老奴。」遂善之〔九〕。（《世說新語·賢媛》注。又見《藝文類聚》卷十八、《白氏六貼》卷六。按：事又見《世說新語·賢媛》、王子年《拾遺記》。《太平御覽》卷一百五十四、《蒙求集注》卷上等引此文並云出《世說》，實即《世說》引《妬記》也。）

〔校記〕

〔一〕此三字，《藝文類聚》作「桓大司馬」、《白氏六貼》作「桓司馬」。

〔二〕「郡主兇妒」以下，《藝文類聚》作「桓妻南郡主拔刀率數十婢往李所」，《白氏六貼》作「南郡主拔刀率婢數十人往李所」。

〔三〕此句前，《藝文類聚》、《白氏六貼》尙有「髮垂委地」四字。

〔四〕以上兩句，《藝文類聚》作「乃徐下地結髻，斂手向主曰：國破家亡，無心以至今日，若能見殺，實猶生之年」，《白氏六貼》相似，惟無「實」字。

〔五〕甚，《藝文類聚》作「氣」，《白氏六貼》作「旨」。惋，《藝文類聚》作「婉」。

〔六〕於是，《藝文類聚》、《白氏六貼》作「乃」。

〔七〕前，《白氏六貼》無。

〔八〕「阿子」下，《藝文類聚》作「阿姊見汝，不能不憐」，《白氏六貼》作「我見猶憐」。

〔九〕「善」下，《藝文類聚》有「遇」字。《白氏六貼》無此句。

王導妻

丞相曹夫人性甚忌〔一〕，禁制丞相不得有侍御〔二〕，乃至左右小人，亦被檢簡，〔三〕時有妍妙〔四〕，皆加誚責〔五〕。王公不能久堪〔六〕，乃密營別館，眾妾羅列，兒女成行〔七〕。後元會日，夫人於青疏臺中〔八〕，望見兩三兒騎羊〔九〕，

皆端正可念〔一〇〕。夫人遙見，甚憐愛之。語婢：〔一一〕「汝出問，是誰家兒〔一二〕？」給使不達旨〔一三〕，乃答云〔一四〕：「是第四五等諸郎〔一五〕。」曹氏聞，驚愕大恚〔一六〕。命車駕〔一七〕，將黃門及婢二十人，人持食刀〔一八〕，自出尋討〔一九〕。王公亦遽命駕〔二〇〕，飛轡出門〔二一〕，猶患牛遲〔二二〕。乃以左手攀車闌〔二三〕，右手捉麈尾〔二四〕，以柄助御者打牛〔二五〕，狼狽奔馳，劣得先至〔二六〕。蔡司徒聞而笑之〔二七〕，乃故詣王公，謂曰：〔二八〕「朝廷欲加公九錫，公知不〔二九〕？」王謂信然〔三〇〕，自敘謙志〔三一〕。蔡曰：「不聞餘物〔三二〕，唯聞有短轅犢車〔三三〕，長柄麈尾〔三四〕。」王大愧〔三五〕。後貶蔡曰：「吾昔與安期、千里，共在洛水集處，不聞天下有蔡充兒。」正忿蔡前戲言耳。（《世說新語·輕詆》注。又見《藝文類聚》卷三十五、《太平廣記》卷二百七十二。）

〔校記〕

〔一〕「丞相」前，《藝文類聚》有「王」字。此句，《太平廣記》作「王導妻曹氏甚妒忌」。

〔二〕禁，《太平廣記》無。

〔三〕「乃至」兩句，《藝文類聚》無。「亦被檢簡」四字，《太平廣記》無。

〔四〕妙，《藝文類聚》作「少」。此句，《太平廣記》作「有妍少者」。

〔五〕皆，《藝文類聚》、《太平廣記》作「必」。

〔六〕此句，《太平廣記》無。

〔七〕兒，《藝文類聚》作「男」。此句，《太平廣記》作「有數男」。

〔八〕臺，《藝文類聚》無。

〔九〕望見，《藝文類聚》作「觀望」，屬上讀。「觀望」下有「忽」字，屬下讀。羊，《藝文類聚》作「牛背」。

〔一〇〕此句，《藝文類聚》惟餘「端正」二字。

〔一一〕「夫人遙見」下至此，《藝文類聚》作「夫人語婢云」。

〔一二〕「是」上，《藝文類聚》有「此」字。

〔一三〕此句上，《藝文類聚》有「奇可念」三字，蓋衍文。

〔一四〕答，《藝文類聚》無。

〔一五〕「是」前，《藝文類聚》有「此」字。

〔一六〕以上兩句，《藝文類聚》作「曹氏驚恚，不能自忍」。又自「後元會日」至此句，《太平廣記》但作「曹氏知，大驚恚」。

〔一七〕「命」上，《藝文類聚》有「乃」字。此句，《太平廣記》無。

〔一八〕人，《藝文類聚》無。

〔一九〕「自」上，《藝文類聚》有「欲」字。《太平廣記》亦有「欲」字，然無「自」字。

〔二〇〕亦，《太平廣記》無。遽命駕，《藝文類聚》無。

〔二一〕此句，《太平廣記》無。

〔二二〕此句，《藝文類聚》作「猶患遲」，《太平廣記》作「患遲」。

〔二三〕闌，《藝文類聚》作「攔」。按：「攔」當作「欄」，古從手、從木之字多訛。

〔二四〕捉，《藝文類聚》作「提」。

〔二五〕助御者，《藝文類聚》無。又自「乃以左手」至此，《太平廣記》節作「乃親以塵尾柄助御者打牛」。

〔二六〕劣，《藝文類聚》作「方」，《太平廣記》作「乃」。至，《太平廣記》作「去」。按：「方」字爲上，「劣」疑「方」之形訛。

〔二七〕而笑，《藝文類聚》無。此句，《太平廣記》作「司徒蔡謨聞」。

〔二八〕以上兩句，《藝文類聚》作「乃謂王曰」，《太平廣記》作「乃詣王謂曰」。

〔二九〕公，《太平廣記》無。不，《藝文類聚》、《太平廣記》作「否」。「不」讀作「否」。

〔三〇〕然，《藝文類聚》無。謂信然，《太平廣記》無。

〔三一〕謙，《太平廣記》誤作「謀」。

〔三二〕「聞」下，《藝文類聚》有「加」字。

〔三三〕有，《藝文類聚》、《太平廣記》無。

〔三四〕「尾」下，《藝文類聚》有「爾」字，《太平廣記》作「耳」。

〔三五〕此句，《藝文類聚》作「王大羞愧」，《太平廣記》作「導大慙」。又《藝文類聚》、《太平廣記》引至此止。

謝安妻

　　謝太傅劉夫人，不令公有別房〔一〕，公既深好聲樂〔二〕，後遂頗欲立妓妾〔三〕。兄子外生等微達此旨〔四〕，共問訊劉夫人〔五〕；因方便稱《關雎》、《螽斯》有不忌之德〔六〕。夫人知以諷己〔七〕，乃問誰撰此詩〔八〕。答云〔九〕：「周公。」夫人曰：「周公是男子，相爲爾〔一〇〕；若使周姥撰詩〔一一〕，當無此也〔一二〕。」（《藝文類聚》卷三十五。又見《太平御覽》卷五百一十二、《事類備要》前集卷三十。）

　　〔校記〕

〔一〕公，《太平御覽》作「太傅」。

〔二〕「公」上，《太平御覽》衍「寵」字。樂，《太平御覽》作「色」。

〔三〕後，《太平御覽》無，《事類備要》誤作「夜」。「頗欲」，《事類備要》作「欲頗」。又此句上，《太平御覽》尚有「不能全節」四字。

〔四〕外生，《太平御覽》作「及外甥」，《事類備要》作「外甥」。此，《事類備要》作「其」。

〔五〕共問訊，《太平御覽》作「乃共諫」，《事類備要》作「共間訊」，「間」乃「問」之形訛。

〔六〕因，《太平御覽》無。「忌」上，《太平御覽》有「妒」字。

〔七〕以，《太平御覽》無。

〔八〕此，《太平御覽》無。詩，《事類備要》誤作「許」。

〔九〕云，《太平御覽》作「曰」。

〔一〇〕「相」上，《太平御覽》有「乃」字，義上。爾，《事類備要》作「耳」，二字通。

〔一一〕撰詩，《太平御覽》作「傳」。

〔一二〕此句，《太平御覽》作「應無此語也」。

士人婦

京邑有士人婦，大妬忌於夫，小則罵詈，大必捶打。常以長繩繫夫腳，且喚便牽繩。士人密與巫嫗爲計，因婦眠，士人入廁，以繩繫羊，士人緣牆走避。婦覺，牽繩而羊至，大驚怪，召問巫。巫曰：「娘積惡，先人怪責，故郎君變成羊。若能改悔，乃可祈請。」婦因悲號，抱羊慟哭，自咎悔誓。師嫗乃令七日齋，舉家大小，悉避於室中，祭鬼神，師祝，羊還復本形，壻徐徐還。婦見壻，啼問曰：「多日作羊，不乃辛苦耶？」壻曰：「猶憶噉草不美，腹中痛爾。」婦愈悲哀，後復妬忌，壻因伏地作羊鳴，婦驚起，徒跣呼先人爲誓，不復敢爾。於此不復妬忌。（《藝文類聚》卷三十五。）

荀庾氏

泰元中，有人姓荀，婦庾氏，大妬忌。荀嘗宿行，遂殺二兒。爲屋不立齋室，唯有廳事，不作後壁，令在堂上泠然望見外事。凡無鬚人不得入門；送書之人若以手近荀手，無不痛打；客若共牀坐，亦賓主俱敗。鄰近有年少徑突前詣荀，接膝共坐，便聞大罵，推求刀杖。荀謂客曰：「僕狂婦行，君之所聞；君不去，必誤君事。」客曰：「僕不畏此。」乃前捉荀手，婦便持杖直前向客。客既大健，又有短杖在衣裏，便與婦老嫗無力〔一〕，即倒地，客打垂死。荀走叛不敢還。婦密令覓荀云：「近遭狂人，非君之過，君便可還。」荀然後敢出。婦兄來就荀，共方牀臥，而婦不知，便来捉兄頭，拽着地欲殺，方知是兄，慙懼入內。兄稱父命，與杖數百，亦無改悔。（《藝文類聚》卷三十五。）

〔校記〕

〔一〕此句義難通，或有脫訛，義蓋是此男便與婦鬥，婦老弱無力，因不敵也。

諸葛元直妻

諸葛元直妻劉氏，大妬忌。恒與元直杖，不勝痛，纔得一兩，仍以手模，婦誤打指節腫。從此作制，每與杖，輒令兩手名捉綩綖。元直遇見婦捉綩綖欲成衣，謂當與己杖，失色怖。婦曰：「不也，捉此自欲成衣耳。」乃欣然。

（《藝文類聚》卷三十五。）

阮宣武妻

　　武歷陽女嫁阮宣武〔一〕，絕忌〔二〕。家有一桃樹〔三〕，華葉灼燿，宣歡美之。即便大怒，使婢取刀斫樹，摧折其華。(《藝文類聚》卷八十六。又見《太平御覽》卷七百五十八、《事類賦》卷二十六。按：《藝文類聚》原云出《妬女記》。《晉書‧阮修傳》、《世說新語‧文學》注引《名士傳》云阮修字宣子，此云字宣武，或有誤。又《阮修傳》云：「修居貧，年四十餘未有室，王敦等斂錢爲婚。」修四十餘爲婚，年四十二卒，或與妬妻有關也。)

　　〔校記〕

　　〔一〕歷，《太平御覽》、《事類賦》無。

　　〔二〕絕忌，《太平御覽》作「妬忌」。

　　〔三〕「一」下，《太平御覽》、《事類賦》有「株」字。

　　武歷陽女嫁阮宣子，無道妬忌，禁婢；甌覆槃蓋，不得相合。(《太平御覽》卷七百五十八。按：原云「魏景初中所鑄《妬記》曰」云云，「鑄」蓋「著」之音訛。阮宣子即阮修，景初中尚未生，必不得載此事，「景初」或乃「景和」之誤也。)

《武昌先賢傳》　宋郭緣生撰

　　《武昌先賢傳》，宋天門太守郭緣生撰。郭緣生事跡無考，姚振宗疑是郭翻之後，《隋書經籍志考證》卷二十。除《武昌先賢傳》外，又有《述征記》，諸書徵引甚繁。是書，《隋書‧經籍志》作《武昌先賢志》，二卷，兩《唐書‧經籍志》並作三卷，未知後人析分之抑或有增補也。今僅見佚文一條。後世有王謨輯本，見《漢唐地理書鈔》序目，未見刊刻。又有劉緯毅輯本，見《漢唐方志輯佚》，所輯同。

郭翻

　　郭翻，字長翔，爲人非己耕不食，非妻自織不衣。(《太平御覽》卷四百二十六。)

《廣陵列士傳》　　華隔撰

《廣陵列士傳》，《舊唐書・經籍志》著錄爲一卷，題華隔撰。《隋書・經籍志》、《新唐書・藝文志》均未著錄。華隔其人未詳，《三國志・吳書・孫綝傳》注引《文士傳》曰：「華融，字德蕤，廣陵江都人。」「融」、「隔」形近，未知即其人否。

劉雋

劉雋，字幼節，遷宛句令。到官二年，政治清平，爲吏民所親。時縣有友人相過者，主人歡喜，爲具捕犬，因誤中客，客死。平法者云：「主人本有殺心，應當伏辜。」雋曰：「聞許太子至孝，誤不嘗藥，史官書弒君，曰：『盡心力以事君，捨藥物可也。』今主人與客本無讐恨，但歡喜爲供，有親愛飲食之意，無傷害之心，不幸而死，當以周禮過誤平之。奈何欲用法律所失，一時兩殺不辜。」主法者拘有常例，不聽。雋曰：「界有失禮之民，皆令之罪也。」解印綬去。（《因話錄》卷六。）

劉儁爲郡主簿〔一〕。郡將爲賊所得，儁知言辭不能動賊〔二〕，因叩頭流血〔三〕，乞得代之。〔四〕賊不聽，前斫府君，儁因投身，投之正與刃會，斫儁左肩，瘡尺餘。賊又欲更下刃，儁號呼，抱持不置，賊因相謂曰：「此義士，殺之不祥。」遂俱縱遣。（《太平御覽》卷二百六十五。又見《北堂書鈔》卷七十三。《書鈔》作《廣陵列士傳》。）

〔校記〕

〔一〕儁，《北堂書鈔》作「雋」。下同，不俱校。

〔二〕此句，《北堂書鈔》僅有一「雋」字，屬下讀。

〔三〕因，《北堂書鈔》作「乃」。

〔四〕《北堂書鈔》引至此止。

吳戒

吳戒，字貴齊，性剛直，〔一〕同業生陳升爲賊〔二〕。戒見之〔三〕，升爲設食〔四〕，戒曰〔五〕：「汝已爲賊，奈何爲設食〔六〕。」因舉按投江中，令其趣降。（《太平御覽》卷一百三十三。又見《北堂書鈔》卷一百三十三。《御覽》原作《廣陵傳》，當脫「列士」二字。《書鈔》作《廣陵烈士傳》。）

〔校記〕

〔一〕以上兩句，《北堂書鈔》無。

〔二〕升，《北堂書鈔》作「叔」。按：叔，或書作「尗」，與「升」相似，然其人不詳，未審孰是也。

〔三〕「見」上，《北堂書鈔》有「往」字。

〔四〕升，《北堂書鈔》作「故」。

〔五〕「曰」上，《北堂書鈔》有「乃」字。

〔六〕「爲」下，《北堂書鈔》有「人」字。

吳武，字季濟，篤學好古，師事陳仲考。子升，性頑愚，考曰：「父子情重，不忍戮之，卿爲吾教也。」（《太平御覽》卷四百九十九。按：此人似即上吳戒，「戒」、「武」形近。又文中陳仲考子名升，當即上陳升也，故合爲一條。）

劉瑜

劉瑜，字季節〔一〕，舉方正，對策高第，人呼爲長鬚方正〔二〕。（《太平御覽》卷三百七十四。又見《白氏六帖》卷九。）

〔校記〕

〔一〕此三字，《白氏六帖》無。

〔二〕正，《白氏六帖》誤作「士」。

《零陵先賢傳》

《零陵先賢傳》，不題撰人。今審其遺文，所載人物皆爲漢末魏初人，則成書時間當甚早。《隋書·經籍志》、兩《唐志》並著錄爲一卷，《遂初堂書目》亦著錄，不題卷數，《宋史·藝文志》未著錄，則其亡當在宋元之交。後世輯是書者，首爲陶宗儀輯本，見《說郛》，題司馬彪撰，輯錄四條，其劉巴、鄭產事皆屬《零陵先賢傳》，其華譚原誤作「葉譚」、蔡倫兩事皆陶氏妄補。則云司馬彪撰者，亦陶氏臆度之也。《五朝小說》、黃奭《漢學堂叢書》並據陶輯錄入，所誤亦同。次曰王謨輯本，見《漢魏地理書鈔》序目，未見刊刻。王氏原題劉幼先《零陵先賢傳》，未知何人。次曰陳運溶輯本，見《麓山精舍叢書》，凡輯六人，十四事，下注出處，甚備。陳輯與下所輯相較，惟周不疑條多「摯虞《文章志》曰」云云一事，此條在《三國志》注中，本與太祖遣刺客殺不疑事相連，是別起一文，非《零陵先賢傳》之文也。

李融

李融，字元音，承陽人。固始侯相使其爲政，得吏民心，屢致祥瑞，甘瓜六子共莖，璽書慰勞，遷廣漢太守。(《太平御覽》卷九百七十八。按：原云出《零陵仙賢傳》，「仙」蓋「先」之音訛，今姑置此。又「承陽」當作「烝陽」。)

鄭產

鄭產，字景載〔一〕，泉陵人也〔二〕，爲白土嗇夫。〔三〕漢末多事〔四〕，國用不足〔五〕，產子一歲，輒出口錢，民多不舉子〔六〕。產乃敕民勿得殺子〔七〕，口錢當自代出〔八〕。產言其郡縣，爲表上言，錢得除，〔九〕更名白土爲更生鄉也〔一〇〕。(《水經注·資水注》。又見《太平御覽》卷一百五十七、《職官分紀》卷四十二。按：事又見《輿地紀勝》卷第五十六引《楚國先賢傳》。)

〔校記〕

〔一〕此句，《太平御覽》無。

〔二〕也，《太平御覽》無。

〔三〕以上數句，《職官分紀》節作「鄭產爲白王嗇夫」，「王」乃「土」之訛。

〔四〕多事，《太平御覽》無。

〔五〕此句，《太平御覽》無。

〔六〕子，《太平御覽》無。

〔七〕勿得殺子，《職官分紀》作「勿出」。又《職官分紀》引至此句止。

〔八〕當自，《太平御覽》作「自當」。

〔九〕以上三句，《太平御覽》無。

〔一〇〕此句，《太平御覽》作「因名其鄉曰更生鄉」。

楊懷

劉璋請劉備。璋將楊懷數諫備誤主人，請璋子禕及懷，酒酣，備見懷佩匕首，備出其匕首謂曰：「將軍匕首好，孤亦有，可得觀乎？」懷與之，備得匕首謂懷曰：「汝小子何敢間我兄弟之好邪？」懷罵言未訖，備斬之。(《太平御覽》卷三百四十六。)

劉先

先字始宗。博學強記，尤好黃老言〔一〕，明習漢家典故。〔二〕爲劉表別駕，奉章詣許，見太祖。時賓客並會，太祖問先：「劉牧如何郊天也？」先對曰：「劉牧託漢室肺腑，處牧伯之位，而遭王道未平，群凶塞路，抱玉帛而無所聘頻，修章表而不獲達御，是以郊天祀地，昭告赤誠。」太祖曰：「群

凶爲誰？」先曰：「舉目皆是。」太祖曰：「今孤有熊羆之士，步騎十萬，奉辭伐罪，誰敢不服？」先曰：「漢道陵遲，群生憔悴，既無忠義之士，翼戴天子，綏寧海內，使萬邦歸德，而阻兵安忍，曰莫己若，即蚩尤、智伯復見於今也。」太祖嘿然。拜先武陵太守。荊州平，先始爲漢尙書，後爲魏國尙書令。（《三國志·魏書·劉表傳》注。又見《後漢書·袁紹劉表列傳》注。）

〔校記〕

〔一〕言，《後漢書》注無。

〔二〕《後漢書》注引至此止。

周不疑

不疑幼有異才，聰明敏達，太祖欲以女妻之，不疑不敢當。太祖愛子倉舒，夙有才智，謂可與不疑爲儔。及倉舒卒，太祖心忌不疑，欲除之。文帝諫以爲不可，太祖曰：「此人非汝所能駕御也。」乃遣刺客殺之。（《三國志·魏書·劉表傳》注。按：此承上劉先事而來，原文曰「先甥同郡周不疑，字元直，零陵人。《先賢傳》稱」云云，蓋亦《零陵先賢傳》之文也。今姑置此。）

周不疑，字文直，長安人。始嬰孩時已有奇異，至年十三，曹公聞之，欲拜識，既見，即以女妻之，不疑不受。〔一〕時有白雀瑞〔二〕，儒林並已作頌〔三〕，不疑見操〔四〕，授紙筆〔五〕，立令復作。操異而奇之〔六〕。（《太平御覽》卷三百八十五。又見《藝文類聚》卷九十九、《太平御覽》卷五百八十八、卷九百二十二、《事類賦》卷十九。按：《太平御覽》卷九百二十二、《事類賦》云出《先賢傳》。）

〔校記〕

〔一〕以上諸句，《藝文類聚》、《太平御覽》卷九百二十二作「周不疑，曹公欲以爲議郎，不就」，《太平御覽》卷五百八十八僅有「周不疑，字文直」六字，《事類賦》無。

〔二〕此句，《太平御覽》卷五百八十九作「曹公時，有白雀瑞」，《事類賦》作「漢末有白雀之頌」。

〔三〕此句，《太平御覽》卷九百二十二作「不疑已作頌」，《事類備要》作「周不疑已作頌」。

〔四〕此句，《藝文類聚》、《太平御覽》卷九百二十二、《事類賦》無。

〔五〕「授」上，《事類賦》有「曹公忽」三字。

〔六〕此句，《藝文類聚》、《太平御覽》卷九百二十二作「操奇異之」，《太平御覽》卷五百八十八作「操奇之」，《事類賦》作「既成，操大奇之」。

曹操攻柳城不下，圖畫形勢，問計策，周不疑進十計，攻城即下也。（《北堂書鈔》卷第一百一十八。）

劉巴

巴祖父曜，蒼梧太守。父祥，江夏太守、蕩寇將軍。時孫堅舉兵討董卓，以南陽太守張咨不給軍糧，殺之。祥與同心，南陽士民由此怨祥，舉兵攻之，與戰，敗亡。劉表亦素不善祥，拘巴，欲殺之，數遣祥故所親信人密詐謂巴曰：「劉牧俗相危害，可相隨逃之。」如此再三，巴輒不應。具以報表，表乃不殺巴。年十八，郡署戶曹史主記主簿。劉先主欲遣周不疑就巴學，巴答曰：「昔遊荊北，時涉師門，記問之學，不足紀名，內無楊朱守靜之術，外無墨翟務時之風，猶天之南箕，虛而不用。賜書乃欲令賢甥摧鸞鳳之艷，遊燕雀之宇，將何以啓明之哉，愧於『有若無，實若虛』，何以堪之！」（《三國志·蜀書·劉巴傳》注。）

曹公敗於烏林，還北時，欲遣桓階，階辭不如巴。巴謂曹公曰：「劉備據荊州，不可也。」公曰：「備如相圖，孤以六軍繼之也。」（《三國志·蜀書·劉巴傳》注。）

巴往零陵，事不成，欲遊交州，道還京師。時諸葛亮在臨烝，巴與亮書曰：「乘危歷險，到值思義之民，自與之衆，承天之心，順物之性，非余身謀所能勸動。若道窮數盡，將託命於滄海，不復顧荊州矣。」亮追謂曰：「劉公雄才蓋世，據有荊土，莫不歸德，天人去就，已可知矣。足下欲何之？」巴曰：「受命而來，不成當還，此其宜也。足下何言邪！」（《三國志·蜀書·劉巴傳》注。按：《三國志·蜀書·諸葛亮傳》注引《零陵先賢傳》「亮時住臨烝」五字即文中「時諸葛亮在臨烝」。）

巴入交阯，更姓爲張。與交阯士燮計議不合，乃由牂牁道去，爲益州郡所拘留。太守欲殺之。主簿曰：「此非常人，不可殺也。」主簿請自送至州，見益州牧劉璋，璋父焉昔爲巴父祥所舉孝廉，見巴驚喜，每大事輒以咨訪。（《三國志·蜀書·劉巴傳》注。按：其下裴注云：「劉焉在漢靈帝時已經宗正太常，出爲益州牧。祥始以孫堅作長沙時爲江夏太守，不得舉焉爲孝廉，明也。」）

劉巴入益，益州牧劉璋見而驚喜，每有事咨問。〔一〕璋遣法正迎劉備，巴諫曰：「備，雄人〔二〕，入必有爲，不可內也。」既入，巴復諫曰：「若使備討張魯，是放虎於山林〔三〕。」璋不聽。巴閉門稱疾。備攻成都，令軍中曰：「其有害巴者，誅及三族。」及得巴，甚喜。（《太平御覽》卷四百六十七。又見《三國志·蜀書·劉巴傳》注。按：《太平御覽》卷四百六十七引《汝南先賢傳》亦載此事，蓋即《零陵先賢傳》之誤也。）

〔校記〕

〔一〕以上三句，《三國志》注無。

〔二〕「人」下，《三國志》注有「也」字。

〔三〕「林」下，《三國志》注有「也」字。

　　張飛嘗就巴宿〔一〕，巴不與語，飛遂忿恚〔二〕。諸葛亮謂巴曰：「張飛雖實武人〔三〕，敬慕足下〔四〕。主公今方收合文武，以定大事；〔五〕足下雖天素高亮〔六〕，宜少降意也〔七〕。」巴曰〔八〕：「大丈夫處世〔九〕，當交四海英雄，如何與兵子共語乎〔一〇〕？」備聞之，怒曰：「孤欲定天下，而子初專亂之。〔一一〕其欲還北，假道於此，豈欲成孤事邪？」備又曰〔一二〕：「子初才智絕人〔一三〕，如孤，可任用之〔一四〕；非孤者，難獨任也。」亮亦曰：「運籌策於帷幄之中，吾不如子初遠矣！若提枹鼓，會軍門〔一五〕，使百姓喜勇，當與人議之耳〔一六〕。」初攻劉璋〔一七〕，備與士眾約〔一八〕：「若事定，府庫百物，孤無預焉。」及拔成都，士眾皆捨干戈〔一九〕，赴諸藏競取寶物。軍用不足〔二〇〕，備甚憂之。巴曰〔二一〕：「易耳，但當鑄直百錢，平諸物賈〔二二〕，令吏爲官市〔二三〕。」備從之，數月之間，府庫充實。（《三國志‧蜀書‧劉巴傳》注。又見《太平御覽》卷三百九十、卷四百一十、卷四百四十六、《泉志》卷二。）

〔校記〕

〔一〕「巴」前，《太平御覽》卷三百九十有「劉」字。

〔二〕飛，《太平御覽》卷三百九十無。

〔三〕張，《太平御覽》卷四百一十無。

〔四〕敬，《太平御覽》卷四百一十作「愛」。

〔五〕以上兩句，《太平御覽》卷三百九十、卷四百一十無。

〔六〕素，《太平御覽》卷四百一十作「爵」。

〔七〕也，《太平御覽》卷三百九十、卷四百一十無。

〔八〕巴，《太平御覽》卷三百九十無。

〔九〕大，《太平御覽》卷三百九十、卷四百一十無。

〔一〇〕共，《太平御覽》卷三百九十無。乎，《太平御覽》卷三百九十、卷四百一十無。又《太平御覽》卷四百一十引至此止。

〔一一〕《太平御覽》卷三百九十引至此止。

〔一二〕《太平御覽》卷四百四十六自此句引，首句作「劉備曰」。

〔一三〕智，《太平御覽》卷四百四十六作「知」。

〔一四〕此句，《太平御覽》卷四百四十六作「可用」。

〔一五〕「會」下，《太平御覽》卷四百四十六有「於」字。

〔一六〕此句,《太平御覽》卷四百四十六作「當與議之可」。又《太平御覽》卷四百四十
　　　　六引至此止。

〔一七〕《泉志》自此句引,首句作「劉備初攻劉璋」。

〔一八〕備,《泉志》無。

〔一九〕捨,《泉志》誤作「舒」。

〔二〇〕用,《泉志》脫。

〔二一〕「巴」前,《泉志》有「劉」字。

〔二二〕賈,《泉志》作「價」,二字通。

〔二三〕市,《泉志》作「布」,形訛也。

是時中夏人情未一,聞備在蜀,四方延頸。而備銳意欲即真,巴以爲如此示天下不廣,且欲緩之。與主簿雍茂諫備,備以他事殺茂,由是遠人不復至矣。(《三國志・蜀書・劉巴傳》注。)

輔吳將軍張昭嘗對孫權論巴褊阨,不當拒張飛太甚。權曰:「若令子初隨世沈浮,容悅玄德,交非其人,何足稱爲高士乎?」(《三國志・蜀書・劉巴傳》注。)

存疑

荀閎

荀閎字仲茂,爲太子文學掾。時有甲乙疑論,閎與鍾繇、王朗、袁渙議各不同。文帝與繇書曰:「袁、王國士,更爲脣齒,荀閎勁悍,往來銳師,真君侯之勁敵,左右之深憂也。」(《佩文韻府》卷二十三之六。按:荀閎爲潁川人,非零陵人,不當在此。此事見《三國志・魏書・荀彧傳》注引《荀氏家傳》。其致誤之由,四庫本《三國志》此注《荀氏家傳》作《零陵先賢傳》,即承誤本而誤也。)

傅選

衞臻領選舉傳爲益州刺史,文帝曰:「選,吾腹心臣也,吾方與運籌帷幄之中,決勝千里之外,不可授以遠任。」別選傳焉。(《職官分紀》卷四十。按:傅選非零陵人,《太平御覽》卷三百二十二引此云出《傅選別傳》,此蓋涉諸葛亮論劉巴「運籌策於帷幄之中,吾不如子初遠矣」而誤。又本文首句當作「衞臻領舉傅選爲益州刺史」,「傅」誤作「傳」,又移於「舉」字下耳。)

葉譚

葉譚，字令思，零陵人。少負節操，未幾，舉孝廉。王濟謂譚曰：「君吳楚人也，亡國之餘，有何秀異而應斯舉？」譚曰：「君不聞明珠大貝獨生江海之濱乎？」武子爲之默然。（《說郛》卷五十八上。按：「業譚」當作「華譚」，事見《晉書・華譚傳》。華譚乃廣陵人，非零陵人，此乃陶氏妄補也。）

蔡倫

蔡倫，字仲敬，零陵人。少負才名，官常侍，造紙有聲。（《說郛》卷五十八上。按：蔡倫字敬仲，乃桂陽人也，此當亦陶氏妄補。）

《濟北先賢傳》

《濟北先賢傳》，不題撰人。《隋書・經籍志》、兩《唐志》並云一卷，南宋書目、《宋史・藝文志》未見著錄，或亡於宋、元之時也。後世輯此者，有王謨輯本，見《漢唐地理書鈔》目錄，未見刊刻。又有近人劉緯毅輯本，見《漢唐方志輯佚》，凡輯三條，其戴封事，僅錄「戴封爲西華令」六字，蓋不明《書鈔》體例所致。

戴宏

宏字元襄，剛縣人也。年二十二，爲郡督郵，曾以職事見詰，府君欲撻之。宏曰：「今鄙郡遭明府，咸以爲仲尼之君，國小人少，以宏爲顏回，豈聞仲尼有撻顏回之義？」府君異其對，即日教署主簿也。（《後漢書・吳延史盧趙列傳》注。）

戴封

戴封爲西華令，天旱，積薪自焚，火起而雨。（《北堂書鈔》卷三十五。事又見《後漢書・戴封傳》。）

五龍

膠東令盧氾昭字興先，樂城令剛戴祁字子陵，穎陰令剛徐晏字孟平，涇令盧夏隱字叔世，州別駕蛇丘劉彬字文曜。一云世州。右濟北五龍，少並有異

才，皆稱神童，當桓、靈之世，時人號爲五龍。（《聖賢群輔錄》下。按：原云出《濟北英賢傳》，蓋即《濟北先賢傳》也，今姑置此。）

存疑

戴封

戴封爲西華令，蝗飛盡去。（《御定淵鑑類函》卷一百二十七。按：此事見《後漢書·戴封傳》，諸書無云出《濟北先賢傳》者，此蓋涉上戴封事而誤。）

《南海先賢傳》

《南海先賢傳》，《隋書·經籍志》、兩《唐志》皆不著錄。僅《北堂書鈔》引劉盛、董政兩事。或經隋唐戰火，是書遂亡也。姚振宗以爲《隋書》不著錄者，恐是《四海耆舊傳》之一書，可備一說。

劉盛

劉盛遷南郡口令，清脩自守，布被菜令，州郡表烈，仍受九眞太守。（《北堂書鈔》卷三十八。按：此句頗不辭，當有闕訛。）

董政

董政，字伯和，南海人，有令姿。太守舉孝廉，政負笈單步，道入陵山，遣家屬詣府上舉板也。（《北堂書鈔》卷七十九。按：事又見《北堂書鈔》卷三十二引《荊州先賢傳》。董政，《荊州先賢傳》作「董正」。）

《青州先賢傳》

《青州先賢傳》，諸家書目未見著錄，今僅見《藝文類聚》、《後漢書》注徵引兩人兩事。

陶丘洪

洪字子林，平原人也。清達博辯，文冠當代。舉孝廉，不行，辟太尉府。年三十卒。(《後漢書·史弼傳》注。)

周璆

京師號曰：「陳仲舉，昂昂如千里驥；周孟玉，瀏瀏如松下風。」(《藝文類聚》卷二十二。)

《先賢傳》

「先賢傳」之名，首見魏明帝時，《新唐書·藝文志》有《山陽先賢傳》，《舊唐書·經籍志》作《兖州山陽先賢傳》，並題仲長統撰，《元和姓纂》云：「後漢尚書郎仲長統著《昌言》，代居高平，晉太宰參軍長仲谷著《山陽先賢傳》。」蓋後世多不聞長仲谷，因訛作仲長統也。故是書非最早也。其時有兩書，一是魏明帝所作《先賢傳》，諸家書目未著錄，惟《太平御覽》引卷二百一十九引一條；一是魏明帝時人所作《海內先賢傳》，見《隋書·經籍志》，諸家書尚多徵引。其後書以「先賢傳」名者，紛見迭出，僅以《隋書·經籍志》所載，即有《兖州先賢傳》、《徐州先賢傳》、《交州先賢傳》、《魯國先賢傳》、《汝南先賢傳》、《吳先賢傳》、《零陵先賢傳》等，又有不見於《經籍志》、《藝文志》者，若《北堂書鈔》引有《南海先賢傳》、《武陵先賢傳》未見著錄，亦顯為唐前書也。尚有難明其時者，若《東萊先賢傳》、《海西先賢傳》之屬。(《廣韻·尤部》引《東萊先賢傳》「兖州刺史平昌曹牟君卿」，或即《東萊耆舊傳》之別稱。《古今姓氏書辯證》卷八引《海西先賢傳》「有漁陽人酈援字仲弓」〔《通志·氏族略》作「酈授，字仲華，漁陽人」〕，或即《四海耆舊傳》之文。)「傳」之外，又有「志」、「贊」、「畫贊」之名，並相承襲。今既成諸家《先賢傳》，復見有單稱《先賢傳》者，復輯為一篇，總名之《先賢傳》也。凡能考知其出處者，如《後漢書·郡國志》注引潘京事，出《武陵先賢傳》；《北堂書鈔》卷三十五引太守身禱事，卷七十八作《海內先賢傳》；《北堂書鈔》卷一百五十九引勾踐分國事，《初學記》卷七作《徐州先賢傳》；等等，均不錄。王謨輯本亦單列《先賢傳》，惟一條，錄曹牟君卿事，為《東萊先賢傳》文也。是為記。

逢萌

逢萌字子康，爲縣亭長。時尉行過亭，萌候迎拜謁，既而擲盾歎曰：「大丈夫安能爲人役哉！」遂去之。至王莽時，萌解冠，掛東都門而遁。（《通典》卷三十三、《通志》卷五十六。按：此見《後漢書·逢萌傳》、《東觀漢記》卷十六，兩書並云字子慶，「康」蓋「慶」之形訛。逢萌爲北海都昌人，北海屬青州，或即《青州先賢傳》之文。）

蔡順

蔡君仲至孝，母喪，居墓側，天且下神魚四頭，置墓前以祭。（《太平御覽》卷九百三十五、《事類賦》卷二十九。按：蔡順至孝，《汝南先賢傳》載其不敢理桔橰、聞雷奔墓、食母之吐、噬指即歸、伏尸號哭五事，此或即《汝南先賢傳》之文。）

龐德公

舊語諸葛孔明爲臥龍，龐士元爲鳳雛，司馬德操爲冰鑒者，德公之題也。（《輿地紀勝》卷第八十三。按：事又見《三國志·蜀書·龐統傳》注，云出《襄陽記》，龐德公乃襄陽人，若此果爲《先賢傳》文，或即《楚國先賢傳》之文也〔以《楚國先賢傳》載龐統，且多載襄陽人〕。）

王粲宅

荊州有王粲宅。（《九家集注杜詩》卷二十六。按：原文曰「漢末王粲以西京擾亂，之荊州，嘗思歸，作《登樓賦》，故《先賢傳》載」云云，王粲乃山陽高平人。《新唐書·藝文志》有《山陽先賢傳》，今不見遺文，此或即《山陽先賢傳》之文也。）

《巴耆舊傳》

《巴耆舊傳》，諸家皆未著錄。今僅見《華陽國志》卷十二引李顒、然溫兩事，一云出《巴耆舊》，一云出《巴耆舊傳》。《華陽國志》卷十一《陳壽傳》云：「自建武後，蜀郡鄭伯邑、大尉趙彥信及漢中陳申伯、祝元靈、廣漢王文表皆以博學洽聞，作《巴蜀耆舊傳》，壽以爲不足經遠，乃并《巴》、《漢》，撰爲《益部耆舊傳》十篇。」其所云《巴》，即《巴蜀耆舊傳》之省稱，《漢》，當爲《漢中耆舊傳》，《華陽國志》卷十下：「祝龜，字元靈，南鄭人也。……

撰《漢中耆舊傳》，以著述終。」則或亦即《巴耆舊傳》也。然是書多人有所著作，終不能明作者爲誰。

李顒

籌畫益州太守李顒，字德印，墊江人也。(《華陽國志》卷十二。其下原注云：「見《漢書》及《巴耆舊》也。」)

然溫

度遼將軍、桂陽太守然溫，字闕，江州人。(《華陽國志》卷十二。其下原注云：「見《巴耆舊傳》。」)

《北海耆舊傳》

《北海耆舊傳》，僅見《聖賢群輔錄》徵引一條，載公孫孚與荀爽事，諸書皆未見著錄。《隋書·經籍志》有《四海耆舊傳》一卷，不題撰人，《舊唐書·經籍志》亦著錄，云李氏撰，《北海耆舊傳》或即《四海耆舊傳》之一部也。

公孫孚

孚與荀爽共約，出不得事貴勢，而爽當董卓時脫巾，未百日，位至司空。後相見，以爽違約，割席而坐。(《聖賢群輔錄》下。)

《廬江七賢傳》

《廬江七賢傳》，撰者未知。《隋書·經籍志》作兩卷，兩《唐志》作一卷，蓋至唐時亡一卷也。姚振宗曰：「『七賢』當是『先賢』之誤。志敘有曰：『後漢光武始詔南陽，撰作風俗，故沛、三輔有耆舊、節士之序，魯、廬江有名德、先賢之贊，郡國之書由是而作。』又曰『魯、沛、三輔序、贊並亡。』則廬江先賢尚存此二卷，其即東漢相傳之舊歟？」按：兩《唐

志》既作「七賢」，諸書引亦作「七賢」，不可僅以志敘所載，而疑「七」乃「先」之誤也，抑或「先」乃「七」之誤。今觀諸書所引僅三人，然皆漢時人物，則是書之作，亦當甚早也。《宋史・藝文志》未見著錄，陸佃《增修埤雅廣要》引陳翼佩刀生毛事，注云出《太平寰宇記》，而不用原書，則或南宋時已亡也。

文黨

文黨，字翁仲，欲之學時〔一〕，與人俱入蓁木〔二〕，謂侶人曰：「吾欲遠學，先試投我斧高木上〔三〕，斧當掛！」乃仰投之〔四〕，斧果上掛〔五〕，因之長安受經。（《太平御覽》卷六百一十一。又見《北堂書鈔》卷九十七、《太平御覽》卷七百六十三。《太平御覽》卷七百六十三云出《七賢傳》。）

〔校記〕

〔一〕此句，《北堂書鈔》作「未學之時」，爲上；《太平御覽》卷七百六十三無。

〔二〕蓁，《北堂書鈔》作「叢」，「蓁」爲「叢」之異體字；《太平御覽》卷七百六十三作「山取」，疑即「蓁」之誤分。

〔三〕我，《北堂書鈔》、《太平御覽》卷七百六十三無。

〔四〕仰，《太平御覽》卷七百六十三無。

〔五〕掛，《太平御覽》卷七百六十三無。

陳翼

陳翼到藍鄉〔一〕，見道邊有馬，傍有一病人，〔二〕呼曰：「我長安魏公卿，聞廬江樂，〔三〕來遊。今病不能前。」翼迎歸養之。病困，曰：〔四〕「有金十餅，素二十四，死則賣以殯歛，餘謝主人〔五〕。」既死，翼賣素買棺、衣衾〔六〕，以金置棺下，騎馬出入。後其兄長公見馬，告吏捕翼〔七〕，翼具言之〔八〕。棺下得金，長公叩頭謝，以金十餅投其門中〔九〕。翼送長安還之。〔一〇〕翼後爲魯陽尉，號魯陽金尉。（《藝文類聚》卷八十三。又見《太平御覽》卷八百一十、《事類賦》卷九。事又見《太平御覽》卷五百五十六引范晏《陰德傳》。又《獨異志》載魏鮑子都事與此相類。）

〔校記〕

〔一〕此句，《太平御覽》、《事類賦》作「陳翼，字子初，到覽鄉」。按：藍鄉在南陽郡，此當作「監鄉」，「覽」、「藍」並「監」之形訛。又據二書，「陳翼」下當補「字子初」三字。

〔二〕以上兩句，《太平御覽》作「見馬旁有一人病」，《事類賦》作「旁」作「傍」。

〔三〕以上兩句，《太平御覽》、《事類賦》作「我長安魏少公，卿聞廬江樂」。按：疑此爲是，《陰德傳》作「聞廬江樂土」，意與此同。《御覽》、《事類賦》蓋「聞」誤載「卿」上，又見下其兄曰長公，因補「少」字也。

〔四〕以上三字，《太平御覽》、《事類賦》無。

〔五〕此句，《太平御覽》、《事類賦》無。

〔六〕衣，《事類賦》無。

〔七〕「告」下，《太平御覽》、《事類賦》有「之」字。按：此於文爲贅，其下「翼具言之」之「之」，《太平御覽》、《事類賦》無，或即誤移此也。

〔八〕之，《太平御覽》、《事類賦》無。

〔九〕中，《太平御覽》、《事類賦》無。

〔一〇〕《太平御覽》、《事類賦》引至此止。

漢武帝出淮陽〔一〕，到舒州不覽城〔二〕，問曰〔三〕：「此鄉名何〔四〕？」陳翼對曰〔五〕：「鄉名不覽〔六〕。」上曰：「萬乘主所問〔七〕，不祥耶〔八〕？」欲舉燔之〔九〕。翼曰：「臣言不欺〔一〇〕，佩刀當生毛〔一一〕，欺則無毛也〔一二〕。」視之，刀有毛〔一三〕，長寸〔一四〕，乃不燔。（《太平御覽》卷三百四十五。又見《太平御覽》卷一百五十九、《太平寰宇記》卷一百二十六。《太平御覽》卷一百五十九、《太平寰宇記》作《七賢傳》。）

〔校記〕

〔一〕帝，《太平御覽》卷一百五十九、《太平寰宇記》無。

〔二〕此句，《太平御覽》卷一百五十九、《太平寰宇記》作「到監鄉」。

〔三〕此句，《太平御覽》卷一百五十九作「帝問陳翼曰」，《太平寰宇記》作「帝問曰」。

〔四〕鄉，《太平御覽》卷一百五十九、《太平寰宇記》無。「何」上，《太平御覽》卷一百五十九有「爲」字。

〔五〕此句，《太平御覽》卷一百五十九作「翼曰」。

〔六〕此句，《太平御覽》卷一百五十九作「監鄉」，《太平寰宇記》作「鄉名爲監」。

〔七〕此句，《太平御覽》卷一百五十九無。

〔八〕此句，《太平御覽》卷一百五十九、《太平寰宇記》作「何欺乎」。

〔九〕此句，《太平御覽》卷一百五十九無。

〔一〇〕此句，《太平寰宇記》作「不可燔」。

〔一一〕此句上，《太平御覽》卷一百五十九有「若不欺」三字，《太平寰宇記》上有「臣不欺」三字。「毛」上，《太平御覽》卷一百五十九、《太平寰宇記》有「白」字。

〔一二〕「欺」上，《太平御覽》卷一百五十九、《太平寰宇記》有「若」字。也，《太平御覽》卷一百五十九、《太平寰宇記》無。

〔一三〕此句，《太平御覽》卷一百五十九作「刃果有毛」，《太平寰宇記》作「刃果有之」。又《太平御覽》卷一百五十九引至此止，下有小注「監鄉在廬江縣」。

〔一四〕「寸」下，《太平寰宇記》有「餘」字。又《太平寰宇記》引至此止。

陳眾

陳眾辟州從事〔一〕，揚州部有賊，擊之多死。〔二〕眾請以威信取之〔三〕，因單車白馬往，賊束身歸降。遂生爲立祠〔四〕，號曰白馬從事〔五〕。（《藝文類聚》卷九十三。又見《北堂書鈔》卷七十三、《太平御覽》卷八百九十七。《太平御覽》作《七賢傳》。事又見《後漢書・李憲傳》、《太平御覽》卷二百六十五引謝承《後漢書》。）

〔校記〕

〔一〕「眾」下，《北堂書鈔》有「舒人也」三字。

〔二〕以上兩句，《北堂書鈔》作「嵩山有賊，所擊者死」。

〔三〕請，《北堂書鈔》無。以威信，《太平御覽》無。

〔四〕此句，《北堂書鈔》作「立生祠」。

〔五〕曰，《北堂書鈔》作「爲」。

《會稽後賢傳》 鍾離岫撰

《會稽後賢傳》，鍾離岫撰。鍾離岫其人未詳，魯迅曰：「章宗源《隋志史部考證》據《通志・氏族略》以爲楚人。案《元和姓纂》云：『漢有鍾離昧，楚人。鍾離岫撰《會稽後賢傳》。』楚人者謂昧，今以屬岫，甚非。漢代以來，鍾離爲會稽望族，特達者眾，疑岫亦郡人，故爲邦賢作傳矣。」

是書，《隋書・經籍志》作《會稽後賢傳記》，二卷；《舊唐書・經籍志》作《會稽先賢傳》，三卷，《新唐書・藝文志》同。未知書有多本抑或後人有所增補也。諸書所引，或題《傳》，或題《記》，今姑題作《會稽後賢傳》。《宋史・藝文志》不著錄，《職官分紀》徵引《會稽後賢錄》孔坦一事，若即《會稽後賢傳》之誤，則是書南宋之時尚見存也。

後世輯此書者，今見有魯迅《會稽郡故書雜集》輯錄一卷，其中《御覽》卷七百〇八引丁譚事未輯，餘同。

孔愉

孔愉嘗至吳興縣餘干亭〔一〕，見人籠龜於路，愉求買放之〔二〕，至水反顧〔三〕。及愉封此亭侯而鑄印〔四〕，龜首廻屈，三鑄不正，有似昔龜之顧。〔五〕靈德應感如此〔六〕，愉悟，乃取而佩焉〔七〕。（《藝文類聚》卷九十六。又見《太

平御覽》卷九百三十一、《事類賦》卷二十八、《緯略》卷十二。《太平廣記》卷一百
一十八引此，誤題《會稽先賢傳》，今並取以參校。事又見《搜神記》卷二十、《世說
新語・方正》注引《孔愉別傳》、《晉書・孔愉傳》。）

〔校記〕

〔一〕孔，《太平廣記》無。「愉」下，《太平御覽》有「字敬康」三字，《事類賦》作「字
　　　康敬」。按：據《搜神記》卷二十、《世說新語・方正》注、《晉書・孔愉傳》，作「字
　　　敬康」是也。嘗，《緯略》無。縣，《太平御覽》、《太平廣記》、《事類賦》、《緯略》
　　　無。餘，《事類賦》作「余」。干，《太平御覽》、《太平廣記》、《事類賦》作「不」。
　　　按：《搜神記》、《孔愉別傳》、《孔愉傳》並作「不」，梁元帝《古今同姓名錄》作「晉
　　　餘不亭侯孔愉」，「干」蓋「不」之形訛也。

〔二〕此句，《太平御覽》作「愉求買而放於溪中」，《太平廣記》作「愉買而放之」，《事類
　　　賦》作「愉買而放於溪中」。以上兩句，《緯略》節作「放龜溪中」。

〔三〕此句，《太平御覽》、《事類賦》作「龜行至水反顧視愉」，《太平廣記》作「至水反顧
　　　視愉」，《緯略》作「龜反顧視愉」。

〔四〕愉，《太平御覽》、《太平廣記》、《事類賦》、《緯略》無。按：《御覽》等引上條皆有
　　　「愉」字，而此文獨無；此處此文反獨多「愉」字，疑「及愉」二字本當互乙，「愉」
　　　字屬上讀也。侯，《太平御覽》、《太平廣記》無。而，《事類賦》作「三」。侯而鑄印，
　　　《事類賦》、《緯略》無。

〔五〕以上三句，《事類賦》作「三鑄印，龜皆左顧」，《緯略》作「印三鑄，龜首回屈」。
　　　又《緯略》引至此止。

〔六〕應感，《太平御覽》、《太平廣記》作「感應」。此句，《事類賦》無。又《太平御覽》
　　　引至此止。

〔七〕此句，《事類賦》作「遂取佩之」。

孔群

　　群字敬休，會稽山陰人。祖竺，吳豫章太守。父弈，全椒令。群有智局，
仕至御史中丞。（《世說新語・方正》注。原云出《會稽後賢記》。）

孔坦

　　孔坦遷廷尉卿〔一〕，獄多囚繫。坦到官，〔二〕躬執辭狀〔三〕，口辨曲直，
小大以情，不加楚撻。每臺司錄獄，無所顧問，皆面決當時之事。（《初學記》
卷十二。又見《太平御覽》卷二百三十一、《職官分紀》卷十九、《翰苑新書》前集卷
二十二。《初學記》、《太平御覽》云出《會稽後賢記》，《職官分紀》但作《會稽後賢》，
或脫「記」字，或脫「傳」字。）

〔校記〕

〔一〕卿，《職官分紀》、《翰苑新書》無。

〔二〕以上兩句，《翰苑新書》無。

〔三〕「躬」上，《翰苑新書》有「坦」字。

丁潭

潭字世康，山陰人，吳司徒固曾孫也。沈婉有雅望，少與孔愉齊名，仕至光祿大夫。（《世說新語·品藻》注。原云出《會稽後賢記》。）

丁潭以光祿大夫還第，詔賜床帳席褥。（《太平御覽》卷七百〇八。）

謝仙女

貞女謝仙女者，謝承孫也。吳歸命侯採仙女充後宮，仙女乃炙面服醇醯以取黃瘦，竟得免。（《太平御覽》卷三百六十五。原云出《會稽後賢記》。）

存疑

孔坦

孔坦爲吳興太守，新荒之後，繼以水災，道路相望。坦到撫綏，運家米贍給吏人，又爲粥於路，其所全濟甚多乃止。（《職官分紀》卷四十一。按：此原云出《會稽後賢錄》，不見他書徵引，今姑置此。）

《會稽先賢像贊》

《會稽先賢像贊》，《隋書·經籍志》云五卷，不題撰人。《舊唐書·經籍志》作四卷，云賀氏撰，《新唐書·藝文志》同。賀氏，姚振宗云：「本志地理類有《會稽記》一卷，賀循撰，似與此本爲一書，著錄家分人物名官之類入傳記，遂割裂而不相統攝。若是，則唐志題賀氏者，循也。」未知是否。《遂初堂書目》作《會稽先賢贊》。又《北堂書鈔》卷三十八引作《會稽先賢傳贊》，當一書之異名也。《宋史·藝文志》已不見著錄，則或亡於宋、元時也。

後世輯此書者，嚴可均《全上古三代秦漢三國六朝文》據《御覽》輯錄一條，章宗源《隋經籍志考證》據《書鈔》錄一條，魯迅《會稽郡故書雜集》輯兩條，下有校注，最善。

董昆

　　董昆，字文通，〔一〕餘姚人也〔二〕。清約守貧，并日而炊，茹菜不厭。〔三〕
郡守第五府君嘉其令名，署上計吏，舉察孝廉，爲天下之最，經史德行，稱
第一也。（《北堂書鈔》卷七十八。又見《北堂書鈔》卷三十四、卷三十八。《北堂書
鈔》卷三十四、卷七十八云出《會稽先賢贊》，卷三十八云出《會稽先賢傳贊》。）

　　〔校記〕

　　〔一〕《北堂書鈔》卷三十四僅引「昆字文字」一句，蓋有脫訛。

　　〔二〕也，《北堂書鈔》卷三十八無。

　　〔三〕《北堂書鈔》卷三十八引至此止。

　　董昆，字文通，爲太農帑丞，坐無完蓆。（《太平御覽》卷七百〇九。原云出
《會稽先賢贊》。）

綦母俊

　　綦母俊爲交州刺史〔一〕，詔賜高山冠，〔二〕絳三疋，擁節受決，臨難受命，
立功討滅，以報上心。（《北堂書鈔》卷七十二。又見《太平御覽》卷六百八十五。）

　　〔校記〕

　　〔一〕綦母俊，《太平御覽》作「綦母文後」。州，《太平御覽》作「阯」。按：《三國志·吳
　　　　書·虞翻傳》注引《會稽典錄》云：「交阯刺史上虞綦母俊拔濟一郡，讓爵土之封。」
　　　　《元和姓纂》卷二：「後漢綦母俊爲會稽主簿，因居焉。」「母」、「毋」通。「州」當
　　　　作「阯」。《御覽》「文」乃衍文，「後」爲「俊」之形訛。

　　〔二〕《太平御覽》引至此止。

《揚雄家牒》

　　《揚雄家牒》，又或作《揚雄家諜》、《揚雄家錄》、《雄家牒》、《揚雄家諜》、
《子雲家諜》。撰者不知，諸家史志目錄不見著錄。《文選·任昉〈王文憲
集序〉》注云：「《七略》曰：『《子雲家諜》言以甘露元年生也。』」《七略》
既引是書，則其成書當即揚雄生時。按：頗疑《文選》注引有誤，劉歆與揚雄
約同時，似不得引此書。觀任氏此文，首言王氏譜系，云王氏「其先自秦至宋，國
史家諜詳焉」四字，李善注「國史家諜」四字，注文曰：「《琅邪王氏錄》曰：『王氏
之先，出自周王子晉，秦有王剪、王離，世爲名將。』《七略》曰：『《子雲家諜》言

以甘露元年生也。』」其既注王氏，似不當引揚雄。然或以《子雲家諜》注「家諜」二字也，亦未敢遽定。《史通・雜述》篇云：「高門華冑，奕世載德。才子承家，恩顯父母。由是紀其先烈，貽厥後來，若《揚雄家諜》、《殷敬世傳》、《孫氏譜記》、《陸宗系歷》，此之謂家史者也。」言「史」，則所錄人物，蓋自晉伯僑至揚雄也。見《漢書・揚雄傳》。

揚雄之卒

子雲以天鳳五年卒〔一〕，葬安陵阪上〔二〕。所厚沛郡桓君山〔三〕，平陵如子禮〔四〕，弟子鉅鹿侯芭〔五〕，共爲治喪，諸公遣世子朝臣郎吏行事者〔六〕，會送桓君山，爲斂賵，起祠塋，〔七〕侯芭負土作墳〔八〕，號曰「玄冢」。（《藝文類聚》卷四十。又見《北堂書鈔》卷九十二、卷九十四、《太平御覽》卷五百五十八、李復《又答趙子彊書》〔《潏水集》卷四〕、《長安志》卷十四。《書鈔》卷九十二云出《揚雄家》，脫「諜」字；卷九十四云出《揚雄家錄》，《御覽》作《揚雄家諜》，《又答趙子彊書》作《雄家牒》，《長安志》作《揚雄家諜》。《書鈔》兩引與此文略不同，今別爲一條，僅以《御覽》所引參校。）

〔校記〕

〔一〕子雲，《又答趙子彊書》作「雄」。以，《太平御覽》無。

〔二〕「葬」上，《長安志》有「詔陪」二字。「葬」下，《又答趙子彊書》有「於」字。

〔三〕此句，《又答趙子彊書》作「當時所厚如沛郡桓君山」。

〔四〕如，《又答趙子彊書》作「茹」。

〔五〕侯芭，《太平御覽》作「侯子芭」。按：《漢書・揚雄傳》作「侯芭」，《御覽》下亦無「子」字，蓋涉上「如子禮」之「子」而衍。

〔六〕臣，《太平御覽》無。吏，《太平御覽》作「更」。按：郎吏爲漢官，《御覽》「更」蓋即「吏」之形訛，又脫「臣」字也。

〔七〕自「所厚沛郡」以下至此，《長安志》無。自「諸公遣世」至此，《又答趙子彊書》無。

〔八〕「侯」上，《長安志》有「弟子鉅鹿」四字。負土，《又答趙子彊書》無。

子雲以甘露元年二月戊寅雞鳴生〔一〕，天鳳五年四月癸丑脯卒〔二〕，葬安陵阪上，弟子侯芭負土作墳，號曰「玄冢」。（《北堂書鈔》卷九十四。又見《北堂書鈔》卷九十二。又《文選・任昉〈王文憲集序〉》注引《子雲家諜》「言以甘露元年生也」一句，即此首句。）

〔校記〕

〔一〕「二月戊寅雞鳴」六字,《北堂書鈔》卷九十二無。

〔二〕「四月癸丑脯」五字,《北堂書鈔》卷九十二無。按:「脯」當作「餔」,即午後三時至五時也。

《魏武家傳》　漢曹操撰

《魏武家傳》,漢曹操撰。曹操,字孟德,沛國譙人。漢舉孝廉爲郎,歷位丞相,封魏王。曹丕代漢,追諡曰武皇帝,廟號太祖。事詳《三國志·武帝紀》。《魏武家傳》,諸家書目皆未著錄,《三國志·魏書·蔣濟傳》裴注云「魏武作《家傳》自云曹叔振鐸之後」,今僅存此一條。

曹操

曹叔振鐸之後。(《三國志·魏書·蔣濟傳》注。又見《廣韻·豪韻》、《路史後紀》十等,當皆轉自《三國志》注。)

《玄晏春秋》　晉皇甫謐撰

《玄晏春秋》,晉皇甫謐撰。皇甫謐,字士安,幼名靜,安定朝郡(今甘肅靈臺縣)人,居新安,漢太尉嵩曾孫。自號玄晏先生,魏郡召上計掾,舉孝廉,景元初,相國,皆不行。晉受禪,累徵,又舉賢良方正。咸寧初,徵太子中庶子,又徵議郎,又徵著作郎、司隸,劉毅請爲功曹,並不應。太康三年卒,年六十八。事跡詳《晉書·皇甫謐傳》。

是書,《隋書·經籍志》云三卷,兩《唐志》並云二卷,未知至唐脫一卷抑或三卷合爲一卷也。《太平御覽》尚多見徵引,則北宋時尚存;《宋史·藝文志》不見著錄,恐亡於宋元之交也。此書疑南宋之時已亡,《野客叢書》卷七引《玄晏春秋》後注云:「其事亦著《藝文類聚》、《類要》諸書。」若是書尚存,此注似有畫蛇添足之嫌。後世輯此書者,今見陶宗儀輯本,見宛委山堂本《說郛》卷五十九。是書輯四條,與衛倫論味事分爲兩條,一條爲悟乃學書事,一條爲號予書帙事,無校,不注出處。

悟乃學書

十七年〔一〕，予長七尺四寸〔二〕，未通史書，與從姑子梁柳等〔三〕，或編荊為楯〔四〕，執杖為戈〔五〕，分陳相刺，有若習兵〔六〕。母數譴予。予出得瓜果，歸以進母，母投諸地曰：「《孝經》稱『日用三牲之養，猶為不孝』何？孝者，莫大於欣親。今爾年近乎二十，志不存教，心不入道，曾無忧惕，小慰我心。脩身篤學，爾自得之，於我何有？」因對予流涕。予心少感，遂伏書史。（《太平御覽》卷六百〇七。又見《北堂書鈔》卷一百二十一、《太平御覽》卷三百五十一。事又見《晉書·皇甫謐傳》。）

〔校記〕

〔一〕此句，《北堂書鈔》作「皇甫謐年十七」，《太平御覽》卷三百五十一作「七年春王正月乙酉」。按：《晉書·皇甫謐傳》作年二十之事，《御覽》引云七年，當即太和七年（233年），正月乙酉為正月二十四，皇甫謐時年十九歲。文中云「近乎二十」，為上。疑此本或作作「七年」，或作「十九年（歲）」，「七」、「九」形近，又涉「七年」而誤作「十七」也。

〔二〕「寸」下，《太平御覽》卷三百五十一有「矣」字。此句，《北堂書鈔》無。

〔三〕「等」下，《太平御覽》卷三百五十一有「擊壤於路」四字。此句，《北堂書鈔》無。

〔四〕或，《北堂書鈔》作「始」。楯，《北堂書鈔》作「盾」。

〔五〕杖，《北堂書鈔》作「枝」，《太平御覽》卷三百五十一作「獲」。又《北堂書鈔》引至此止。

〔六〕有若，《太平御覽》卷三百五十一無。「兵」下，《太平御覽》卷三百五十一有「共以為樂」四字。又《太平御覽》卷三百五十一引至此止。

號予書帙

余家素貧窶〔一〕，晝則務作於勞〔二〕，夜則甘疲寐〔三〕。及二時之務〔四〕，書卷生塵〔五〕，篋不解緘。唯季冬裁得一旬學〔六〕，或兼夜寐，或戲獨否，或對食忘餐，或不覺日夕，是以遊出之事，吉凶略絕。富陽男數以全生之道誨予，方之好色，號予為書帙〔七〕。（《太平御覽》卷六百一十四。又見《太平御覽》卷二十七、卷三十七。按：《御覽》卷三十七誤云出《晏子春秋》。）

〔校記〕

〔一〕素，《太平御覽》卷二十七無。窶，《太平御覽》卷二十七、卷三十七無。

〔二〕務作於勞，《太平御覽》卷二十七作「愍於作勞」，卷三十七作「苦於作勞」。按：此作「愍於作勞」為上，《玉篇》：「愍，悲也。」「務」蓋「愍」之形訛，「愍」或書作「㦖」，「務」或書作「敄」，又涉下「務」字，因而致誤。作「苦」者，則據下「甘」字而改。若本作「苦」，似無由改作「愍」字。「愍於作勞」與下「甘於疲寐」相對，「作」字誤作「於」字上。

〔三〕甘疲寐，《太平御覽》卷二十七作「甘於寢寐」，卷三十七作「甘於疲寢」。按：此文脫「於」字，與上相對。又此文當作「疲寢」或「疲寐」，「疲」承上「作勞」而言，惟「寢」、「寐」並通，然二字形近，必有一誤也。

〔四〕及，《太平御覽》卷二十七作「以」，卷三十七無。二，《太平御覽》卷二十七、卷三十七作「三」。務，《太平御覽》卷三十七作「際」。按：此當作「以三時之務」爲上，以者，因也；三時之務謂春耕、夏耘、秋斂，冬則息之。

〔五〕書卷，《太平御覽》卷二十七作「卷帙」，卷三十七作「書皆」，義並通。又《太平御覽》卷三十七引至此止。

〔六〕「冬」下，《太平御覽》卷二十七有「末」字。裁，《太平御覽》卷二十七作「纔」。「學」下，《太平御覽》卷二十七有「爾」字。又《太平御覽》卷二十七引至此止。

〔七〕書帙，下條作「書淫」，《晉書・皇甫謐傳》亦作「書淫」。

號爲書淫

余學或兼夜不寐，或臨食忘餐，或不覺日夕，方之好色，號余爲書淫。

（《北堂書鈔》卷九十七。按：此條當與上條爲一事，然所敘有異，今別爲一條。）

恨不延年

予常恨不能請命於天、延年累百、博極羣書者也。（《北堂書鈔》卷九十七。）

奴解《漢書》

計君乂授與《司馬相如傳》，遂涉《漢書》〔一〕，讀《匈奴傳》，〔二〕不識棠梨孤塗之字〔三〕。有胡奴執燭〔四〕，顧而問之。奴曰：「棠梨，天子也。言匈奴之號單于〔五〕，猶漢人有天子也〔六〕。」予於是乎曠然發寤〔七〕。（《藝文類聚》卷八十。又見《太平御覽》卷八百七十、《野客叢書》卷七、《能改齋漫錄》卷三。又《史記・匈奴列傳》索隱引《玄晏春秋》：「士安讀《漢書》，不詳此言。有胡奴在側，言之曰：『此胡所謂天子。』」乃變改其文。）

〔校記〕

〔一〕「涉」下，《能改齋漫錄》衍「後」字。

〔二〕以上三句，《太平御覽》作「予讀《漢書・匈奴傳》」，《野客叢書》作「予讀《匈奴傳》」。

〔三〕棠，《太平御覽》、《野客叢書》、《能改齋漫錄》並作「撐」，是也，蓋「撐」誤作「掌」，又誤作「棠」。梨，《太平御覽》作「黎」，《野客叢書》作「犁」，《能改齋漫錄》作「犁」，四字音同可假。下「棠」、「梨」二字同，不俱校。字，《野客叢書》誤作「事」，蓋音訛也。

〔四〕胡，《太平御覽》作「故」，當是「胡」之形訛。

〔五〕之，《野客叢書》無。單于，《野客叢書》作「撐犁」。

〔六〕有，《野客叢書》作「稱」。

〔七〕予，《野客叢書》無，《能改齋漫錄》作「余」。乎，《野客叢書》、《能改齋漫錄》無。寤，《太平御覽》、《能改齋漫錄》作「悟」。

夢中對策

十二月乙丑夕，夢至京師。自廟出，見車騎甚眾。以物呈廟云：「誅大將軍。」曹爽寤以告梁析，析曰：「君欲曹人之夢乎？朝無公孫彊。」予曰：「爽無叔振之請，苟失天機，則籬矣，何待於彊？」（《太平御覽》卷四百。）

朴訥蹇諤

予朴訥不好戲弄，口又不能戲談。（《太平御覽》卷四百六十四。）

罹疾不瘳

夏四月，予瘴於河南，歸於新安，不瘳。（《太平御覽》卷七百四十三。）

鄰人愧疑

隣人亡斧及雞，意予竊之，居三日，雞還，斧又自得，鄰人大愧。（《太平御覽》卷七百六十三。）

樂好園圃

又好桑農、種藏之事，且養雞鶩，園圃之事，勤不捨力焉。（《太平御覽》卷八百二十四。）

雞奪鵲巢

新安寺有槐，而鵲巢之，雄雞奪而棲焉。永安令繁璉，予之族姑子也。其主簿以告予，予雞棲野人，必將寄次於野，縣其空乎？夏五月丙申，璉卒喪，次子縣空縣送之。（《太平御覽》卷八百八十五。）

辨糗之味

衛倫過予〔一〕，言及於味〔二〕，稱魏故侍中劉子楊食餅知鹽生〔三〕，精味之至也。〔四〕予曰：「師曠識勞薪〔五〕，易牙別淄澠。子楊今之妙也，定之何難？」〔六〕倫因命僕取糧糗以進〔七〕，予嘗之曰〔八〕：「麥也〔九〕，有杏、李、柰味〔一〇〕。三果之熟也不同〔一一〕，子焉得兼之？」倫笑而不言，退告人曰〔一二〕：「士安之識過劉氏〔一三〕！吾將來〔一四〕，家實多〔一五〕，故杏時將發〔一六〕，

故揉以杏汁〔一七〕；李時將發，又揉之李汁；柰時將發，又揉以柰汁：〔一八〕
故兼三味〔一九〕。」（《太平御覽》卷九百六十八。又見《編珠》卷四、《北堂書鈔》
卷一百四十七、《藝文類聚》卷八十七、《初學記》卷二十六、《太平御覽》卷八百六
十〔兩引〕、卷八百六十五、卷九百七十、《事類賦》卷二十六、《緯略》卷七。又《書
敍指南》卷九引《玄晏春秋》：「別味所知曰鹽生薪勞。」乃概括之語，非原文如此。）

〔校記〕

〔一〕「過」上，《初學記》有「以郎應會於京師」七字，當據補。

〔二〕此句，《初學記》作「而論及於味」，《太平御覽》卷八百六十首引作「而譫論及於味」。

〔三〕「稱」上，《初學記》、《太平御覽》卷八百六十首引有「倫」字。魏故，《太平御覽》
　　　卷八百六十首引無。楊，《藝文類聚》、《事類賦》作「陽」，《初學記》作「揚」。下
　　　「楊」字同，不俱校。鹽，《太平御覽》卷八百六十首引作「塩」，「塩」為「鹽」之
　　　異體字。

〔四〕《太平御覽》卷八百六十五、《緯略》僅引以上兩句，《御覽》作「故侍中劉子楊食餅
　　　知鹽生，精味之至」，《緯略》作「衛倫稱劉子陽食餅而知鹽生，精味之至」。

〔五〕「師曠」上，《初學記》、《太平御覽》卷八百六十首引有「昔」字。師曠，《藝文類聚》
　　　作「荀勖」。按：師曠識勞薪事見《北史·王劭傳》（《隋書·王劭傳》亦有之），荀
　　　勖識勞薪事見《世說新語·術解》、《晉書·荀勖傳》。此論古人，荀勖與皇甫謐同時，
　　　當作師曠是。蓋後世多聞荀勖識勞薪，因而改之也。

〔六〕以上兩句，《初學記》作「子揚之妙，抑末乎」（《太平御覽》卷八百六十首引同，
　　　惟「揚」作「楊」）。又此句之下，《初學記》有「倫曰：晉師曠、易牙，古之精也；
　　　魏之子揚，今之妙，子何間焉」（《太平御覽》卷八百六十首引與此略同，無「師」
　　　字，「易」作「齊」，「揚」作「楊」，「妙」下有「也」字，較《初學記》為上），
　　　當據補。又《初學記》、《太平御覽》卷八百六十首引至此止。二書所引，似當別
　　　是一本。

〔七〕糧糗，《藝文類聚》、《事類賦》乙。又《編珠》、《北堂書鈔》、《太平御覽》卷八百六
　　　十次引、卷九百七十自此引起，《編珠》作「衛倫過元晏，取糗糧以進」，《北堂書鈔》
　　　作「衛倫取糗進」，《太平御覽》卷八百六十次引作「衛倫過予，而譫論及於味，命
　　　僕取糗以進予」，卷九百七十作「衛倫過予，論及於時味，倫因命僕取糗進予」。

〔八〕予，《編珠》作「元晏」，「元」字避康熙諱改；《北堂書鈔》無。嘗之，《太平御覽》
　　　卷九百七十無。

〔九〕「麥」上，《北堂書鈔》有「吾知之」三字，《太平御覽》卷八百六十次引有「吾知之
　　　矣」四字。麥，《太平御覽》卷九百七十作「麦」，「麦」為「麥」之俗字（見敦煌卷
　　　子P.3906）。「也」上，《太平御覽》卷八百六十次引有「其主者」三字。又《北堂書
　　　鈔》引至此止。

〔一○〕柰，《編珠》、《藝文類聚》、《太平御覽》卷八百六十次引、卷九百七十、《事類賦》
　　　作「奈」，「奈」為「柰」本字。下「柰」字同，不俱校。杏李柰，《太平御覽》

卷八百六十次引作「李柰杏」。「味」上，《編珠》有「三」字。又《太平御覽》
卷九百七十引至此止。

〔一一〕之熟也，《太平御覽》卷八百六十次引無。「同」下，《編珠》有「時」字。

〔一二〕「告」上，《事類賦》有「而」字。告，《編珠》作「謂」。又以上兩句，《太平御覽》
卷八百六十次引節作「倫曰」。按：此不當節引，原文爲衛倫不告皇甫謐，節文
則成告於皇甫謐，意思相反。

〔一三〕劉氏，《編珠》作「劉子陽」。此句，《太平御覽》卷八百六十次引無。

〔一四〕「吾」下，《太平御覽》卷八百六十次引有「之」字。將來，《編珠》、《事類賦》無，
「吾」字屬下讀。

〔一五〕「實」上，《事類賦》有「果」字。實多，《編珠》作「多園樹」。

〔一六〕「故」、「時將」三字，《編珠》無。又「將」字疑衍，見下說。

〔一七〕揉上，《太平御覽》卷八百六十次引、《事類賦》有「故」字。揉，《編珠》、《藝
文類聚》、《太平御覽》卷八百六十次引、《事類賦》作「糅」。按：「糅」爲本字，
「揉」爲後起字。下「揉」字同，不俱校。

〔一八〕以上四句，《編珠》作「李柰發，又糅以李柰汁」，《藝文類聚》作「李柰將發，又
糅以李柰汁」，《太平御覽》卷八百六十次引作「李柰時發，又糅之以李柰汁」，《事
類賦》作「李柰時將發，又糅以李柰汁」。按：「時將發」、「將發」疑并當作「時
發」，若作「將發」，其實未熟，不得糅於餅。「時」、「將」形近，易於致誤（二
字互訛，《文苑英華》注多有其例，「時」或作「將」者，見隋蕭皇后《述志賦》
「時負累於先靈」、隋煬帝《冬夜》「不覺歲時盡」等；「將」或作「時」者，見
蕭穎士《愛而不見賦》「遽將逝而復止」、鄭璘《授錢鏐潤州節度使制》「由是將
膺兼領」等），此或「時」誤作「將」，或後人兩書之而屬入正文也。

〔一九〕此句，《編珠》作「故兼此三味耳」，《太平御覽》卷八百六十次引作「故有三果之
味也」。

《裴氏家記》 晉傅暢撰

《裴氏家記》，晉傅暢撰。傅暢，字世道，北地泥陽人也。祖嘏，魏太
守。父祗，晉右僕射、中書監。年未弱冠，甚有重名。西晉封武鄉亭侯，
官至秘書丞，行河陰令。永嘉之亂，遂沒於石勒。勒以爲大將軍右司馬。
諳識朝儀，恒居機要，勒甚器重之。作《晉諸公敍讚》二十卷。又爲《公
卿故事》九卷。建平元年卒。石勒之時，裴憲、傅暢並爲經學祭酒，見《晉
書・石勒下》。或其時二人交好，傅暢乃撰是書也。其後裴松之撰《裴氏家
傳》，或有所襲也。

裴儁、裴越

儁字奉先，魏尚書令潛弟也。儁姊夫爲蜀中長史，儁送之，時年十餘歲，遂遭漢末大亂，不復得還。既長知名，爲蜀所推重也。子越，字令緒，爲蜀督軍。蜀破，遷還洛陽，拜議郎。（《三國志・蜀書・孟光傳》注。）

《曹氏家傳》　　晉曹毗撰

《曹氏家傳》，晉曹毗撰。曹毗，字輔佐，譙國人也。高祖休，魏大司馬。父識，右軍將軍。毗少好文學，善屬辭賦。郡舉孝廉，除郎中，蔡謨舉爲著作佐郎。以父喪去職，服闋，遷句章令，徵拜太學博士。累遷至光祿勛，卒於官。事詳《晉書・文苑列傳》。是書，《隋志》、兩《唐書》並著錄爲一卷，今僅見《白氏六帖》徵引一條。《初學記》卷十二、《太平御覽》卷二百二十七云出《曹氏傳》，二書當即一書也。此雖見錄於《太平御覽》，然恐乃轉引，頗疑唐末已亡也。

曹操

左雍起於倅吏，武帝以爲能，擢爲殿中侍御史。（《白氏六帖》卷二十一。又見《初學記》卷十二、《太平御覽》卷二百二十七。二書云出《曹氏傳》。）

〔校記〕
〔一〕倅，《初學記》作「辟」，《太平御覽》作「碎」。按：此當作「辟」爲是，「辟吏」爲屬吏，職位甚低。「倅」、「碎」皆「辟」之形訛。

《范氏家傳》　　晉范汪撰

《范氏家傳》，范汪撰。范汪，字玄平，南陽順陽（今河南內鄉）人。祖晷，雍州刺史。父稚，早卒。汪少孤貧而好學。弱冠，至京師，屬蘇峻作難。王師敗績，汪乃遁逃西歸，往依庾亮十有餘年。後轉鷹揚將軍、安遠護軍、武陵內史，征拜中書侍郎。桓溫爲荊州，以爲安西長史。溫西平蜀，進爵汪武興縣侯。後入朝，頻遷中領軍、本州大中正，除都督徐兗青

冀四州揚州之晉陵諸軍事、安北將軍、徐兗二州刺史、假節。後以忤溫，免爲庶人。年六十五，卒於家。贈散騎常侍，謚曰穆。《晉書》有傳。范汪著述頗豐，《范氏家傳》外，又有《尚書大事》二十卷，《祭典》三卷、《范東陽方》一百〇五卷、《棋九品序錄注》一卷，今皆不存。

是書《隋志》載錄一卷，兩唐書《藝文志》並未見錄。《通志》題作《范氏世傳》。今僅存佚文一條，見於唐許嵩《建康實錄》，載范愼事，范愼，字孝敬，廣陵人，曾任東吳侍中、武昌大都督、太尉等，鳳凰三年卒。事跡見於《三國志·吳書·吳主五子·孫登傳》及裴注。是此書唐時猶存。其亡佚，或在唐宋間也。別有《范氏家傳》，又稱《范祖禹家傳》，非一書，不錄。

著書《矯非》

愼著書二十篇，號曰《矯非》。（《建康實錄》卷四注引。）

《裴氏家傳》　宋裴松之撰

《裴氏家傳》，裴松之撰。裴松之，字世期，河東聞喜人。祖父昧，光祿大夫。父珪，正員外郎。松之少喜讀書，博學日進。晉太元中，拜殿中將軍，除新野太守，不行。拜員外散騎侍郎。義熙初，爲故鄣令，入爲尚書祠部郎。劉裕領司州，以爲州主簿，轉治中從事史。晉據洛陽，召爲世子洗馬，除零陵內史，徵國子博士。元嘉初，爲冗從僕射，轉中書侍郎，司冀二州大中正。出爲永嘉太守，入補通直常侍。復出爲南琅邪太守，致仕，拜中散大夫，尋領國子博士，進太中大夫，封西鄉侯。元嘉二十八年卒，年八十有三。著有《三國志注》六十五卷，集二十一卷。

是書，《隋書·經籍志》云四卷，兩《唐志》稱《裴氏家記》，作三卷，或經隋唐戰火，亡佚一卷也。裴松之《三國志》注引有傅暢《裴氏家記》，又《南史·裴子野傳》云：「子野少時集注《喪服》、《續裴氏家傳》各二卷。」則裴松之所撰，或當襲自傅暢；其子裴子野復續其書也。唐宋類書未見徵引，宋代書目未見著錄，或亡於唐末也。

後世輯是書者，有清湯球，見《九家舊晉書輯本·晉諸公別傳》，輯裴榮一條。

裴榮

裴榮，字榮期，河東人。父糴，豐城令。榮期少有風姿才氣，好論古今人物，撰《語林》數卷，號曰「裴子」。（《世說新語‧文學》注。按：此段其下注云：「檀道鸞謂裴松之以爲啓作《語林》，榮儻別名啓乎？」）

裴頠

頠取戎長女。（《世說新語‧任誕》注。）

《荀氏家傳》　　宋荀伯子撰

《荀氏家傳》，劉宋荀伯子撰。荀伯子，穎川穎陰人。祖荀羨，驃騎將軍。父荀猗，秘書郎。少好學，著作郎徐廣重之，舉爲著作佐郎，助撰《晉史》及著桓玄等傳，遷尚書祠部郎。後爲世子征虜功曹、國子博士。妻弟謝晦薦之，入爲尚書左丞，出補臨川內史。遷散騎常侍、太子僕、御史中丞。復出補司徒左長史、東陽太守。元嘉十五年，卒官，時年六十一。《宋書》有傳。

是書《隋書‧經籍志》未著錄，兩《唐志》並著錄爲十卷。《太平御覽》、《太平寰宇記》尚有新條目出，則北宋之時尚存。《宋史‧藝文志》不見著錄，南宋諸書徵引未見新條目，頗疑南宋之時已亡也。

後世輯是書者，一爲清湯球，見《九家舊晉書輯本‧晉諸公別傳》，凡十六條，下注出處，文中有淺校。二爲今人李貴軍，見《荀伯子〈荀氏家傳〉輯校》，《吉林廣播電視大學學報》，2007 年第 4 期。凡輯 36 條，下注出處，文中有淺校。該文輯錄有非其文而錄入者，如《三國志‧荀彧傳》注引荀惲事，下引《世語》：引荀顗事，下引《晉陽秋》；《荀攸傳》注引荀曇事，下引張璠《漢紀》，皆別是一書，不當錄之。（其下荀衍事後亦引張璠《漢紀》，作者卻未徵引。）

今所輯錄，凡 24 條 38 事，首列荀伯子序文，其下人物則略以時間爲序列之。

序

惟我之先，生於有晉〔一〕。人物盈朝，袞衣暐曄，六世九公〔二〕，不亦偉乎！磊落瓌奇，光昭合同〔三〕。已獨步於古今，拊萬姓而駴之矣！〔四〕中興丞相王公歎曰：「自八龍以後〔五〕，榮寵莫二，爲天下之盛也〔六〕。」（《太平御覽》卷四百七十。又見《初學記》卷十八。又宋王應麟《小學紺珠》卷七引《荀氏家傳》「六世九公」，王遽《清江三孔集・再吟六詩四首拜呈》「荀袞傳榮耀」注引《荀氏家傳》：「袞衣暐曄六葉。」皆出此。）

〔校記〕

〔一〕生，《初學記》作「至」。按：此作「至」是，《荀氏家傳》多有晉前人物，不當云荀氏之先生於有晉也，此言荀氏至晉代而大盛。「至」、「生」形近，因而致訛。

〔二〕世，《初學記》作「代」，避太宗諱。

〔三〕昭，《初學記》作「照」，二字通。

〔四〕以上兩句，《初學記》無。

〔五〕此句，《初學記》作「勗已後」。

〔六〕之盛也，《初學記》作「貴門矣」。

荀曇（荀昱）

曇字元智。兄昱，字伯脩。（《三國志・魏書・荀攸傳》注。）

荀衢（荀祈、荀愔）

衢子祈，字伯旗，與族父愔俱著名。祈與孔融論肉刑，愔與孔融論聖人優劣，並在《融集》。祈位至濟陰太守，愔後徵有道，至丞相祭酒。（《三國志・魏書・荀攸傳》注。按：文中「並在《融集》」當裴氏語。）

荀淑八子

荀淑八子，皆以慈爲字。（《後漢書・荀韓鍾陳列傳贊》注。按：此所引當爲概括文字，非原文如此也。《聖賢群輔錄》下載荀淑八子：「荀儉字伯慈，儉弟緄字仲慈，緄第靖字叔慈，靖弟燾字慈光，燾弟汪字孟慈，汪弟爽字慈明，爽弟肅字敬慈，肅弟旉字幼慈司。」此節文字當皆在《荀氏家傳》中。）

潁川八龍。（《史通・採撰》。）

荀淑有子八人皆賢，其地舊稱西豪里，潁陰令范康曰：「昔高陽氏有才子八人，荀公亦有才子八人。」乃改西豪爲高陽里。時同郡人陳寔爲太邱長，奕葉賢德，往詣荀門。陳君使元方爲御，季方從後，孫子長文尙幼，抱之於

膝。君使叔慈應門，慈明行酒，自餘六龍侍側。孫文若猶小，坐之於懷。言語三日，德星爲之聚。太史奏曰：「五百里內有賢人集，故德星爲之聚。」因名荀里曰德星鄉。（《太平寰宇記》卷七。）

荀爽

爽字慈明，幼而歧嶷，大學儒林咸歎服之。年十二，太尉杜喬師焉。（《太平御覽》卷四百○四。）

荀爽，字慈明〔一〕。董卓徵公〔二〕，公到府三日〔三〕，策拜司空。〔四〕爽起巖穴〔五〕，九十五日而爲臺司〔六〕，世人號爲「白衣登三公」〔七〕。（《太平御覽》卷二百○八。又見《北堂書鈔》卷五十二、《藝文類聚》卷四十七、《通典》卷二十、《職官分紀》卷二、《記纂淵海》卷一百二十五、《翰苑新書》前集卷六十三。事又見《三國志・魏書・荀彧傳》注引張璠《漢紀》、《北堂書鈔》卷五十三、《太平御覽》卷二百二十九引《續漢書》。）

〔校記〕
〔一〕慈，《藝文類聚》作「德」。
〔二〕此句，《通典》、《職官分紀》作「董卓秉政徵之」。以上三句，《北堂書鈔》作「董卓秉政，詔遣使者於所在，拜爽光祿勳」，《記纂淵海》、《翰苑新書》作「董卓徵荀爽」。
〔三〕公，《北堂書鈔》、《記纂淵海》、《翰苑新書》無。
〔四〕以上兩句，《通典》、《職官分紀》無。
〔五〕爽，《北堂書鈔》、《藝文類聚》、《通典》、《職官分紀》、《記纂淵海》、《翰苑新書》無。
〔六〕臺司，《通典》、《職官分紀》作「司空」。《記纂淵海》、《翰苑新書》引至此止。
〔七〕世人，《通典》、《職官分紀》作「時」。爲，《藝文類聚》作「曰」。

荀爽對策曰〔一〕：「臣聞火生於木，故其德孝。漢之諡帝稱孝〔二〕，其義取此也〔三〕。故漢制天下〔四〕，皆誦《孝經》，選吏則舉孝廉，蓋以孝務也〔五〕。夫喪親，自盡孝之終也。今二千石不得行三年喪，非所以崇孝道而稱火德也。頃者漢嗣數乏，枝葉不繁，其咎未必不由此。往者文帝勞謙自約，行過於儉，故有遺詔，以日易月。此所謂夷惠激俗，當身而已，貫萬世爲後嗣法者也。」（《太平御覽》卷五百四十五。又見《藝文類聚》卷四十、《太平御覽》卷五百六十二。事又見《後漢紀・孝桓皇帝紀下》。）

〔校記〕
〔一〕「策」上，《太平御覽》卷五百六十二有「象」字，疑即「策」之誤而復衍者。
〔二〕「孝」下，《藝文類聚》、《太平御覽》卷五百六十二有「者」字。

〔三〕也，《太平御覽》卷五百六十二無。

〔四〕「制」下，《藝文類聚》、《太平御覽》卷五百六十二有「使」字。按：《後漢紀》載荀爽對策亦有「使」字，此或脫之。

〔五〕此句，《藝文類聚》、《太平御覽》卷五百六十二作「以孝爲務也」。《藝文類聚》、《太平御覽》卷五百六十二引至此止。

荀巨伯

巨伯，漢桓帝時人也，亦出潁川，未詳其始末。（《世說新語・德行》注。）

荀悅

荀悅，字仲豫，儉之子。儉早卒，悅年十二，能說《春秋》。家貧無書，每之人間，所見篇讀〔一〕，一覽多能誦記，性靜〔二〕，美姿容。（《太平御覽》卷三百八十。事又見《後漢書・荀悅傳》。）

〔校記〕

〔一〕讀，《後漢書・荀悅傳》作「牘」，是。

〔二〕「靜」上，《後漢書・荀悅傳》有「沈」字，爲上。

荀衍（荀諶、荀紹、荀閎、荀煇）

衍，字休若，或第三兄。或第四兄諶，字友若，事見《袁紹傳》。陳羣與孔融論汝潁人物，羣曰：「荀文若、公達、休若、友若、仲豫，當今並無對。」衍子紹，位至太僕。紹子融，字伯雅，與王弼、鍾會俱知名，爲洛陽令，參大將軍軍事，與弼、會論《易》、《老》義，傳於世。諶子閎，字仲茂，爲太子文學掾。時有甲乙疑論，閎與鍾繇、王朗、袁渙議各不同。文帝與繇書曰：「袁、王國士，更爲唇齒。荀閎勁悍，往來銳師。眞君侯之勍敵，左右之深憂也。」終黃門侍郎。閎從孫煇，字景文，太子中庶子，亦知名。與賈充共定音律，又作《易集解》。仲豫名悅，朗陵長儉之少子，或從父兄也。（《三國志・魏書・荀彧傳》注。按：文中「事見《袁紹傳》」當裴氏語。）

荀彧

荀彧德行周備，名重天下，莫不以爲儀表。（《文選・沈約〈齊故安陸昭王碑文〉》注。）

荀彧德行周備，其所規薆，以聖人爲度。（《藝文類聚》卷二十一。）

荀彧德行周備，名重天下，海內英俊咸嘉焉。(《太平御覽》卷四百〇三。按：《三國志‧魏書‧荀彧傳》注引《彧別傳》曰：「彧德行周備，非正道不用心，名重天下，莫不以爲儀表，海內英雋咸宗焉。」則以上三條，本一處之文，而所取不同焉。)

荀彧，字文若。太祖既定冀州，爲公起大第於鄴，諸將各以功次受居地。太祖親遊之，笑曰：「此亦周禮六勳之差也。」(《太平御覽》卷一百八十一。按：《玉海》卷一百七十五引「既定冀州，爲公起大第於鄴」句，云出《荀彧家傳》，當即《荀氏家傳》也。)

鍾繇以爲顏子既沒，能備九德、百行不二其過者，唯荀彧乎？或問繇曰：「君推荀君，比之顏子，自以不及，其可得聞乎？」繇曰：「夫明君師臣，其次友之。以太祖之聰明，每大事，常先諮之。荀彧是則古師友之義也。吾等受命而行，猶或不盡，去固遠耶！」(《太平御覽》卷四百〇三。事又見《三國志‧魏書‧荀彧傳》注引《彧別傳》。)

荀攸

攸字公達，爲軍師，軍國選舉及刑獄法制皆使君掌焉。(《北堂書鈔》卷六十三。)

魏文帝在東宮，武帝謂曰：「荀公爲人之師表也，汝當盡禮敬之。」〔一〕荀嘗病〔二〕，世子問疾〔三〕，拜牀下〔四〕。(《太平御覽》卷五百四十二。又見《北堂書鈔》卷八十五。)

〔校記〕
〔一〕以上四句，《北堂書鈔》無。
〔二〕此句，《北堂書鈔》作「荀公達嘗病」。
〔三〕此句，《北堂書鈔》作「天子問病」。
〔四〕「拜」上，《北堂書鈔》有「獨」字。

荀惲（荀俣、荀詵、荀寓）

惲字長倩〔一〕，俣字叔倩〔二〕，詵字曼倩。俣子寓，字景伯。(《三國志‧魏書‧荀彧傳》注。又見《冊府元龜》卷七百八十三注。)

〔校記〕
〔一〕惲，《冊府元龜》誤作「懌」。
〔二〕倩，《冊府元龜》誤作「靖」。

荀粲

荀粲簡貴，不能與常人交接，所交者皆一時雋傑。粲卒，至葬，夕赴者十餘人〔一〕，皆同年名士也，哭之感慟路人。（《太平御覽》卷四百〇九。事又見《三國志·魏書·荀彧傳》注、《書鈔》卷九十二、《太平御覽》卷第五百五十四引《晉陽秋》、《世說新語·惑溺》注引《王粲別傳》。）

〔校記〕

〔一〕諸書引《晉陽秋》、《王粲別傳》「十餘」上有「裁（纔）」字，上言荀粲不能交接，此言才十餘，文正相應，有「裁（纔）」字爲上。

荀宏

荀宏，字仲茂，爲太子文學。（《文選·曹丕〈與鍾大理書〉》注。按：荀宏，《三國志·魏書·荀彧傳》注引《荀氏家傳》作荀閎。）

荀頵（荀崧）

頵字溫伯，爲羽林右監，早卒。頵子崧，字景猷。（《三國志·魏書·荀彧傳》注。）

荀愷（顗）

荀愷，字茂伯，小而智。外祖晉宣王甚器之，字爲虎子。弟悝，爲龍子。王每謂曰：「俟汝長大，當共天下。」（《太平御覽》卷三百六十三。）

愷，晉武帝時爲侍中。（《三國志·魏書·荀彧傳》注。按：《荀彧傳》裴注此條後云：「干寶《晉紀》曰：『武帝使侍中荀顗、和嶠俱至東宮，觀察太子。顗還稱太子德識進茂，而嶠云聖質如初。』孫盛曰遣荀勗，其餘語則同。臣松之案：和嶠爲侍中，荀顗亡沒久矣。荀勗位亞臺司，不與嶠同班，無緣方稱侍中。二書所云皆爲非也。考其時位，愷寔當之。」）

顗爲司空〔一〕，文帝平蜀，議復五等，表魏朝使公定禮儀，〔二〕中護軍賈充正法律，尚書僕射裴秀議官制，〔三〕公遂刪定舊文行正式爲一代之典〔四〕。書成奏上〔五〕，藏於秘府〔六〕。其服色旗幟法駕之式，禮樂犧牲柴燎之典，祫禘遷毀配食之制，及於明堂辟雍之儀，皆公所議定，朝廷歸其美。公既爲臺輔，〔七〕德望清重，加以留心禮教〔八〕，以年耆多疾〔九〕，不數朝見。〔一〇〕詔使侍中任愷諮問政化所宜行否。（《初學記》卷十一。又見《北堂書鈔》卷五十二〔兩引〕、《太平御覽》卷二百〇八、《類要》卷十四。按：《初學記》原云出《荀彧家傳》，荀彧爲漢末人，荀顗爲西晉時人，則此固當爲《荀氏家傳》之誤也。）

〔校記〕

〔一〕司空，《北堂書鈔》首引作「司徒」。

〔二〕以上三句，《北堂書鈔》首引節作「文帝平蜀之後，使公定禮儀」。

〔三〕以上兩句，《北堂書鈔》首引無。

〔四〕「舊」上，《北堂書鈔》首引有「爲」字。

〔五〕上，《太平御覽》無。

〔六〕《北堂書鈔》首引至此止。

〔七〕自「文帝平蜀」以下至此，《北堂書鈔》次引、《類要》無。

〔八〕此句，《北堂書鈔》次引、《類要》無。

〔九〕以，《北堂書鈔》次引、《類要》無。年耆多疾，《類要》作「耆年多病」。

〔一〇〕《北堂書鈔》次引、《類要》引至此止。

　　荀顗年踰耳順，而母年九十，色養烝烝，以孝聞。當時在喪〔一〕，顦顄兒不可識〔二〕，蓬首環絰，奉迎節使，〔三〕若嬰孩之號〔四〕，哀慟旁人〔五〕。（《初學記》卷十。又見《藝文類聚》卷二十。）

〔校記〕

〔一〕當時，《藝文類聚》無。

〔二〕顦顄，《藝文類聚》作「憔悴」，「顦顄」爲「憔悴」之異體。兒，《藝文類聚》作「貌」，「兒」爲「貌」之俗體字。

〔三〕以上兩句，《藝文類聚》無。

〔四〕孩，《藝文類聚》作「孺」。

〔五〕旁，《藝文類聚》作「傍」，「旁」、「傍」通。

荀愷

　　車騎將軍愷〔一〕，字茂中〔二〕，山濤舉之爲太子右衛率〔三〕，稱君清和理正〔四〕，從容顧問，動可觀採〔五〕，眞侍衛之美者〔六〕。（《太平御覽》卷二百四十七。又見《北堂書鈔》卷六十五、《職官分紀》卷三十。）

〔校記〕

〔一〕車騎將軍，《北堂書鈔》無。

〔二〕中，《北堂書鈔》作「仲」。

〔三〕此句，《北堂書鈔》作「山濤舉爲右率」。

〔四〕稱君，《北堂書鈔》無。君，《職官分紀》無。理，《北堂書鈔》作「履」。

〔五〕採，《職官分紀》作「采」，二字通。

〔六〕此句，《北堂書鈔》無。

荀勗

荀勗，蜀平之後，遣使通吳，司馬文王用公所作書與孫皓，皓報命和親。王謂公曰：「君前作書，使吳思順，勝十萬之眾也。」（《藝文類聚》卷三十一。事又見《晉書・荀勗傳》。）

荀貌（藐、邈）

荀貌除太原榆次令〔一〕，爲政以德〔二〕，人懷之〔三〕。時有鳳凰集其境內〔四〕，晉武帝下詔褒美〔五〕。太始三年卒〔六〕，吏人如喪親戚〔七〕，爲之樹碑〔八〕。其序曰〔九〕：「仰之如日月〔一〇〕，敬之如神明，愛之如父母，樂之如時雨。」（《太平御覽》卷二百六十八。又見《北堂書鈔》卷三十五〔兩引〕、卷七十八〔兩引〕、《事文類聚》外集卷十四、《事類備要》後集卷七十九、《職官分紀》卷四十二、《翰苑新書》前集卷五十八。）

〔校記〕

〔一〕荀，《北堂書鈔》卷三十五兩引、卷七十八首引、《職官分紀》、《翰苑新書》無。貌，《北堂書鈔》卷三十五兩引、《事文類聚》、《事類備要》、《職官分紀》、《翰苑新書》作「藐」，《北堂書鈔》卷七十八兩引作「邈」。其人不聞，未詳孰是。「貌」下，《北堂書鈔》卷七十八首引、《事文類聚》、《事類備要》、《職官分紀》、《翰苑新書》有「字公然」三字。除，《北堂書鈔》卷三十五兩引作「爲」。太原，《北堂書鈔》卷三十五兩引、卷七十八次引無。

〔二〕此句，《北堂書鈔》卷三十五首引、卷七十八兩引無。

〔三〕人，《事文類聚》、《事類備要》、《翰苑新書》作「而民」，《職官分紀》作「民」。此句，《北堂書鈔》卷三十五兩引、卷七十八兩引無。

〔四〕此句，《北堂書鈔》卷三十五首引作「有鳳集其境」，次引作「有鳳凰集境」，卷七十八首引作「鳳凰集境」，次引無。內，《事文類聚》、《事類備要》、《翰苑新書》無。又《北堂書鈔》卷三十五兩引至此止。

〔五〕帝，《北堂書鈔》卷七十八首引無。此句，《北堂書鈔》卷七十八次引無。

〔六〕此句，《北堂書鈔》卷七十八首引、《事文類聚》、《事類備要》、《職官分紀》、《翰苑新書》無，《北堂書鈔》卷七十八次引作「及卒」。

〔七〕人，《北堂書鈔》卷七十八次引作「民」。此句，《北堂書鈔》卷七十八首引、《事文類聚》、《事類備要》、《職官分紀》、《翰苑新書》無。

〔八〕此句，《北堂書鈔》卷七十八首引作「及爲樹碑」，次引作「爲之頌德樹碑也」，《事文類聚》、《事類備要》、《職官分紀》、《翰苑新書》無。又《北堂書鈔》卷七十八兩引至此止。

〔九〕此句，《事文類聚》、《事類備要》、《翰苑新書》作「云」，《職官分紀》無。

〔一〇〕「仰」上，《職官分紀》有「民」字。仰，《事文類聚》、《事類備要》、《翰苑新書》作「就」。

荀組

　　組字大章〔一〕，中宗爲晉王時〔二〕，將徵爲司徒〔三〕，問太常賀循〔四〕。循曰〔五〕：「組舊望清重〔六〕，勤勞顯著〔七〕，遷訓五品〔八〕，以統人倫，實充人望〔九〕。」詔以組爲司徒〔一〇〕。（《太平御覽》卷二百〇八。又見《北堂書鈔》卷五十二、《類要》卷十四、《職官分紀》卷二。事又見《晉書・荀組傳》。）

　　〔校記〕

　　〔一〕組，《職官分紀》誤作「維」，下同，不俱校。

　　〔二〕時，《北堂書鈔》無。《類要》僅有「晉王」二字，屬下讀。

　　〔三〕將，《類要》無。「爲」上，《北堂書鈔》有「公」字。

　　〔四〕「問」上，《北堂書鈔》、《類要》有「以」字。

　　〔五〕循，《職官分紀》無。「曰」下，《類要》衍「云」字。

　　〔六〕「組」上，《類要》有「荀」字。「組」下，《類要》有「之」字。

　　〔七〕勤勞，《類要》作「忠勤」。此句，《北堂書鈔》無。

　　〔八〕遷，《類要》作「述」，疑「遷」寫作「迁」，因誤作「述」。

　　〔九〕充，《類要》、《職官分紀》作「允」。按：《荀組傳》亦作「允」，爲上。人，《北堂書鈔》、《類要》作「眾」。

　　〔一〇〕組，《職官分紀》無。此句，《北堂書鈔》、《類要》無。

荀隱（荀昕、荀岳）

　　隱祖昕，樂安太守。父岳，中書郎。隱與陸雲在張華坐語，互相反覆，陸連受屈，隱辭皆美麗，張公稱善云：「世有此書，尋之未得。」歷太子舍人、廷尉平，蚤卒。（《世說新語・排調》注。）

荀邃

　　邃字道玄〔一〕，拜太子洗馬，戴若思特見推重〔二〕，作詩誦之〔三〕。序曰〔四〕：「洗馬荀道玄，既累葉重光〔五〕，才經文雅，所以弱冠登朝〔六〕。」（《職官分紀》卷二十八。又見《北堂書鈔》卷六十六、《事文類聚》外集卷二、《事類備要》後集卷四十四、《翰苑新書》前集卷二十九。）

　　〔校記〕

　　〔一〕「邃」上，《事文類聚》、《事類備要》有「荀」字。邃，《事類備要》、《翰苑新書》誤作「邃」。

　　〔二〕特見，《北堂書鈔》作「時相」。推，《北堂書鈔》、《事文類聚》、《事類備要》、《翰苑新書》作「欽」。

　　〔三〕誦，《事文類聚》、《事類備要》、《翰苑新書》作「頌」。

　　〔四〕序，《事文類聚》無。按：下非韻文，此當爲序，《事文類聚》蓋脫之。

〔五〕既,《事類備要》、《翰苑新書》無。

〔六〕《北堂書鈔》無此句。

邃字道玄,性簡靜,解音樂,美談論,拜太子洗馬。(《北堂書鈔》卷六十六。)

荀闓

闓字道明〔一〕,性清靜〔二〕,善談論,遷光祿大夫。〔三〕以君面似胡,明帝謂爲神明胡子。(《太平御覽》卷二百四十三。又見《北堂書鈔》卷六十六。)

〔校記〕

〔一〕闓,《北堂書鈔》誤作「邃」,當即涉上「邃字道玄」而誤也。

〔二〕靜,《北堂書鈔》作「靖」。

〔三〕《北堂書鈔》引至此止。

荀羨

荀羨,字令則,七歲隨父在石頭。蘇峻愛其姿神,數喚之。〔一〕年十五,擬國婚之選。不欲連姻帝室〔二〕,乃遁長沙〔三〕,監司追尋不得〔四〕,已遂尚潯陽公主〔五〕。風氣英秀〔六〕,明鬚眉〔七〕,俯仰晒睞〔八〕,容止可則。(《太平御覽》卷三百八十。又見《初學記》卷十、《太平御覽》卷一百五十四、卷三百八十九。)

〔校記〕

〔一〕以上三句,《初學記》、《太平御覽》卷一百五十四無。

〔二〕「不」上,《初學記》有「羨」字,《太平御覽》卷一百五十四有「君」字。

〔三〕「遁」上,《初學記》、《太平御覽》卷一百五十四有「遠」字。

〔四〕得,《初學記》、《太平御覽》卷一百五十四作「獲」。

〔五〕潯,《太平御覽》卷一百五十四作「尋」。又《初學記》、《太平御覽》卷一百五十四引至此止。

〔六〕《太平御覽》卷三百八十九自此句引起,上僅有「荀羨」二字。「氣」作「器」,「風氣」上有「荀羨」二字,此句下有「識準標貴」四字。

〔七〕此句下,《太平御覽》卷三百八十九有「美音氣」三字。

〔八〕晒睞,《太平御覽》卷三百八十九作「顧盼」。

荀羨與沛國劉眞長、太原王仲祖、陳郡商洪源並著情契,太宗時居阿衡之任,虛中誘納,賓友賢哲,與羨等數人爲布衣之好。(《太平御覽》卷四百○九。)

荀遂

荀遂〔一〕，字仲陽〔二〕，夫人有至行〔三〕。時歲荒飢〔四〕，有餘米糴之〔五〕，夫人恒捘斛〔六〕，粂者傾量〔七〕，輒過本〔八〕，時人號曰「捘斛夫人」〔九〕。（《太平御覽》卷四百○三。又見《太平御覽》卷四百九十六、卷七百六十五。）

〔校記〕

〔一〕遂，《太平御覽》卷四百九十六作「邃」，「邃」即「遂」字。按：荀遂乃隱居不仕者，荀邃則爲太子洗馬、光祿大夫，仕於有晉，二人非一人也，作「邃」者誤。

〔二〕此句，《太平御覽》卷四百九十六無。

〔三〕此句，《太平御覽》卷七百六十五作「隱居不仕」。

〔四〕飢，《太平御覽》卷四百九十六無。荒飢，《太平御覽》卷七百六十五乙。

〔五〕此句，《太平御覽》卷四百九十六作「每來糴者」，卷七百六十五無「每」字。

〔六〕此句，《太平御覽》卷四百九十六作「夫人恒叩其斛」，卷七百六十五作「遂妻常叩其斛」。

〔七〕粂，《太平御覽》卷四百九十六、卷七百六十五作「糴」，「粂」乃俗字。傾，《太平御覽》卷四百九十六、卷七百六十五作「歸」。按：作「歸」字爲上，言糴米者歸家復稱量之。歸，俗書或作「帰」，與「傾」形近，因而致誤也。

〔八〕「本」上，《太平御覽》卷四百九十六、卷七百六十五有「其」字。

〔九〕曰，《太平御覽》卷七百六十五作「爲」。捘，《太平御覽》卷四百九十六作「掾」，卷七百六十五作「椓」。按：《說文》：「椓，擊也。」椓斛即扣斛也，「椓」又或作「捘」，「掾」則「捘」之形訛也。

《崔氏家傳》　北魏崔鴻撰

《崔氏家傳》，北魏崔鴻撰。崔鴻，字彥鸞。伯父崔光，太子少傅。鴻少好讀書，博綜經史，稍遷尚書都兵郎中，三公郎中，加員外散騎常侍。延昌三年，以父憂去職。十一月，以本官赴任。後遷中散大夫。正光元年，加前將軍，修孝文、宣武《起居注》。孝昌初，拜給事黃門侍郎，尋加散騎常侍、齊州大中正。此年卒，贈鎮東將軍、度支尚書、青州刺史。著作有《十六國春秋》一○二卷。事詳《北史·崔鴻傳》。

是書，《隋書·經籍志》題《崔氏五門家傳》，云崔氏傳，章宗源謂「崔氏撰當改爲崔鴻」，姚振宗云：「唐世系云崔氏定著十房，一曰鄭州，二曰鄢陵，三曰南祖，四曰清河大房，五曰清河小房，六曰清河青州房，七曰博陵安平房，八曰博陵大房，九曰博陵第二房，十曰博陵第三房。

綜其實，則止於鄭州、鄢陵、南祖、清河、博陵五房也。魏崔光、崔鴻，清河人。漢崔瑗、崔寔，博陵人。所謂五門者，即唐表所載是也。此二卷或非其全，故不見崔鴻。但知爲崔氏。章氏云當改崔鴻謬矣。」《隋書經籍志考證》卷二十。按：《新唐書·藝文志》有崔鴻《崔氏世傳》七卷，《太平御覽》卷四百六十五引有崔鴻《崔氏家傳》，並以爲崔鴻撰。然諸書所引《崔氏家傳》者，並是崔鴻所作也。惟疑是書原有二種，一本早作，爲兩卷本，不知撰者；一本晚出，乃崔鴻據二卷本補敘，增爲七卷。是書《太平御覽》尚見徵引，《宋史·藝文志》已不見著錄，則或南宋之時已亡也。

崔瓊

崔瓊上疏曰：「孝廉皆限年三十乃得察舉，恐失賢才速成之士也。」（《北堂書鈔》卷七十九。按：《後漢書·胡廣傳》左雄議曰「郡舉孝廉皆限年四十以上」，崔瓊與左雄同時，此似即駁左雄議者，惟一作三十，一作四十，未詳何者爲是也。）

崔寔

崔寔除五原太守〔一〕，郡處邊陲，不知耕桑之業，民多飢寒之患〔二〕，於是乃勸人農種，教其織紝，〔三〕以賑貧窮，民用獲濟，號曰神惠焉〔四〕。（《太平御覽》卷二百六十二。又見《職官分紀》卷四十一。事又見《東觀漢記》卷十六、《太平御覽》卷九百九十五引華嶠《後漢書》。）

〔校記〕
〔一〕崔，《職官分紀》無。五，《職官分紀》誤作「古」。
〔二〕此句，《職官分紀》無。
〔三〕以上兩句，《職官分紀》作「於是寔勸種穀織羅」。
〔四〕焉，《職官分紀》無。

崔瑗

崔瑗爲汲令〔一〕，乃爲開溝造稻田〔二〕，薄鹵之地更爲沃壤〔三〕，民賴其利，〔四〕長老歌之曰〔五〕：「天降神明君〔六〕，錫我慈仁父〔七〕。臨民布德澤〔八〕，恩惠施以序〔九〕。穿溝廣溉灌，〔一〇〕決渠作甘雨。」（《太平御覽》卷二百六十八。又見《太平御覽》卷四百六十五、《橘山四六》卷九、《職官分紀》卷四十二、《翰苑新書》前集卷五十八。按：《御覽》卷四百六十五云出崔鴻《崔氏家傳》。）

〔校記〕

〔一〕崔，《職官分紀》無。

〔二〕此句，《太平御覽》卷四百六十五作「開溝澮興造稻田」，《橘山四六》作「開渠溉稻」，《職官分紀》、《翰苑新書》作「開溝溉稻」。

〔三〕鹵，《職官分紀》作「瘠」。更，《職官分紀》作「皆」。此句，《橘山四六》、《翰苑新書》無。

〔四〕以上兩句，《太平御覽》卷四百六十五無。

〔五〕此句上，《橘山四六》有「爲政七年」四字。

〔六〕此句，《太平御覽》卷四百六十五作「上天降神明」。

〔七〕錫，《橘山四六》、《翰苑新書》作「作」。慈仁，《橘山四六》乙。

〔八〕民，《太平御覽》卷四百六十五作「人」，避唐太宗諱也。

〔九〕此句，《職官分紀》作「施恩於以序」。又《太平御覽》卷四百六十五引至此止。

〔一〇〕以上兩句，《橘山四六》、《翰苑新書》無。

座右銘

座右銘曰：「無論人之短，無道己之長。施人慎勿念，受施慎勿忘。隱心而後動，謗議庸何傷。虛譽不足慕，古誡不可抗。」（《太平御覽》卷四百七十七。）

《何氏家傳》 何榮祖撰

《何氏家傳》，何榮祖撰。何榮祖，其人未聞。《三國志·魏書·劉劭傳》注作《廬江何氏家傳》，《千頃堂書目》作《廬江郡何氏家記》。《隋書·經籍志》云三卷，不題撰者。兩《唐志》譜牒類並有《何妥家傳》二卷，姚振宗云：「何妥，西城郫縣人。西城郡，隋屬梁州。其先或與平陵何氏、廬江何氏同族。」《隋書經籍志考證》卷二十。二書當無關係，若果爲同族，何妥撰《家傳》或當錄《何氏家傳》，固不當僅二卷之帙。是書，《千頃堂書目》尚有一卷本著錄，其後則未見，則亡於宋元時也。

何比干

六世祖父比干〔一〕，字少卿，經明行修，兼通法律。爲汝陰縣獄吏決曹掾，平活數千人。後爲丹陽都尉，獄無冤囚，淮、汝號曰「何公」。征和三年三月辛亥〔二〕，天大陰雨〔三〕，比干在家〔四〕，日中夢貴客車騎滿門〔五〕，覺以語

妻。語未已，而門有老嫗可八十餘，頭白，求寄避雨〔六〕，雨甚而衣履不霑漬。雨止，送至門，乃謂比干曰：〔七〕「公有陰德，今天錫君策，以廣公之子孫〔八〕。」因出懷中符策，狀如簡，長九寸〔九〕，凡九百九十枚〔一〇〕，以授比干，子孫佩印綬者當如此筭〔一一〕。比干年五十八，有六男，又生三子。本始元年，〔一二〕自汝陰徙平陵，代爲名族。（《後漢書・何敞傳》注。又見《職官分紀》卷十九、《事文類聚》新集卷二十七、《事類備要》後集卷三十四、《翰苑新書》前集卷二十二。事又見《三輔決錄》。）

〔校記〕

〔一〕六世，《職官分紀》無。

〔二〕辛亥，《職官分紀》無。

〔三〕《事類備要》自此句引起，無「大」字。

〔四〕《事文類聚》、《翰苑新書》自此句引起，無「在家」二字。

〔五〕日中，《職官分紀》、《事文類聚》、《事類備要》、《翰苑新書》無。

〔六〕求，《職官分紀》作「來」。

〔七〕自「而門有」至此，《事文類聚》、《事類備要》、《翰苑新書》節作「有老姥謂比干曰」。

〔八〕孫，《職官分紀》無。此句，《事文類聚》、《事類備要》、《翰苑新書》無。

〔九〕此句，《翰苑新書》無。

〔一〇〕枚，《職官分紀》誤作「板」。

〔一一〕印，《事類備要》誤作「佩」。筭，《事文類聚》、《事類備要》、《翰苑新書》無。

〔一二〕自「比干年」以下至此，《事文類聚》、《事類備要》、《翰苑新書》無。

何禎

明帝時，有譙人胡康，年十五，以異才見送，又陳損益，求試劇縣。詔特引見。眾論翕然，號爲神童。詔付秘書，使博覽典籍。帝以問秘書丞何禎：「康才何如？」禎答曰：「康雖有才，性質不端，必有負敗。」後果以過見譴。（《三國志・魏書・劉劭傳》注。原云出《廬江何氏家傳》。）

《殷氏世傳》　殷敬撰

《殷氏世傳》，兩《唐志》並作《殷氏家傳》，三卷，殷敬撰。《舊唐書》原題殷敬等撰，「等」字疑衍。《史通・雜述》篇作《殷敬世傳》。殷敬其人未詳。今審其所錄，多兩晉間人物，則所出似甚早。其中殷亮斬羊一事，《太

平御覽》卷四百六十五稱出自《商氏世傳》，卷二百二十八云出《殷世世傳》，《事類賦》稱出自《商氏世說》，乃宋人避宣祖諱改「殷」爲「商」也。則是書當爲宋或宋以前著作。《宋史・藝文志》不見著錄，《玉海》卷四十二《漢群臣說經》條引此書轉自《藝文類聚》，則其書南宋之時或已亡佚也。

殷褒

殷褒爲滎陽令〔一〕，先多淫雨〔二〕，百姓饑饉〔三〕。君乃穿渠入河四十餘里〔四〕，疏導原隰，用致豐年，民賴其利，號曰「殷溝」〔五〕，而頌之〔六〕。（《太平御覽》卷七十五。又見《北堂書鈔》卷七十八、《職官分紀》卷四十二。）

〔校記〕

〔一〕殷，《北堂書鈔》、《職官分紀》無。

〔二〕「先」下，《北堂書鈔》有「時」字，爲上。淫，《北堂書鈔》作「霪」，二字通。

〔三〕此句，《北堂書鈔》無。

〔四〕君，《職官分紀》作「褒」。四，《職官分紀》作「三」。此句，《北堂書鈔》節作「乃穹渠入河」，「穹」乃「穿」之形訛也。

〔五〕曰，《職官分紀》無。自「用致豐年」下至此，《北堂書鈔》無。

〔六〕此句，《北堂書鈔》「民爲善頌」，《職官分紀》作「民頌之」。

殷褒爲滎陽令〔一〕，廣築學館，會集朋徒，民知禮讓，〔二〕乃歌曰〔三〕：「滎陽令，有異政，修立學校人易性〔四〕，令我子弟恥訟爭。」（《藝文類聚》卷十九。又見《北堂書鈔》、《樂府詩集》卷八十五。）

〔校記〕

〔一〕殷，《北堂書鈔》無。

〔二〕以上三句，《北堂書鈔》作「學校義禮，濟濟如也」。

〔三〕此句，《北堂書鈔》作「歌曰」，《樂府詩集》作「乃歌之云」。

〔四〕易，《北堂書鈔》作「復」。

殷褒〔一〕，字元祚，渤海府君之子。河南鄭廉始出寒賤，又未知名〔二〕，見而友之〔三〕。廉父常居肆，乃就拜其父於市，眾皆驚。廉由是顯名〔四〕，位至司徒。（《太平御覽》卷四百〇九。又見《太平御覽》卷八百二十八。）

〔校記〕

〔一〕殷褒，《太平御覽》卷八百二十八誤作「蓋寬」，蓋原作「商褒」，「商」訛作「蓋」，「褒」訛作「寬」。

〔二〕又，《太平御覽》卷八百二十八無。

〔三〕「見」上，《太平御覽》卷八百二十八有「君」字。

〔四〕廉，《太平御覽》卷八百二十八無。

殷亮

殷亮建武中徵拜博士〔一〕，遷講學大夫〔二〕，諸儒講論〔三〕，勝者賜席，〔四〕亮重席至八九〔五〕。帝嘉之曰〔六〕：「講學不當如是耶〔七〕！」（《太平御覽》卷二百三十六。又見《北堂書鈔》卷六十七、卷九十八、卷一百三十三、《藝文類聚》卷四十六、卷五十五、《初學記》卷二十五、《太平御覽》卷六百一十五、《職官分紀》卷二十一、《橘山四六》卷十一、《記纂淵海》卷一百五十、《翰苑新書》前集卷二十五。）

〔校記〕

〔一〕徵拜，《記纂淵海》作「爲」。此句，《北堂書鈔》卷六十七作「亮字子華，爲博士」，卷一百三十三作「殷亮達武中」，句連下讀，「達」爲「建」之形訛；《初學記》作「殷亮爲博士」。

〔二〕遷，《北堂書鈔》卷六十七誤作「稱」，《初學記》無。此句，《藝文類聚》卷五十五、《太平御覽》卷六百一十無，《橘山四六》、《記纂淵海》無。

〔三〕此句，《北堂書鈔》卷六十七無「儒講論」三字，《初學記》、《職官分紀》、《翰苑新書》無「講」字，《記纂淵海》無「講論」二字。

〔四〕《北堂書鈔》卷一百三十三引至此止。

〔五〕此句，《北堂書鈔》卷六十七無「至」字，《藝文類聚》卷五十五、《太平御覽》卷六百一十無「席」字，《初學記》作「亮坐八九重席」，《職官分紀》、《翰苑新書》作「至八九重」，《橘山四六》作「亮坐至八九」。又《北堂書鈔》卷六十七、卷九十八、《藝文類聚》卷五十五、《太平御覽》卷六百一十無，《橘山四六》引至此止。

〔六〕此句，《初學記》、《記纂淵海》作「帝曰」，《職官分紀》、《翰苑新書》作「帝用嘉之曰」。

〔七〕講，《藝文類聚》卷四十六、《初學記》、《職官分紀》、《記纂淵海》、《翰苑新書》無。耶，《藝文類聚》卷四十六作「邪」，二字通。

亮字子華〔一〕，少好學，年四十，〔二〕舉孝廉。到陽城遇兩虎爭一羊〔三〕，馬不敢進〔四〕，於是亮乃按劍直至虎所〔五〕，斬羊腹〔六〕，虎乃各得其半去〔七〕。時人爲之謠曰：「石里之勇殷子華〔八〕，暴虎見之合爪牙〔九〕。」（《太平御覽》卷四百三十五。又見《太平御覽》卷四百六十五、卷八百九十二、《事類賦》卷二十。《太平御覽》卷四百六十五稱《商氏世傳》，《事類賦》稱《商氏世說》，乃宋人避宣祖諱改「殷」爲「商」也。）

〔校記〕

〔一〕「亮」上，《太平御覽》卷四百六十五有「商」字。

〔二〕以上兩句，《太平御覽》卷四百六十五無，卷八百九十二作「少學公羊，十四傳祖父業，多所綜覽」，《事類賦》作「少學公羊，十四」。

〔三〕兩，《太平御覽》卷八百九十二、《事類賦》無。

〔四〕此句，《太平御覽》卷四百六十五、卷八百九十二、《事類賦》無。

〔五〕此句，《太平御覽》卷四百六十五作「亮案劍直前」，《太平御覽》卷八百九十二、《事類賦》作「亮乃按劍瞋目」。

〔六〕腹，《太平御覽》卷四百六十五無。

〔七〕得，《太平御覽》卷四百六十五、卷八百九十二、《事類賦》作「以」。「牛」下，《太平御覽》卷八百九十二有「羊」字。又《太平御覽》卷四百六十五、卷八百九十二、《事類賦》引至此止。

〔八〕殷，《太平御覽》卷四百六十五作「商」。

〔九〕合，《太平御覽》卷四百六十五作「藏」。

殷仲堪

從兄凱爲南蠻校尉，有疾，仲堪往省焉。曰：「兄病可憂？」凱曰：「兄病不至滅門，弟病深可憂也。」（《建康實錄》卷十注。原云出《殷氏家傳》。）

殷泰

殷泰〔一〕，字子平〔二〕，爲大皇帝車騎掾〔三〕，委以書記。上歎曰：「非唯秋兔之毫〔四〕，乃是鷹鸇之爪。」（《太平御覽》卷二百四十九。又見《北堂書鈔》卷六十八、《職官分紀》卷三十三。《御覽》、《職官》並云出《殷氏家傳》，《書鈔》誤作出《嚴氏家傳》。）

〔校記〕

〔一〕嚴，《職官分紀》無。殷泰，《北堂書鈔》作「嚴奏」，「嚴」、「殷」音近，「奏」、「泰」形近。

〔二〕子，《北堂書鈔》脫。

〔三〕大，《職官分紀》作「太」，「大」讀作「太」。

〔四〕毫，《北堂書鈔》誤作「亮」，形訛也。

殷勤

勤年二十〔一〕，爲鄉嗇夫，故豫州從事王封知勤雅意好施，遺其書曰：「君少孤，不漸父兄師友之訓，而無仁孝廉直之性，是故古今恥功惠之不崇，故雖執鞭，猶不辭也。朱邑所以列竹帛者，功紀於桐鄉耳。」勤感之，〔二〕於是

省徭賦〔三〕，賑困乏〔四〕，矜孤寡〔五〕，民大愛之〔六〕。（《職官分紀》卷四十二。又見《北堂書鈔》卷七十九。）

〔校記〕

〔一〕此句，《北堂書鈔》作「殷勤少年」。

〔二〕自「故豫州」以下至此，《北堂書鈔》無。

〔三〕於是，《北堂書鈔》無。

〔四〕困，《北堂書鈔》作「貧」。

〔五〕此句，《北堂書鈔》無。

〔六〕大，《北堂書鈔》無。

殷謨

殷謨，字伯起，遭世喪亂，埋穀數百石。後謨爲賊所執，見掠責，具以穀告之。賊猶嫌其未實，欲刃焉。謨乃詈曰：「卿行劫害，當知人心，豈有出財還自殺耶？」則知其誠，遂免。（《太平御覽》卷八百三十七。）

《虞氏家記》　　虞覽撰

《虞氏家記》，虞覽撰。虞覽，事跡未詳。姚振宗曰：「《晉書·虞預傳》撰《諸虞傳》十二篇行於世，此記或猶在其後歟？」按：虞預與虞潭約同時而卒，此記虞潭事，其成書固當在《諸虞傳》之後也。今審其佚文，多記虞潭事，則或爲虞潭後人所撰。《隋書·經籍志》云五卷，兩《唐志》題《虞氏家傳》，卷數同。《太平御覽》尚見徵引，《宋史·藝文志》已不見著錄，則南宋之時或已亡佚也。

白門

吳小城白門，蓋吳王闔閭所作也〔一〕。至秦始皇帝〔二〕，守宮吏燭鸘窟失火燒宮〔三〕，而此樓故有〔四〕。（《太平御覽》卷一百○六。又見《藝文類聚》卷六十三、《（紹興）吳郡志》卷八。）

〔校記〕

〔一〕此句，《吳郡志》作「闔閭所作」。

〔二〕至，《吳郡志》無。帝，《藝文類聚》無。「帝」下，《吳郡志》有「時」字。

〔三〕鷰，《藝文類聚》作「鷰」，《吳郡志》作「燕」，「鷰」、「鷰」爲「燕」之異體字。

〔四〕此，《吳郡志》作「門」。故有，《藝文類聚》作「故存」，《吳郡志》作「尚存」。

虞譚

虞譚爲臨虞令，值亂逆之世，先郡率義。既守封疆，澤洽黎庶，故民沈尹等共建碑於門。(《北堂書鈔》卷一百〇二。)

虞潭爲南康內史，時年荒狀，斗粟四兩銀，糊口不繼，踰二旬，有軍人喪其一半。潭乃以私米二千七百斛云云。(《北堂書鈔》卷三十九。按：此文有脫誤。末「云云」，據其體例，當以原文大字條目標之。如此，則成「潭乃以私米二千七百斛私粟賑餘弊」，然「私米」、「私粟」相複，不當重出。且「米」字似即「粟」之脫誤。)

虞潭爲右衛將軍〔一〕，太夫人年高，求解職，被詔不聽，特假百日。迎母東歸，起養堂〔二〕，親親集會，作詩言志。(《太平御覽》卷一百七十六。又見《藝文類聚》卷六十三。)

〔校記〕

〔一〕爲，《藝文類聚》無。

〔二〕養堂，《藝文類聚》作「堂養」。按：《晉書·列女傳·虞潭母孫氏傳》云：「潭立養堂於家，王導以下皆就拜謁。」則作「養堂」是。

泰甯二年，詔贈大夫人碧紗袍。(《北堂書鈔》卷一百二十九。)

潭母大夫人薨，宜都府君即世五十九載，改殯。修構窆窆，靈柩住而莫前。羣從咸以喪事有往無反，不應遷移。潭以昔文王之葬王季，既定而洪水出截冢棺槨，文王乃設張屋，出柩三日，羣臣臨之，然後葬。此則上聖之遺令，載在篇籍。遂奉遷神柩，權停幕屋，使子孫展哀，晨夕宗族相臨，允合張屋之儀也。天子給太夫人徘徊車，謁者送喪，禮儀光備，合葬於舊壙。(《太平御覽》卷五百五十五。)

《褚氏家傳》

《褚氏家傳》，《隋書·經籍志》云：「《褚氏家傳》一卷，褚覬等撰。」兩《唐志》亦題一卷，云：「褚結撰，褚陶注。」姚振宗云：「褚覬，《唐志》作結，蓋音聲之誤。褚陶字季雅，吳郡錢塘人，州郡辟，不就。吳

平，召補尙書郎，遷九眞太守，轉中尉。年五十五卒。見《晉書·文苑傳》。案：陶注覡書，則覡在陶前，當是漢吳時人。」《隋書經籍志考證》卷二十。按：《世說新語》注既有褚陶事，則此非褚陶所注明矣。其時褚氏爲名望者，一爲陽翟褚氏，一爲錢塘褚氏，錢塘褚氏較爲式微，至宋時有褚含，子褚遇，孫褚伯玉。此書蓋褚陶以後所撰，其後人復爲之作注，而託名褚陶也。

褚少孫

續《史記》褚先生，沛人，爲博士。(《困學紀聞》卷十二。又見《經典釋文》卷一。《釋文》原作：「褚少孫，沛人，爲博士。《褚氏家傳》云即續《史記》褚先生。」)

褚陶

陶字季雅，吳郡錢塘人，褚先生後也。陶聰惠絕倫，年十三，作《鷗鳥》、《水碓》二賦，宛陵嚴仲弼見而奇之曰：「褚先生復出矣。」弱不好弄，清淡閑默，以墳典自娛，語所親曰：「聖賢備在黃卷中，捨此何求？」州郡辟，不就。吳歸命世祖，補臺郎、建忠校尉。司空張華與陶書曰：「二陸龍躍於江漢，彥先鳳鳴於朝陽，自此以來，常恐南金已盡，而復得之於吾子，故知延州之德不孤，淵岱之寶不匱。」仕至中尉。(《世說新語·賞譽》注。事又見《晉書·褚陶傳》。)

《桓氏家傳》

《桓氏家傳》，不知撰者。《隋書·經濟志》有《桓任家傳》一卷，姚振宗謂「『任』當作『氏』」，《隋書經籍志考證》卷二十。可備。是書，《太平御覽經史圖書綱目》有著錄，《太平御覽》亦徵引新條目，則北宋之時尚見存也。

桓範

延康元年，初置散騎之官，皆選新舊文武之才〔一〕，以爲賓宴之臣，〔二〕遷桓範（字元則）爲散騎常侍郎官〔三〕。(《北堂書鈔》卷五十八。又見《太平御

覽》卷二百二十四、《職官分紀》卷六。又《北堂書鈔》卷五十八復引《桓氏家傳》「爲賓客臣」四字，亦出此。）

〔校記〕

〔一〕新，《太平御覽》、《職官分紀》作「親」，是也。

〔二〕《職官分紀》引至此止。

〔三〕「字元則」、「常侍」五字，《太平御覽》無。按：「字元則」三字當爲注文，或爲後人注而竄入者。

範字元則，魏太子始立，以文學舉。（《北堂書鈔》卷六十六。）

範爲兗州刺史〔一〕，表謝曰：「喜於復見選擢，慙於不堪所職，悲於戀慕闕廷〔二〕，三者交集，不知所裁。」（《太平御覽》卷二百五十五。又見《職官分紀》卷四十。）

〔校記〕

〔一〕「範」前，《職官分紀》有「桓」字。

〔二〕戀慕，《職官分紀》作「懷戀」。

《江氏家傳》

《江氏家傳》，《隋書·經籍志》云七卷，江祚等撰，兩《唐書》並云七卷，《舊唐書》云江統撰，《新唐書》云江饒撰。《書鈔》、《類聚》、《御覽》引有江統事，江祚爲江統父，則作江祚、江統者，皆誤也。《茶經》引此，云宋《江氏家傳》，則其宋時子孫所撰也。江氏一脈傳至宋者，有江夷，夷子湛，皆仕宋朝，江饒或即此時江氏子弟也。又《太平御覽》徵引有《江氏家傳》、《江偉家傳》，其《經史圖書綱目》則惟列《江偉家傳》，章宗源以二書爲一書，然江偉乃晉時人，且「偉」、「饒」形相去較遠，似非一人，今仍別爲兩書。

江統

江統，字應元，時太傅從事中郎庾子嵩以風韻見重，亦並雅敬君德〔一〕。庾中郎每云〔二〕：「當今可以居司徒、充民望者〔三〕，江生其人也〔四〕。」（《藝文類聚》卷四十七。又見《太平御覽》卷二百〇八、《職官分紀》卷二。）

〔校記〕

〔一〕並，《太平御覽》、《職官分紀》無。

〔二〕庾中郎，《太平御覽》、《職官分紀》無。

〔三〕充，《太平御覽》、《職官分紀》作「允」。

〔四〕其，《職官分紀》誤作「具」。

江統字應〔一〕，遷愍懷太子洗馬，常上疏諫云〔二〕：「今西園賣醯麪藍子菜茶之屬〔三〕，虧敗國體。」（《茶經》卷下。又見《太平御覽》卷八百六十七、《事類賦》卷十七。按：《御覽》、《事類賦》原云出《江氏傳》，脫「家」字。事又見《晉書・江統傳》。）

〔校記〕

〔一〕「應」下，脫「元」字。此句，《太平御覽》、《事類賦》只有「統」字。

〔二〕常，《太平御覽》作「嘗」，《事類賦》無。按：「常」、「嘗」通。云，《太平御覽》、《事類賦》作「曰」。

〔三〕麪，《太平御覽》作「麵」，「麪」爲「麵」之異體字。藍子菜茶，《太平御覽》、《事類賦》作「茶菜藍子」。

江統爲太子洗馬，諫愍懷太子曰：「臣聞土者民之主用，播殖築室，營都建邑，皆有明制，著在經典，而無禁忌犯害之文。唯末俗小巫，乃有此言。巫書乃禁入地三尺，有四時方面不皆禁也。竊見禁土令，不得繕治壇垣、動移屋瓦，臣等以爲此違典義，不可爲永制。」（《太平御覽》卷七百三十五。）

統字應元，太傅東海王領州牧，請君爲別駕〔一〕，與君書曰：「昔子師作豫州，未下車辟荀慈明〔二〕，下車辟孔文舉〔三〕，貴州人士有堪此求者不？知君舉高平郗道微爲賢良〔四〕，陳留阮宣子爲直言〔五〕，濟北程弘叔爲方正〔六〕，皆於時選爲允。」（《太平御覽》卷二百六十三。又見《北堂書鈔》卷七十三。事又見《晉書・江統傳》。）

〔校記〕

〔一〕以上三句，《北堂書鈔》作「太傅東海王領兗州牧，請應元爲別駕」。

〔二〕未，《北堂書鈔》無。

〔三〕下車，《北堂書鈔》作「又」。按：《晉書・江統傳》與《御覽》同，《書鈔》疑有誤。

〔四〕知，《北堂書鈔》無。按：《晉書・江統傳》亦無。「高」上，《北堂書鈔》有「乃」字。微，《北堂書鈔》作「徵」。按：《晉書・郗鑒傳》、《世說新語・德行》注引《郗鑒別傳》皆云郗鑒字道徽，「微」、「徵」當皆爲「徽」字之誤。

〔五〕子，《北堂書鈔》無。按：阮修字宣子，《書鈔》脫「子」字。

〔六〕弘，《北堂書鈔》作「宏」，二字通。

江獠

　　獠年七歲葬父，有酒肉食之。左右或戲曰：「郎爲孝，何肉食？」獠瞿然歛容，遂不食。（《太平御覽》卷八百六十三。）

《江偉家傳》

　　《江偉家傳》，《記纂淵海》作《江偉別傳》，作「家傳」，則所錄人物非一：作「別傳」，則僅錄江偉事跡，然今遺文僅存江偉一人事，難明孰是。不題撰人，《隋書・經籍志》、兩《唐志》均不見著錄，佚文見於《太平御覽》、《記纂淵海》。《太平御覽經史圖書綱目》列之，則此書北宋之時尚見存。江偉，史書無傳，疑即江統、江瓊之後，自衛覬傳書法於江統、江瓊，陳留江氏乃以書法名世，《魏書・江式傳》云江瓊「善蟲篆」，又云江式「篆體尤工，洛京宮殿諸門板題皆式書也」。唐竇眾《述書賦》載陳留江灌、江僧安亦有書名，江偉蓋亦其族也。陳留襄邑（今河南省睢縣）人，仕魏，官爵不詳，晉武帝時爲通事郎，《隋書・經籍志》錄有集六卷，今已佚。《文選》注引江偉《答司馬詩》、《北堂書鈔》之《詩序》、《藝文類聚》之《答賀蜡詩》、《襄邑令傅渾頌》疑並在此書中。

人寶其書

　　偉性善書，人得其手疏，莫不藏之以爲寶。（《太平御覽》卷七百四十七。又見《記纂淵海》卷一百六十二。《記纂淵海》作《江偉別傳》。）

《孔融家傳》（孔氏家傳）

　　《孔融家傳》，諸家書目未見著錄。《隋書・經籍志》有《孔氏家傳》五卷，章宗源曰：「《世說・言語篇》注、《後漢書・孔融傳》注、《太平御覽》人事部並引《孔融家傳》，皆記融事。《藝文類聚・雜器物部》引融『坐上客常滿，樽中酒不空』語，《北堂書鈔・酒食部》『融每旦以饌一盛魚一首以祭』，並作《孔融別傳》。」《隋經籍志考證》卷十三。今按：《孔氏家傳》，頗疑即《孔融家傳》也。《幼幼新書》載孔參議家藏《孔氏家傳》，則是書北宋尚見存也。又章氏所云，《世說》、《御覽》所引，皆作《孔融別傳》，《類

聚》云出張璠《漢紀》，《書鈔》則未云出處。《家傳》者，一家之譜系；《別傳》者，一人之事跡，二書未必爲一書。今僅錄稱出《家傳》者。

孔融

兄弟七人，融第六，幼有自然之性〔一〕。年四歲〔二〕，時每與諸兄共食梨〔三〕，融輒引小者〔四〕，大人問其故，答曰：「我小兒，法當取小者。」由是宗族奇之。（《後漢書·孔融傳》注。又見《蒙求集注》卷下。事又見《太平御覽》卷三百八十五引《孔融別傳》。）

〔校記〕
〔一〕此句，《蒙求集注》無。
〔二〕此句，《蒙求集注》作「四歲時」。
〔三〕每，《蒙求集注》無。「梨」下，《蒙求集注》有「棗」字。
〔四〕融，《蒙求集注》無。

聞漢中李公清節直亮，意慕之，遂造公門。（《後漢書·孔融傳》注。）

襃，字文禮也。（《後漢書·孔融傳》注。）

客言於進曰〔一〕：「孔文舉於時英雄特傑〔二〕，譬諸物類〔三〕，猶眾星之有北辰〔四〕，百穀之有黍稷，天下莫不屬目也。〔五〕」（《後漢書·孔融傳》注。又見《橘山四六》卷二。）

〔校記〕
〔一〕此句，《橘山四六》無。
〔二〕於時，《橘山四六》無。
〔三〕此句，《橘山四六》無。
〔四〕猶，《橘山四六》作「如」。
〔五〕以上兩句，《橘山四六》無。

臨淮公衡。（《後漢書·孔融傳》注。按：《後漢書》注云：「臨淮公衡，明帝弟，建武十五年立，未及進爵爲王而薨。《融家傳》及本傳皆作公，此爲王者，亦誤也。」是知《孔融別傳》中必有臨淮公其人也，然其事未必同，今僅錄其名字。）

惺惺散加鉤藤蟬蛻，與小兒喫，甚妙，理上壅風熱。（《蘇沈良方》卷八。原云出《孔氏家傳》。）

《李氏家傳》

　　《李氏家傳》，《隋書·經籍志》著錄一卷，不題撰者。今僅見《世說新語》注徵引一條。

李膺

　　膺嶽峙淵清，峻貌貴重，華夏稱曰：「潁川李府君頵頵如玉山，汝南陳仲舉軒軒如千里馬，南陽朱公叔颺颺如行松栢之下。」（《世說新語·賞譽》注。）

《李膺家錄》

　　《李膺家錄》，諸家書目未見著錄，唯《太平御覽經史圖書綱目》有之。《隋書·經籍志》有《李氏家傳》，云一卷，見上。兩《唐志》已未著錄。觀兩書見存條目，皆李膺事，疑二書即一書也。兩《唐書》未著錄者，蓋其時或已亡佚，宋時於家傳中得之也。

出迎仲弓

　　李膺恒以疾不送迎賓客〔一〕，二十日乃一通客。唯陳仲弓來，輒乘轝出門迎之。（《太平廣記》卷一百六十四。又見《續談助》卷四。《廣記》原云出《膺家錄》。）

　　〔校記〕
　　〔一〕恒，《續談助》作「常」，蓋避宋真宗趙恒諱。送，《續談助》無。

獄中之歎

　　膺坐黨事，與杜密、荀翊同繫新汲縣獄〔一〕。時歲日，翊引杯曰〔二〕：「正朝從小起〔三〕。」膺謂曰〔四〕：「死者〔五〕，人情所惡〔六〕；今子無怵色者何〔七〕？」翊曰：「求仁得仁，又誰恨也？」膺乃嘆曰：「漢其亡矣！漢其亡矣！夫善人〔八〕，天地之紀，而多害之，何以存國？」（《太平廣記》卷一百六十四。又見《太平御覽》卷二十九、《演繁露》卷六。）

〔校記〕

〔一〕新汲縣，《演繁露》無。

〔二〕翊，《演繁露》無。

〔三〕「朝」下，《演繁露》有「酒」字。

〔四〕謂，《演繁露》無。「謂」下，《太平廣記》有「翊」字。

〔五〕者，《演繁露》無。

〔六〕情，《演繁露》無。

〔七〕「今」、「者何」三字，《演繁露》無。恢，《太平御覽》、《演繁露》作「丞」，二字通。
　　　又《演繁露》引至此止。

〔八〕夫，《太平廣記》無。

《邵氏家傳》

　　《邵氏家傳》，《隋書·經籍志》不見著錄，兩《唐志》皆著錄爲十卷，不題撰人。《三國志·吳書·孫皓傳》注引，題作《會稽邵氏家傳》。裴注既已引之，則其成書在南朝宋之前也。觀其文，所載人物遲至三國吳末，而文中稱吳王，稱景帝，亦特尊吳，或是吳末晉初之作。是書，《宋史·藝文志》已不見錄，或亡於南宋之時也。

邵信臣

　　邵信臣爲少府，南陽遭火，燒數萬人。信臣時在丞相匡衡坐，心動，含酒東向漱之，遭火處見雲西北來，冥晦大雨以滅火，雨中酒香。（《太平御覽》卷七百三十六。）

邵訓

　　邵訓，字伯春，爲陳留太守。以君性多弘怒，追詔勉勗之曰：「陳留太守講授省中，六年於兹，經術明篤，有匡生解頤之風，賜錢三十萬及刀劍衣服、居家之具。」（《太平御覽》卷二百六十二。）

邵疇

　　邵疇，字溫伯。時爲誕功曹。誕被收，惶遽無以自明。疇進曰：「疇今自在。疇之事，明府何憂？」遂詣吏自列，云不白妖言，事由於己，非府君罪。

吏上疇辭，晧怒猶盛。疇慮誕卒不免，遂自殺以證之。臨亡，置辭曰：「疇生長邊陲，不閑教道，得以門資，廁身本郡，踰越儕類，位極朝右。不能贊揚盛化，養之以福。今妖訛橫興，干國亂紀。疇以噂唶之語，本非事實。雖家誦人詠，不足有慮。天下重器，而匹夫橫議，疾其醜聲，不忍聞見。欲含垢藏疾，不彰之翰筆，鎮躁歸靜，使之自息。愚心勤勤，每執斯旨，故誕屈其所是，默以見從。此之爲愆，實由於疇。謹不敢逃死，歸罪有司，唯乞天鑒，特垂清察。」吏收疇喪，得辭以聞。晧乃免誕大刑，送付建安作船。疇亡時，年四十。晧嘉疇節義，詔郡縣圖形廟堂。（《三國志・吳書・孫皓傳》注。原云出《會稽邵氏家傳》。又見《北堂書鈔》卷七十七，節作「邵疇爲會稽功曹，詔郡縣圖形明堂」。又《書敘指南》卷十一引《邵氏家傳》「垂清察」三字，亦出於此。）

邵弘

邵弘，字德裕〔一〕。時景帝爲瑯邪王〔二〕，詔書高選官屬〔三〕，請君爲中尉。君爲人體素方嚴〔四〕，儀容甚偉，雖私門接對，僮僕儼然，不厲而威，〔五〕王甚憚焉。王常侯君晝息，〔六〕身隨使者潛至君舍〔七〕，令使者進曰：「王有令。」君徐理鬢冠履，俯伏盡禮，然後讀之。王與使者羣立瞻聽，爲之歎息曰〔八〕：「古人稱不愧於屋漏，其邵中尉乎？吾反逆詐以試長者〔九〕，豈不陋哉！」王虛心受納，忻宴言話，晝夜無休〔一〇〕。君乃上書諫王〔一一〕，王讀三四〔一二〕，瞿然失色〔一三〕，後謂左右曰〔一四〕：「思邵中尉之言，使人於今毛豎〔一五〕。」（《太平御覽》卷二百四十八。又見《北堂書鈔》卷七十一〔兩引〕、《職官分紀》卷三十二。《北堂書鈔》次引僅引「瑯瑯王甚憚焉」六字，今僅以《北堂書鈔》首引、《職官分紀》出校。）

〔校記〕
〔一〕邵，《職官分紀》無。
〔二〕瑯，《職官分紀》作「琅」，二字通。
〔三〕此句，《職官分紀》無。
〔四〕人，《職官分紀》無。
〔五〕以上兩句，《職官分紀》節作「悉有禮法」。
〔六〕以上兩句，《職官分紀》無。
〔七〕身隨，《職官分紀》無。
〔八〕歎，《職官分紀》作「太」。
〔九〕反，《職官分紀》作「乃」。
〔一〇〕晝，《職官分紀》作「盡」，形訛也。

〔一一〕《北堂書鈔》首引自此引起，上節作「弘爲瑯琊王中尉」，此句無「君乃」二字。

〔一二〕王讀，《職官分紀》作「讀書」。四，《北堂書鈔》首引作「遍」。

〔一三〕瞿，《北堂書鈔》首引作「覺」。

〔一四〕後，《北堂書鈔》首引無，《職官分紀》作「復」。按：觀下文言「思」，當是過後之言，以作「後」字爲上。「後」、「復」形近，古多互訛。

〔一五〕使人，《北堂書鈔》首引無。

邵信

邵信，字孝信。爲執法都尉，吳王嘗因迎春，便道游獵，信從行，露板諫曰：「今玄正御節，是萬物萌育之始，豈可亡溫養之德，而爲逆害之道乎？」吳主省板，即爲迴駕。（《太平御覽》卷四百五十七。）

邵夫人義姬

虞建武都尉邵夫人，字義姬，鴻臚之第二女。夫人少而寡，虞氏及夫人之宗，哀夫人辛苦，欲更爲圖婚，然重夫人宿操，慮不可以非禮逼；亦知夫人潛佩刀，誓以必死，故不敢生意。夫人自以虞氏凶短，繼世無子，常獨處一室，絕書學，非祭祀墳墓不出，紡績輒貨以供祭，稱其多少，不求豐厚。（《太平御覽》卷四百四十一。）

邵仲金

邵仲金好賑施。年八十一，臨卒，取其貸錢物書券，自於目前焚之，曰：「吾不能以德教子孫，不欲復以賄利累之。」及貸者還錢，子孫不受，曰：「不能光顯先人，豈可傷其義乎？」（《太平御覽》卷五百九十八。）

邵貞

邵貞，字德方，山陰人，性詳審。赴張氏葬，或落生炭於貞履中，坐人謂貞不見，疾呼貞，因不爲迴顧。（《太平御覽》卷八百七十一。）

邵員

邵員，字德方，爲驃騎主簿，數諫法嚴峻，主領頗後之。（《職官分紀》卷三十三。按：此人與上邵貞未知即一人否，二人字同，「貞」、「員」形近。《太平御覽》卷四百九十一引《會稽典錄》「邵員，字德方，餘姚人，與同縣虞俊鄰居」云云，一爲山陰人，一爲餘姚人，似別是兩人。今不敢妄定，仍析爲二。）

《陶氏家傳》

《陶氏家傳》，不知撰者。諸家史志目錄未見著錄，《北堂書鈔》屢有徵引，則爲隋前所著無疑。今審其佚文，其生平可知者，最晚爲陶汪，爲東晉初人。又有陶覆之，觀其名字，亦似晉人。則或當東晉以後人所作。又觀其中所錄，陶敦、陶覆之、陶邃之外，陶濬、陶侃爲陶基子，陶猷爲陶濬子，陶回爲陶侃子，陶汪爲陶回子，則《陶氏家傳》所錄，爲丹陽秣陵陶氏一族也。陶侃不屬此族，《北堂書鈔》卷六十六、《太平御覽》卷二百四十五引陶侃乃陶侃之誤。

是書，北宋劉昉《幼幼新書》卷四十云知潭州善化縣陶定安世家有藏本，《職官分紀》仍有徵引，則兩宋之時猶存。其亡時則難知也。清湯球《九家舊晉書輯本·晉諸公別傳》有輯本，輯錄兩條。

陶敦

陶敦，字文通，理延兌於司空。於時權臣權命，當朝正色，慨然有匡弼之志。防範，非禮不動，以此爲世家所憚。（《北堂書鈔》卷五十二。按：此文有脫誤，《後漢書·孝順皇帝紀》載延光四年，「以少府河南陶敦爲司空」，范曄注：「敦，字文理。」則本文「理」字當在「通」字前。「通延兌於司空」亦難解，「延兌」疑當作「延光」，「兌」則「光」之形訛也。「權臣權命」句難通，當衍於時權臣矯命違制，不奉朝請。「當朝正色」前當復出「敦」字。「防範」句有脫，蓋言防範謹嚴也。）

陶基

基字叔先，爲交州刺史，始夷人不識禮義，男女牙相奔隨，〔一〕生子乃不知父。君乃敦以婚姻之道，訓以父子之恩，道之以禮，齊之以刑，設庠序立學校，合境化之，莫不悅之。（《太平御覽》卷二百五十八。）

〔校記〕
〔一〕「牙」蓋「互」字之訛，隸書「互」字多書作「牙」，故誤爲「牙」。

陶濬

濬遷散騎常侍，博洽書傳，善屬文，敏於應對，兼美姿容，每朝讚導，同僚常推君子焉。（《職官分紀》卷六。）

濬爲鎮南大將軍、荊州牧，薄武省刑，旌顯所知三十餘人，皆當世異行，冀州之士於是爲盛。(《北堂書鈔》卷七十二。按：此文當有誤，前云爲荊州牧，後云「冀州之士」，顯相齟齬。《太平御覽》卷二百五十六引王隱《晉書》：「山濤爲冀州刺史，冀州舊名尅俗，略無人士。自濤居州，搜求賢才，旌命所知三十餘人，皆顯名當世，冀州之士於是爲盛。」自「所知」之下，文字相近，頗疑後抄錄者竄行也。又「薄武」，疑當作「薄賦」。)

陶抗

侃遷太子中庶子〔一〕，君少而好學〔二〕，善談玄理〔三〕，尤明《詩》、《易》，〔四〕以孝行聞於時〔五〕，儲選殊難其人，特召君焉。(《太平御覽》卷二百四十五。又見《北堂書鈔》卷六十六、《職官分紀》卷二十八、《事類備要》後集卷四十六、《翰苑新書》前集卷二十九。)

〔校記〕

〔一〕侃，《事類備要》作「陶伉」，《翰苑新書》作「伉」。《晉書·陶璜傳》云：「璜弟濬，吳鎮南大將軍、荊州牧。濬弟抗，太子中庶子。」則當作「伉」是，「伉」即「抗」也。太子，《事類備要》、《翰苑新書》無。

〔二〕「君」上，《職官分紀》有「詔曰」，《事類備要》、《翰苑新書》有「曰」字。

〔三〕玄，《北堂書鈔》、《事類備要》作「元」。

〔四〕《北堂書鈔》引至此止。

〔五〕孝行，《翰苑新書》作「好學」。行，《事類備要》無。

陶猷

猷字恭豫，王導以君江東儁望，請爲右軍長史。君恪勤王事，每當朝日，恒夙興就路，及到府門，輒先眾僚。爲人美容止，善談論，亦以此見稱當世焉。(《太平御覽》卷二百四十八。)

陶回

迴字恭淵〔一〕，爲大司徒王導從事中郎〔二〕，爲人正直不撓，導亦以此重焉，每言曰：「陶中郎有輔佐之才，眞國器也。」(《太平御覽》卷二百〇七。又見《職官分紀》卷五。)

〔校記〕

〔一〕迴，《職官分紀》作「回」，「迴」爲「回」之異體字。

〔二〕大，《職官分紀》無。

陶汪

陶汪，晉咸康中爲宣城內史。君從父猷，先爲之君到郡，乃招隱逸，廣開學舍，以此教民。民有向方者，則辟爲掾吏。百姓歌之曰：「人當勤學得主簿，誰使爲之陶明府。」（《藝文類聚》卷七十八。）

陶覆之

覆之字孫宗〔一〕，爲太常丞〔二〕，凡宗廟疑義〔三〕，多所決定，時人爲之語曰：「定禮決疑，問陶覆之。」（《北堂書鈔》卷五十五。又見《太平御覽》卷二百二十九、《職官分紀》卷十八、《事類備要》後集卷三十三、《翰苑新書》前集卷二十一。）

〔校記〕

〔一〕「覆」上，《事類備要》有「陶」字。字孫宗，《事類備要》、《翰苑新書》無。孫，《職官分紀》作「保」。

〔二〕此句，《事類備要》、《翰苑新書》無。

〔三〕義，《事類備要》作「議」。

陶邁

陶邁起家爲龍陽長，清潔之行。其妻月下紡績，買紙筆寄之。母勑不相通謁，計日受俸，間於州郡也。（《北堂書鈔》卷七十八。）

《袁氏家傳》

《袁氏家傳》，諸家書目未見著錄，今僅見《世說新語》注、《北堂書鈔》徵引四條。其所錄三人，皆東晉中末人物，其所著當在東晉以後也。袁勖、袁喬、袁耽皆陳郡陽夏人，則此書記陽夏袁氏也。

袁勖

袁勖，字敬宗，爲大將軍參軍署賊曹。督刑獄事，多所救免。江有三人，設弋捕虎，路人。（《北堂書鈔》卷六十九。按：此文有竄亂。）

袁喬

喬字彥升，陳郡人。父瓌，光祿大夫。喬歷尙書郎、江夏相，從桓溫平蜀，封湘西伯，益州刺史。（《世說新語·言語》注。）

喬有文才。（《世說新語·文學》注。）

袁耽

耽字彥道，陳郡陽夏人，魏中郎令渙曾孫也。魁梧爽朗，高風振邁，少倜儻不羈，有異才，士人多歸之，仕至司徒從事中郎。（《世說新語·任誕》注。）

《祖氏家傳》

《祖氏家傳》，諸家書目未見著錄。今見《元和姓纂》、《廣韻》徵引兩條。《廣韻》云出《祖氏家記》，疑即一書，今附在一處。

祖崇之

祖崇之娶東陽元旋女。（《元和姓纂》卷一。）

於丘淵

太中大夫東安於丘淵。（《廣韻·蒸》。）

《竇氏家傳》

《竇氏家傳》，諸家書目未見著錄。今僅見《藝文類聚》徵引一條。《太平御覽》徵引，當轉自《類聚》。又《新唐書·藝文志》有《竇氏家譜》一卷，云唐懿宗時國子博士竇澄之撰，別是一書。

竇攸

竇攸治《爾雅》，舉孝廉爲郎。世祖與百寮大會於靈臺〔一〕，得鼠，身如

豹文，熒熒有光輝〔二〕。問群臣〔三〕，莫有知者〔四〕。唯攸對曰：「此名鼩鼠〔五〕。」詔〔六〕：「何以知之？」攸曰：「見《爾雅》。」曰詔案視書〔七〕，果如攸言〔八〕。賜帛百疋，詔諸臣子弟皆從受《爾雅》〔九〕。（《太平御覽》卷九百一十一。又見《藝文類聚》卷九十五。事又見《文選・任昉〈爲蕭揚州薦士表〉》注引摯虞《三輔決錄注》。）

〔校記〕

〔一〕「會」下，《藝文類聚》有「於」字。

〔二〕有光輝，《藝文類聚》作「光澤」。

〔三〕此句上，《藝文類聚》有「世祖異之」四字。

〔四〕此句，《藝文類聚》作「莫知」。

〔五〕此，《藝文類聚》無。鼩，《藝文類聚》作「鼮」。按：《爾雅・釋獸》：「豹文鼮鼠。」郭璞注：「鼠文彩如豹者。漢武帝時得此鼠，孝廉郎終軍知之，賜絹百匹。」「孝廉郎終軍」即竇攸也。則作「鼮」是。

〔六〕「詔」下，《藝文類聚》有「問」字。按：《三輔決錄注》亦有之，爲上。

〔七〕曰，《藝文類聚》無。按：《三輔決錄注》亦無，爲上。

〔八〕果，《藝文類聚》無。

〔九〕臣，《藝文類聚》作「侯」。「從」下，《藝文類聚》有「攸」字。

《王氏世家》

　　《王氏世家》，諸家書目未見著錄。今僅見《世說新語》注引一條，高似孫《（嘉定）剡錄》卷五有《王氏世家》五卷。此二書當非一書，此記嘉定書目，所錄乃會稽人士，固與太原王氏有別也。章宗源《隋經籍志考證》以爲即《隋經籍志》之《王氏江左世家傳》。原云：「《世說・品藻篇》注引《王氏世家》王禕之事乃太原王氏，其稱世家，又與此相合。」姚振宗以爲禕之固太原王氏，章說非。是也。頗疑此書早亡，然其人物事跡多入《太原王氏家傳》也。

王禕之

　　禕之，字文劭，述次子。少知名，尚尋陽公主。仕至中書郎，未三十而卒。坦之悼念，與桓溫稱之。贈散騎常侍。（《世說新語・品藻》注。事又見《晉書・王禕之傳》。）

《王朗家傳》

　　《王朗家傳》，《三國志·魏書·王朗傳》注兩引，皆稱《郎家傳》。《北堂書鈔》卷七十六引稱《王氏家傳》。《隋書·經籍志》稱《王朗王肅家傳》，云一卷。《北堂書鈔》猶徵引，兩《唐志》不見著錄，兩《唐書》有《王氏家傳》二十一卷，當即《隋書·經籍志》二十三卷本《太原王氏家傳》，非此書也。或隋唐戰亂，是書乃亡也。

除始皇祀

　　會稽舊祀秦始皇，刻木爲像，與夏禹同廟。朗到官，以爲無德之君，不應見祀，於是除之。居郡四年，惠愛在民。（《三國志·魏書·王朗傳》注。《北堂書鈔》卷七十六引《王氏家傳》：「朗爲會稽太守，居郡四年，惠愛在民。」亦即此也。）

藏朋友子

　　朗少與沛國名士劉陽交友。陽爲莒令，年三十而卒，故後世鮮聞。初，陽以漢室漸衰，知太祖有雄才，恐爲漢累，意欲除之而事不會。及太祖貴，求其嗣子甚急。其子惶窘，走伏無所。陽親舊雖多，莫敢藏者。朗乃納受積年，及從會稽還，又數開解。太祖久乃赦之，陽門戶由是得全。（《三國志·魏書·王朗傳》注。）

《顧愷之家傳》

　　《顧愷之家傳》，諸家書目未見著錄，今僅見《世說新語》注、《藝文類聚》徵引兩事。

顧敷

　　敷字祖根，吳郡吳人，滔然有大成之量，仕至著作郎，二十三卒。（《世說新語·夙惠》注。）

顧愷之

愷之見謝萬，因論神仙，謂曰：「仙者之乘，或羊或鹿，使君當乘何物耶？」使君曰：「居家者遇物斯乘，卿輩即轅中客也。」（《藝文類聚》卷二十五。）

存疑

顧悅

松栢之姿，經霜猶茂；蒲柳之質，望秋先零。（《駢志》卷十九。按：此句見《世說新語・言語》注，原作「顧凱之為父傳曰」云云，未必即《顧愷之家傳》也。今姑附此。）

《謝車騎家傳》

《謝車騎家傳》，諸家書目未見著錄，今僅見《世說新語》注徵引一事，蓋其書所亡甚早也。

謝玄

玄字幼度，鎮西奕第三子也。神理明俊，善微言，叔父太傅嘗與子姪燕集，問：「武帝任山公以三事，任以官人，至於賜予，不過斤合，當有旨不？」玄答：「有辭致也。」（《世說新語・言語》注。）

《華嶠譜敘》

《華僑譜敘》，諸書未見著錄。今見《三國志》注、《世說新語》注、《後漢書》注、《太平御覽》、《蒙求集注》、《職官分紀》等徵引，然《後漢書》注、《太平御覽》、《蒙求集注》、《職官分紀》所徵引，不出《三國志》注、《世說新語》注，頗疑乃轉引也。《隋書・經籍志》既不見著錄，則其書當隋時已亡也。《三國志》注所引，及於華歆之孫華廙，則其成書不早於晉。後世輯是書者，今見有湯球《九家舊晉書輯本・晉諸公別傳》中輯錄歆有三子一條。

歆懷義行

歆少以高行顯名，避西京之亂，〔一〕與同志鄭泰等六七人〔二〕，閒步出武關〔三〕。道遇一丈夫獨行，願得俱〔四〕，皆哀欲許之〔五〕。歆獨曰：「不可。今已在危險之中〔六〕，禍福患害，義猶一也。無故受人〔七〕，不知其義。既以受之〔八〕，若有進退，可中棄乎！」眾不忍，卒與俱行。此丈夫中道墮井，皆欲棄之。歆曰〔九〕：「已與俱矣，棄之不義。」相率共還出之〔一○〕，而後別去〔一一〕。眾乃大義之〔一二〕。（《三國志·魏書·華歆傳》注。又見《世說新語·德行》注。）

〔校記〕

〔一〕以上兩句，《世說新語》注作「歆爲下邽令，漢室方亂」。

〔二〕此句，《世說新語》注作「乃與同志士鄭太等六七人避世」。

〔三〕此句，《世說新語》注作「自武關出」。

〔四〕「俱」上，《世說新語》注有「與」字。

〔五〕欲，《世說新語》注無。

〔六〕「已」、「之」二字，《世說新語》注無。

〔七〕「無」上，《世說新語》注有「今」字。

〔八〕此句，《世說新語》注無。

〔九〕「曰」上，《世說新語》注有「乃」字。

〔一○〕此句，《世說新語》注作「卒共還」。

〔一一〕此句，《世說新語》注作「出之而後別」。

〔一二〕此句，《世說新語》注無。

歆能服眾

孫策略有揚州，盛兵徇豫章，一郡大恐。官屬請出郊迎，教曰〔一〕：「無然。」策稍進，復白發兵，又不聽。及策至，一府皆造閣，請出避之。乃笑曰：「今將自來，何遽避之？」有頃，門下白曰：「孫將軍至。」請見，乃前與歆共坐，談議良久，夜乃別去。義士聞之，皆長歎息而心自服也。〔二〕策遂親執子弟之禮，禮爲上賓。是時，四方賢士大夫避地江南者甚眾，皆出其下，人人望風。每策大會，坐上莫敢先發言。歆時起更衣，則論議讙譁。歆能劇飲，至石餘不亂，眾人微察，常以其整衣冠爲異，江南號之曰「華獨坐」。（《三國志·魏書·華歆傳》注。又見《資治通鑑考異》卷三。）

〔校記〕

〔一〕教，《資治通鑑考異》作「歆」。

〔二〕《資治通鑑考異》引至此止。

歆徙司徒

文帝受禪〔一〕，朝臣三公已下並受爵位〔二〕。歆以形色忤時〔三〕，徙爲司徒〔四〕，而不進爵〔五〕。魏文帝久不懌〔六〕，以問尚書令陳群曰：「我應天受禪，百辟群后〔七〕，莫不人人悅喜〔八〕，形於聲色，而相國及公獨有不怡者，何也〔九〕？」群起離席長跪曰〔一〇〕：「臣與相國曾臣漢朝〔一一〕，心雖悅喜，義形其色〔一二〕，亦懼陛下實應且憎〔一三〕。」帝大悅，遂重異之〔一四〕。（《三國志‧魏書‧華歆傳》注。又見《世說新語‧方正》注、《蒙求集注》卷上。）

〔校記〕

〔一〕文帝，《世說新語》注作「魏」。

〔二〕三公已下，《蒙求集注》無。

〔三〕「歆」上，《世說新語》注有「華」字。形色，《蒙求集注》無。「時」上，《蒙求集注》有「旨」字，「時」字屬下讀。按：「旨」字似不當有，當即「時」之誤衍。「時」或書作「峕」，與「旨」形近。

〔四〕司徒，《世說新語》注作「司空」。按：時，華歆爲司徒，作司徒是。

〔五〕而，《世說新語》注無。

〔六〕魏文，《蒙求集注》無。

〔七〕群后，《世說新語》注無。

〔八〕人人，《世說新語》注、《蒙求集注》無。

〔九〕也，《世說新語》注作「邪」，二字通。

〔一〇〕此句，《蒙求集注》作「群曰」。

〔一一〕臣，《世說新語》注作「事」。

〔一二〕形，《世說新語》注作「干」，義上。其，《蒙求集注》作「於」。

〔一三〕此句，《蒙求集注》無。

〔一四〕此句上，《世說新語》注有「歎息良久」四字。此句，《蒙求集注》無，其下有「歆字子魚，平原高唐人，明帝時進拜太尉」十六字，當爲引者所補。

歆不事業

歆淡於財欲，前後寵賜，諸公莫及，然終不殖產業。陳群常歎曰：「若華公，可謂通而不泰、清而不介者矣。」（《三國志‧魏書‧華歆傳》注。）

歆之三子

歆有三子〔一〕。表字偉容，年二十餘爲散騎侍郎。時同僚諸郎共平尚書事〔二〕，年少〔三〕，並兼厲鋒氣〔四〕，要召名譽〔五〕。尚書事至，或有不便，故遺漏不視，及傳書者去〔六〕，即入深文論駁。惟表不然，事來有不便〔七〕，輒與尚書共論盡其意，主者固執，不得已，然後共奏議〔八〕。司空陳羣等以此稱

之〔九〕。仕晉，歷太子少傅、太常。稱疾致仕，拜光祿大夫。性清淡，常慮天下退理。司徒李胤、司隸王弘等常稱曰：「若此人者，不可得而貴，不可得而賤，不可得而親，不可得而疏。」中子博，歷三縣內史，治有名跡。少子周，黃門侍郎、常山太守，博學有文思。中年遇疾，終於家。表有三子，長子廙，字長駿。（《三國志·魏書·華歆傳》注。又見《後漢書·皇甫嵩朱儁傳》注、《太平御覽》卷二百二十四、《職官分紀》卷六。《後漢書·皇甫嵩朱儁傳》注僅引「表字偉容，歆之子也，年二十餘，爲散騎常侍」十七字。）

〔校記〕

〔一〕「歆」上，《太平御覽》、《職官分紀》有「華」字。

〔二〕僚，《太平御覽》、《職官分紀》作「寮」，二字通。

〔三〕年，《太平御覽》無。

〔四〕兼，《太平御覽》、《職官分紀》無。屬，《職官分紀》作「勵」，二字通。

〔五〕召，《太平御覽》、《職官分紀》無。

〔六〕去，《職官分紀》無。

〔七〕來，《太平御覽》、《職官分紀》無。

〔八〕議，《太平御覽》、《職官分紀》無。又《職官分紀》引至此止。

〔九〕羣，《太平御覽》誤作「恭」。又《太平御覽》引至此止。

《孔氏世錄》

《孔氏世錄》，諸書未見著錄，今僅見《宋書·祥瑞志》徵引一則。其下有宋均注，則至遲東漢時已出。

孔書

協精帝道，孔書明巧，當在張陵。（《宋書·祥瑞志》。其下引宋均注云：「張陵佐封禪。一云陵，仙人也。」）

《袁氏世紀》

《袁氏世紀》，諸書未見著錄，今僅見《三國志》注、《世說新語》注徵引二條。

獨取書卷

　　布之破也，陳群父子時亦在布之軍，見太祖皆拜。渙獨高揖不爲禮，太祖甚嚴憚之。時太祖又給衆官車各數乘，使取布軍中物，唯其所欲。衆人皆重載，唯渙取書數百卷，資糧而已。衆人聞之，大慚。渙謂所親曰：「脫我以行陳，令軍發足以爲行糧而已，不以此爲我有。由是屬名也，大悔恨之。」太祖益以此重焉。（《三國志・魏書・袁渙傳》注。）

袁渙四子

　　渙有四子，侃、寓、奥、準。侃字公然，論議清當，柔而不犯，善與人交。在廢興之間，人之所趣務者，常謙退不爲也。時人以是稱之。歷位黃門選部郎，號爲清平。稍遷至尚書，早卒。寓字宣厚，精辯有機理，好道家之言，少被病，未官而卒。奥字公榮，行足以厲俗，言約而理當，終於光祿勳。準字孝尼〔一〕，忠信公正〔二〕，不恥下問，唯恐人之不勝己〔三〕。以世事多險〔四〕，故常恬退〔五〕，而不敢求進〔六〕。著書十餘萬言〔七〕，論治世之務，爲《易》、《周官》、詩傳，及論五經滯義，聖人之微言，以傳於世。此準之自序也。（《三國志・魏書・袁渙傳》注。又見《世說新語・文學》注。）

〔校記〕
〔一〕《世說新語》注自此引起。其下有「陳郡陽夏人。父渙，魏郎中令」十一字。
〔二〕「忠」上，《世說新語》注復出「準」字。
〔三〕「己」下，《世說新語》注有「也」字。
〔四〕以，《世說新語》注無。
〔五〕此句，《世說新語》注作「故治退」。二句皆通，然「治」、「恬」當有一誤。
〔六〕而，《世說新語》注無。
〔七〕「餘萬」二字，《世說新語》注乙。又《世說新語》注引至此止。

《陸氏世頌》

　　《陸氏世頌》，諸家書目均未見著錄，今僅存《三國志》注引一條，恐亡於齊梁之間。此言「世頌」，則當列陸氏諸代人物事跡，並有頌贊之語也。

陸遜

　　遜祖紆，字叔盤，敏淑有思學，守城門校尉。父駿，字季才，淳懿信厚，爲邦族所懷，官至九江都尉。（《三國志・吳書・陸遜傳》注。）